THÉATRE
CHOISI
DE VOLTAIRE.

ÉDITION CLASSIQUE

PRÉCÉDÉE D'UNE NOTICE LITTÉRAIRE

Par F. Estienne.

PARIS.
IMPRIMERIE ET LIBRAIRIE CLASSIQUES
DE JULES DELALAIN ET FILS
RUE DES ÉCOLES, VIS-A-VIS DE LA SORBONNE.

THÉATRE
DE VOLTAIRE.

On trouve à la même librairie :

NOUVELLE COLLECTION DES CLASSIQUES FRANÇAIS, éditions sans notes, précédées de notices littéraires par F. Estienne.

Boileau. *Œuvres poétiques*, édition classique précédée d'une notice littéraire par F. Estienne; in-18.

Bossuet. *Discours sur l'Histoire universelle*, édition classique précédée d'une notice littéraire par F. Estienne; 1 fort vol. in-18.

Bossuet. *Oraisons funèbres*, édition classique précédée d'une notice littéraire par F. Estienne; in-18.

Corneille. *Théâtre choisi*, édition classique précédée d'une notice littéraire par F. Estienne; in-18.

Fénelon. *Aventures de Télémaque*, édition classique précédée d'une notice littéraire par F. Estienne; in-18.

Fénelon. *Dialogues des Morts*, édition classique précédée d'une notice littéraire par F. Estienne; in-18.

Fénelon. *Dialogues sur l'Éloquence*, édition classique précédée d'une notice littéraire par F. Estienne; in-18.

Fénelon. *Lettre à l'Académie*, édition classique précédée d'une notice littéraire par F. Estienne; in-18.

La Bruyère. *Caractères*, édition classique précédée d'une notice littéraire par F. Estienne; in-18.

La Fontaine. *Fables*, édition classique précédée d'une notice littéraire par F. Estienne; in-18.

Massillon. *Petit Carême*, édition classique précédée d'une notice littéraire par F. Estienne; in-18.

Molière. *Théâtre choisi*, édition classique précédée d'une notice littéraire par F. Estienne; 1 fort vol. in-18.

Montesquieu. *Considérations sur la grandeur et la décadence des Romains*, édition classique précédée d'une notice littéraire par F. Estienne; in-18.

Racine. *Théâtre choisi*, édition classique précédée d'une notice littéraire par F. Estienne; in-18.

Rousseau (J. B.). *Œuvres lyriques*, édition classique précédée d'une notice littéraire par F. Estienne; in-18.

Voltaire. *Histoire de Charles XII*, édition classique précédée d'une notice littéraire par F. Estienne; in-18.

Voltaire. *Siècle de Louis XIV*, édition classique, précédée d'une notice littéraire par F. Estienne; 1 fort vol. in-18.

THÉATRE
CHOISI
DE VOLTAIRE.

ÉDITION CLASSIQUE

PRÉCÉDÉE D'UNE NOTICE LITTÉRAIRE

Par F. Estienne.

PARIS.
IMPRIMERIE ET LIBRAIRIE CLASSIQUES

DE JULES DELALAIN ET FILS

RUE DES ÉCOLES, VIS-A-VIS DE LA SORBONNE.

Les contrefacteurs ou débitants de contrefaçons seront poursuivis conformément aux lois; tous les exemplaires sont revêtus de notre griffe.

Jules Delalain et fils

1870.

NOTICE SUR VOLTAIRE.

François-Marie Arouet de Voltaire naquit dans les dernières années du dix-septième siècle, à l'une de ces époques, critiques pour les nations, où se modifient profondément leur esprit, leur caractère, leurs mœurs. Jusqu'ici on avait placé le lieu de sa naissance dans un village très-rapproché, il est vrai, de la capitale, à Châtenay; mais il paraît qu'il naquit à Paris même. C'est ce qu'on peut déduire des termes d'une de ses lettres [1], comme aussi de l'un des vers de son *Épître à Boileau*, où il s'adresse au satirique, dont on sait que toute la famille habitait la cour du Palais de Justice :

> Dans la cour du Palais je naquis ton voisin.

Son père, qui n'avait d'autre nom que celui d'Arouet (François), avait quitté en 1692 les fonctions de notaire, après les avoir exercées pendant dix-sept ans à Paris. Il obtint en 1701 un office auprès de la cour des comptes, dont il se démit vingt ans après en faveur de son fils aîné.

Marguerite d'Aumart, sa femme, lui avait donné un second fils, le 20 février 1694, celui qu'on appela plus tard *Voltaire* [2]. Cette dame était d'une famille noble du Poitou, et François Arouet était originaire de la même province. La faiblesse extrême de Voltaire, au moment de sa naissance, fit presque désespérer de sa vie. Semblable en ce point, comme il devait presque l'être par sa longévité, à Fontenelle, qui ne parut naître que

---

1. Au comte d'Argental, 4 mai 1774.
2. Du nom d'un petit domaine, appartenant à sa mère, suivant les uns. D'autres ont vu, dans ce mot, l'anagramme d'*Arouet* (*L. J.*, le jeune), signature que Voltaire avait adoptée pour se distinguer de son frère aîné : l'*u* et le *j* étant pris, comme autrefois, pour *v* et pour *i*.

pour mourir aussitôt et qui mourut centenaire, on s'empressa de l'ondoyer, et pendant neuf mois on crut qu'on ne l'élèverait pas. Enfin, le 22 novembre, on le présenta aux fonts baptismaux de l'église Saint-André-des-Arcs.

L'éducation de la famille, qui la première crée ou développe dans les cœurs le germe des bons sentiments, semble au reste avoir manqué presque entièrement à Voltaire. Dès sa dixième année il fut mis au collége Louis-le-Grand, alors dirigé par les jésuites ; et ces maîtres renommés de la jeunesse ne tardèrent pas à pressentir ses tendances d'esprit et ses talents. On a conservé de lui des vers ingénieusement tournés qu'il fit à l'âge de treize ans ; mais on citait déjà auparavant ses fines reparties et ses bons mots. On riait de ses saillies et de ses malices. Quant à ses professeurs, ils ne pouvaient se défendre des appréhensions que ses hardiesses épigrammatiques faisaient naître en eux. Quoi qu'il en soit, ils mirent tout en œuvre pour le former, surtout le P. Porée, dont son élève conserva par la suite le plus vif et le plus reconnaissant souvenir.

Ce fut sous ces habiles auspices que Voltaire termina ses études en 1710 ; et ses dernières couronnes classiques il les remporta en présence de J. B. Rousseau, dont il réclama d'abord les conseils et dont plus tard il devint l'ennemi. Mais presque aussitôt, enivré de ses triomphes et de retour à seize ans dans la maison de son père, qui l'invitait à faire choix d'un état, il lui déclarait « qu'il n'en voulait pas d'autre que celui d'homme de lettres : » réponse qui a perdu tant de jeunes gens séduits par leur amour-propre, et qui, malgré ses grandes facultés, ne devait pas donner le bonheur à Voltaire.

Pour obéir à la volonté paternelle, il dut néanmoins faire son droit ; mais en même temps il fréquentait les Chaulieu, les Courtin, société pleine d'attraits autant que de dangers. Et il ne se contentait pas de vivre sur le pied d'égalité avec eux ; il avait la même prétention avec les grands et les princes, puisqu'on rapporte qu'étant à table chez le prince de Conti qui se piquait de faire des vers : « Nous sommes tous ici, disait-il, ou princes ou poëtes. »

Cette égalité, qui ne nous surprend plus trop, était chose nouvelle en France. Elle témoignait de la valeur croissante attribuée chez nous à l'esprit par l'opinion, depuis les chefs-d'œuvre et les grands hommes du règne de Louis XIV. Le goût pour les lettres comme l'ardeur à poursuivre la gloire qu'elles procurent étaient parvenus au comble. On s'explique donc l'empressement public à saluer les débuts de ce jeune talent à qui sa hardiesse prêtait un charme de plus : car elle répondait à la confiance de la société qui, en se jouant, allait ébranler les fondements séculaires du vieux monde.

Cependant Voltaire essayait dans des concours littéraires cette plume qui devait être une arme si terrible. L'Académie française ayant proposé pour sujet de son prix de poésie (1714) la Construction du chœur de Notre-Dame de Paris (c'était le vœu de Louis XIII accompli par Louis XIV), il se mit sur les rangs, mais son ode ne réussit point; et, pour se venger des juges et du lauréat, il composa une satire intitulée *le Bourbier*, qui, tout en valant mieux que l'ode, n'était propre par son succès même qu'à lui faire des ennemis. Aussi la prudence du père s'alarmait-elle, non sans raison, de cette entrée hasardeuse dans une carrière semée de périls. La compagnie où il vivait, par son goût de tous les plaisirs joint à celui des jouissances de l'esprit, ne l'effrayait pas moins; et le notaire, en vue de rompre ses habitudes de dissipation, le fit partir pour la Hollande. Là, il devait être secrétaire de l'ambassadeur de France à la Haye, le marquis de Châteauneuf; mais il s'y occupa beaucoup plus d'intrigues que d'affaires, et quelques aventures d'un éclat fâcheux le firent bientôt renvoyer dans sa famille, qui songeait à le priver de sa liberté, lorsque fort heureusement pour lui M. de Caumartin offrit de l'emmener à sa terre de Saint-Ange.

Ce fut alors que dans des conversations pleines d'intérêt avec ce vieillard aimable, grand admirateur de Henri IV et qui avait connu la cour, ainsi qu'avec l'évêque de Blois, frère de M. de Caumartin, le futur auteur de la *Henriade* et du *Siècle de Louis XIV* puisa l'idée de son poëme et amassa des matériaux qui devaient lui servir pour l'une de ses plus belles compositions historiques. Ce voyage fut une de ces circonstances décisives dans la vie qui fixent les vocations et l'avenir.

Peu après, par un malheur utile, il fut à même de mûrir, dans une retraite forcée, ces germes confiés à son esprit. Il était à peine de retour à Paris qu'une satire offensante pour la mémoire de Louis XIV, et dont on le soupçonna à tort d'être l'auteur, le fit enfermer à la Bastille. Telle était déjà sa réputation de malicieuse hardiesse, tel fut le premier résultat de l'esprit d'opposition dont il aimait à se parer. Prisonnier pendant plus d'un an, et dérobé ainsi aux distractions du monde, il put corriger à loisir sa tragédie d'*Œdipe* qui, donnée en 1718, lui valut une brillante réputation dès qu'il fut rendu à la liberté.

Curieux en ce moment de rompre avec son passé, si court et déjà si plein de troubles et de traverses, le jeune Arouet crut y réussir, non pas, ce qu'il eût dû, en changeant de caractère, mais en substituant enfin à son nom celui de Voltaire qu'il a illustré. Son nom de famille avait toujours été l'objet de son antipathie ou plutôt de son dédain. Sous un nouveau nom, il comptait bien, disait-il, être plus heureux; toutefois, dès 1719, un poëme (*les Philippiques*) où l'on déchirait le régent, et qui lui fut encore imputé mal à propos, le fit éloigner de Paris.

Sa vie était donc errante, comme elle le demeura longtemps. Il suivait de château en château les protecteurs et les amis qu'il avait su se faire dans les régions les plus élevées. C'est ainsi qu'en 1721 on le voit se rendre à Vauvillars : c'était la résidence de la duchesse de Villars, dont il était connu depuis sa tragédie d'Œ-

dipe; mais on le trouve ensuite établi quai des Théatins, chez le président de Bernières, qu'il accompagnait aussi dans ses terres. En 1723, il passa quelque temps à Maisons, sur les bords de la Seine et de la forêt de Saint-Germain : dans cette habitation, qui appartenait au président des Maisons, il faillit, par un mouvement de dépit, brûler son poëme de la *Ligue*. Il y eut la petite vérole, et, rétabli plus vite qu'on ne l'avait pensé, il rentra à Paris vers la fin de 1723, pour y donner l'année suivante sa tragédie de *Mariamne*, et faire paraître ce poëme de la *Ligue* ou de la *Henriade*, comme on l'appela un peu plus tard.

A cette époque, Voltaire, non content de plaire à la ville, ménageait les ministres et la cour, en homme qui ne méprisait point les distinctions ni surtout la fortune. Il eut son moment de faveur. Au mois de novembre 1724, après plusieurs voyages qu'il fit à Versailles et à Fontainebleau, la reine donna sur sa cassette une pension de 1500 livres à celui qu'elle appelait « son pauvre Voltaire. » Mais une triste aventure, dont il fut presque aussitôt victime, parut justifier ce titre. Incapable de plier devant la supériorité du nom ou du rang, il eut une altercation avec le chevalier de Rohan-Chabot; et ce jeune seigneur, chez qui se personnifiait la nullité insolente d'une noblesse dégénérée, se vengea lâchement de quelques paroles amères en faisant frapper Voltaire par ses valets. Celui-ci, pour avoir voulu punir cette insulte, fut de nouveau enfermé à la Bastille, et il n'en sortit, après une captivité de six mois, qu'à la condition de quitter la France : il alla demander un asile à l'Angleterre.

C'était en 1726, et Voltaire avait trente-deux ans. Dans toute la vigueur du génie et de l'âge, il avait une singulière prédisposition à accueillir l'influence de ce pays qui lui semblait depuis longtemps affranchi des abus dont nous n'avions pas cessé de souffrir. Mais c'était aussi un dangereux séjour pour l'esprit sceptique et railleur de Voltaire que cette contrée où

a.

la liberté de penser ne connaissait pas alors de bornes; où de brillants sophistes, les Toland, les Bolingbroke, se faisaient un jeu, avec moins de péril toutefois chez un peuple réfléchi et lent à agir que parmi nous, de mettre en doute les vérités les plus respectables. Habile, en tout cas, à prendre avec une rare souplesse les habitudes et les mœurs de ceux au milieu desquels il vivait, Voltaire ne tarda pas à être honoré des libéralités du roi et de la reine d'Angleterre. Courtisan adroit et travailleur opiniâtre, mêlant le goût de l'étude, du monde et des plaisirs, il fut bientôt assez avancé dans la connaissance de l'anglais pour le parler et même l'écrire avec pureté : ce qui ne nuisait nullement à ses compositions françaises, puisque dans l'intervalle de 1726 et 1727 il produisit *Brutus*, la *Mort de César* et l'*Essai sur le poëme épique*. L'année d'après, pour profiter de la faveur qu'il s'était conciliée, il donna une seconde édition de la *Henriade* qui lui fut très-avantageuse : elle lui valut, grâce surtout à la protection de la princesse de Galles à qui elle était dédiée, une souscription énorme, principe de cette grande fortune qui s'éleva, dit-on, à cent cinquante mille livres de rente. Les fonds qu'il recueillit, placés dans une loterie et considérablement grossis par ses gains aussi bien que par la part qu'il prit dans la suite au commerce des blés et aux vivres de l'armée, en faisant de lui l'homme de lettres le plus riche qui ait jamais existé parmi nous, devaient avoir pour effet d'augmenter encore son influence.

Voltaire, quel que fût pour lui le plaisir et le fruit de la vie de Londres, regrettait cependant les salons de Paris, et il lui tardait de les revoir. Par l'entremise des amis influents qu'il avait conservés, son exil eut un terme à la fin de 1728. L'obligation d'une conduite circonspecte lui ayant été imposée comme condition du retour, il dut vivre d'abord fort retiré et se soustraire aux yeux du public : à cet effet, il se logea au faubourg Saint-Marceau; mais il ne lui était pas donné de vouloir se dérober pour longtemps à la célébrité et au bruit. Bientôt son caractère agressif lui attira de nouvelles tribulations, par suite desquelles il feignit de regagner l'Angleterre et se borna à se retirer à Rouen où il vécut sept mois sous un nom supposé. Dans cette retraite il mit la dernière main à son *Histoire de Charles XII*, qui parut en 1731. Après quoi il revint à Paris, et toujours aussi changeant dans ses résidences que mobile dans son humeur, il alla demeurer dans l'hôtel de Mme de Fontaine-Martel, près du Palais-Royal. Là, il fit *Ériphyle*, et, ce qui vaut mieux, *Zaïre*, chef-d'œuvre de grâce et de passion qui ne lui coûta, si on l'en croit, que vingt-deux jours de travail. A la même époque, Voltaire, qui ne manquait, il faut l'avouer, d'aucun des défauts de son temps, mêlait à la passion des vers celle du jeu, puisqu'il lui arriva d'y perdre 12,000 livres, en septembre 1732. On reconnaîtra donc sans peine que, doué de si prodigieuses facultés, Voltaire eût laissé des œuvres littéraires plus accomplies encore que celles qu'on lui doit, s'il avait retenu, avec leurs principes, la vie sérieuse et digne de nos grands écrivains du dix-septième siècle.

Outre les distractions des plaisirs, il y avait de plus pour lui les embarras qu'il continuait à se susciter par la témérité de ses publications : telles furent en 1733 celles du *Temple du goût* et peu après des *Lettres philosophiques*. Quant au premier de ces ouvrages, il est certain que, poursuivi par des rancunes ardentes d'amours-propres froissés, il fut menacé d'emprisonnement ; et il écrivait dans ses alarmes à l'un de ses amis, en faisant allusion à sa vie jusque-là si troublée : « J'achevais mon nid, et j'ai bien peur d'en être chassé pour jamais. » Pour les *Lettres philosophiques*, déjà données par Voltaire en anglais, elles lui valurent un nouvel arrêt de proscription, et ce livre fut brûlé le 1er mai 1734 par la main du bourreau.

L'auteur, qui était à Montjeu auprès du duc de Richelieu, chercha un refuge en Lorraine, pays qui avait encore ses souverains indépendants; puis à Philipsbourg au camp de ce général, son ami. Ensuite il se retira à Cirey, sur les frontières de la Champagne et de la Lorraine, et il s'y fixa au retour d'un voyage fait en Belgique et en Hollande (1735) : c'était un château appartenant à la marquise du Châtelet. Il lui fut permis d'y résider, grâce à la protection toujours présente du duc de Richelieu et à la tolérance du garde des sceaux. Là devaient s'écouler pour lui quinze ans d'une retraite féconde en travaux, et qui de nos jours même a eu ses historiens. Son goût pour la science s'étant alors développé auprès de cette dame, pour laquelle Clairault composait ses *Éléments de géométrie*, ce fut dans cette retraite, d'où ses idées et sa réputation se répandaient, de tous côtés, avec une puissance et un attrait doublés en quelque sorte par l'absence du personnage et les apparences de la persécution, que Voltaire publia une exposition des découvertes de Newton sous ce titre : *Éléments de la philosophie de Newton mise à la portée de tout le monde*, et concourut pour les sujets proposés par l'Académie des sciences. Mais, sur ce que Clairault, consulté par lui, eut la franchise de lui dire « qu'avec un travail opiniâtre il ne parviendrait à devenir qu'un savant médiocre, » il reprit avec ardeur ses travaux littéraires, un instant ralentis.

Le premier fruit de son retour à la poésie fut la composition d'*Alzire* (1736), dont les beautés toutes chrétiennes lui ramenèrent plusieurs de ses ennemis ; ce dont il profita pour faire un voyage à Paris. Mais il n'y était pas depuis trois mois, que de nouveaux ressentiments qu'il excita lui firent regagner la route de Cirey, où il crut nécessaire de vivre incognito et en faisant courir le bruit qu'il était passé en Angleterre (1737), pendant qu'il produisait encore, à la faveur des loisirs dont il jouissait, *Mahomet* et les *Sept discours philosophiques sur l'homme*.

C'est à ce moment environ que remontent les premières relations de Voltaire avec Frédéric, le prince royal de Prusse. Quand celui-ci eut succédé à son père en 1740, dans son vif désir de resserrer les liens qui l'unissaient à son ingénieux correspondant, il avait tout aussitôt inauguré son règne en l'invitant d'une manière expresse « à lui écrire toujours comme à un homme et jamais comme à un roi. » Le ton affectueux et dévoué des lettres qu'ils échangeaient devait amener entre eux une prompte entrevue. Voltaire alla trouver au château de Sleusmeuse, près de Clèves, le jeune monarque que la maladie y avait arrêté, et qui lui remit, pour le faire imprimer à la Haye, l'*Anti-Machiavel*, œuvre que Voltaire n'hésitait pas à placer au-dessus des *Césars* de l'empereur Julien et du livre de Marc-Aurèle *Sur lui-même* : aussi se proposait-il de rédiger une préface pour cette réfutation de Machiavel. Profitant de ces relations connues, le prudent cardinal de Fleury, en 1743, eut l'idée de l'employer pour seconder sa politique auprès de Frédéric : il ne s'agissait d'ailleurs que de sonder les causes qui avaient éloigné de la France le roi de Prusse, et le négociateur réussit dans son voyage à Berlin. Un autre succès plus brillant qu'il obtint la même année fut celui de *Mérope*, et comme la représentation de cette pièce fut presque aussitôt suivie de la mort du premier ministre, Voltaire, qui avait déjà voulu entrer à l'Académie française, conçut la pensée d'y être son successeur ; mais cet espoir fut trompé, et son dernier triomphe dramatique ne lui valut que des dégoûts. Il saisit donc avec empressement l'occasion d'un second voyage diplomatique que lui offrit le secrétaire d'État Amelot : cette fois encore il fallait visiter le roi de Prusse qui se trouvait à la Haye, pénétrer ses desseins ou plutôt les modifier dans un sens favorable à nos intérêts ; et Voltaire, qui accompagna Frédéric à Potsdam, obtint de lui en effet qu'il s'alliât à la France contre l'Angleterre, dont le roi était son proche parent.

Amelot ayant perdu le ministère sur ces entrefaites, des soins si dignes de récompense n'en attirèrent aucune à Voltaire, qui avait cru voir s'ouvrir pour lui la carrière politique que convoitait son ambition. Néanmoins,

son désir de plaire au pouvoir ne se ralentit pas : rendu
à la vie des lettres, il devint poëte courtisan, en 1744,
et composa la *Princesse de Navarre* pour les fêtes qui
accompagnèrent cette année le mariage du Dauphin. En
1745, il donna une nouvelle pièce allégorique, le
Temple de la Gloire, où Louis XV, sous le nom de
Trajan, recevait la couronne ; enfin il chanta en 1746
la bataille de Fontenoy.

C'était le moment héroïque de Louis XV : il fut court,
comme aussi la faveur de Voltaire qu'il n'aimait pas,
quoique celui-ci eût osé l'appeler

Un roi plus grand que Charle et plus aimé qu'Henri.

Cependant après être devenu, pour prix de ces flatteries, gentilhomme de la chambre du roi et historiographe de France, il fut reçu à l'Académie française, en remplacement du président Bouhier, nomination qu'il comptait bien devoir lui servir de palladium contre ses ennemis.

Voltaire avait cinquante-deux ans lorsqu'il atteignit ce but suprême de l'ambition pour l'homme de lettres. Seulement la circonspection qu'il venait de s'imposer, pour arriver à ses fins, était une contrainte qu'il ne pouvait longtemps souffrir. Bientôt il crut s'apercevoir que la cour s'était refroidie à son égard. Un parti qui voulait le déprimer s'était flatté d'y réussir en lui suscitant un rival préféré dans Crébillon. Voltaire, prompt à prendre l'alarme sur ces questions de prééminence, se retira près de madame la duchesse du Maine, à Sceaux, où il comptait se venger de cette appréciation malveillante en refaisant plusieurs des tragédies de l'auteur d'*Atrée et Thyeste*. De là, vers la fin de 1747, il alla séjourner à Lunéville où le beau-père de Louis XV, Stanislas, tenait sa cour. Il y composa la comédie de *Nanine* et quelques-uns de ces ouvrages frivoles où ce railleur impitoyable excellait, avec sa verve de causticité amère, à se moquer de l'humanité et surtout de ses ennemis.

Puis il revint à Paris en octobre 1749, et recommença à fréquenter la compagnie de la duchesse du Maine.

Cette princesse, dans sa petite cour de Sceaux où elle s'était entourée d'une société choisie de beaux esprits, pour se consoler de ses rêves d'influence politique tristement déçus, ne pouvait manquer d'accueillir Voltaire comme une précieuse conquête : avec ses suffrages, elle avait mis à sa disposition son théâtre. Ce fut dans le château de Sceaux et par les habitués de ce séjour que fut jouée la tragédie de *Rome sauvée*. L'auteur lui-même remplissait le rôle de Cicéron, où l'on a prétendu qu'il s'était peint dans plus d'un trait.

Vers cette époque Voltaire, sollicité par Frédéric qui voulait l'attirer auprès de lui, jugea le moment venu de se rendre aux vœux de ce prince : car les liens qui le retenaient en France s'étaient ou rompus ou relâchés. Il partit donc, en juillet 1750, pour la capitale du roi de Prusse, où il fut, de la part « du philosophe couronné, » comme il se plaisait à l'appeler, l'objet de l'accueil le plus distingué et le plus aimable. Rien n'égala d'abord les triomphes de l'hôte désiré, que l'enthousiasme et la reconnaissance du souverain qui s'honorait de le recevoir. Aucune séduction, aucune *coquetterie* royale ne fut épargnée à l'écrivain qui se crut transporté dans le *palais enchanté d'Alcine*. Jouer ses propres pièces avec les frères et les sœurs de Frédéric, les former à la déclamation et instruire le monarque lui-même à l'art des vers, telles furent les seules occupations nécessaires de celui à qui « ce roi, qui se battait comme César et qui pensait comme Julien, donnait vingt mille livres de rente et des honneurs, pour partager ses soupers. » A part les soirées qui se passaient dans les plaisirs, le reste du temps lui demeurait libre pour ses travaux, et il en profita pour achever son *Siècle de Louis XIV*[1]. Mais, entre le grand poëte et le poëte assis

---

1. Il parut à Dresde, 1752. C'est dans cette publication que Voltaire fit pour la première fois usage de l'orthographe nouvelle, qui a été dé-

sur le trône, dont Voltaire, suivant une maligne expression qui ne tomba pas à terre, « blanchissait le linge sale, » les ferments de discorde ne devaient point être lents à éclore. Chacun ne tarda pas à rentrer dans son caractère : Frédéric voulant commander aux gens de lettres et aux savants de son académie comme à ses régiments, et Voltaire, irritable et vain comme par le passé, composant des pamphlets qui, à Berlin de même qu'à Paris, furent brûlés de la main du bourreau. Dès lors celui qu'il avait salué des noms d'Alexandre, de Marc-Aurèle et de Titus, ne fut plus à ses yeux qu'un Attila-Cotin ; et une fois échappé de Potsdam (1753), il n'eut rien de plus pressé que d'épancher sa bile en écrivant la *Vie privée du roi de Prusse*. Mais il reconnut qu'il avait encore à compter avec lui lorsqu'à son passage par Francfort-sur-le-Mein, le résident de ce prince, Freytag, le fit arrêter, en lui demandant l'*œuvre de poëchie du roi son maître*, et le retint pendant plus de quinze jours au secret, gardé à vue comme un malfaiteur.

Cette aventure, où le grotesque le dispute à l'odieux, ne devait jamais s'effacer de la mémoire de Voltaire : il ne cessa jamais d'en demander et d'en espérer vengeance. Néanmoins, un rapprochement eut lieu entre lui et Frédéric, et ils renouèrent, après quatre ans d'interruption, une correspondance où ne laissent pas de se faire jour des récriminations amères : l'auteur ne se lassait point de se plaindre, quoique toujours vainement, des injures et des dommages qu'il avait essuyés, tandis qu'il ne fallait rien moins, comme le roi de Prusse l'écrivait à Voltaire lui-même, que le prestige de son *beau génie* pour qu'il lui pardonnât *les tours de tant d'espèces* que celui-ci lui avait joués.

Voltaire s'était rendu de Francfort à Leipsick, puis à Gotha où le duc et la duchesse de Saxe-Gotha lui offri-

---

signée par son nom et qui a prévalu depuis. Le principal caractère de cette orthographe est d'avoir substitué la diphthongue *ai* à la diphthongue *oi*.

rent un appartement dans leur château ; et ce fut pour répondre au désir de la princesse qu'il y commença un *Abrégé de l'histoire d'Allemagne* qui porta depuis le titre d'*Annales de l'Empire*. Mais sa reconnaissance cette fois ne l'inspira pas très-heureusement ; car cette œuvre est l'une de ses productions les plus médiocres. Enfin Voltaire rentra en France et demeura successivement à Strasbourg et à Colmar.

C'est ainsi qu'en traçant une esquisse de l'histoire du plus fécond et du plus rare esprit du xviiie siècle on échappe difficilement à la sécheresse d'une sorte d'itinéraire : tant on voit Voltaire changer de séjours ! Et à cet égard il était loin de suivre son libre choix. Car en ce moment même il eût voulu résider à Paris ; mais les œuvres condamnables qu'il laissait trop souvent échapper de sa plume lui en faisaient refuser l'entrée.

Ces contre-temps, et plus encore ce déplorable abus d'un esprit sans frein, l'exposaient à une foule de mortifications fâcheuses. En passant à Lyon, quoique très-particulièrement connu de l'archevêque, le cardinal de Tencin, il fut très-froidement traité par ce prélat, qui s'excusa de ne point le recevoir à sa table : triste compliment pour un vieillard que ses grands talents, joints à une conduite plus circonspecte, auraient entouré de la considération publique. Voltaire comprit qu'il fallait renoncer non pas seulement au séjour de Paris, mais à celui de la France ; et dans le besoin qu'il éprouvait de mettre un terme à sa vie errante, il chercha, non loin des frontières, une habitation définitive. Son choix se fixa sur un domaine situé à une lieue de Genève, qu'il acquit d'un magistrat de cette ville, et qu'il appela les *Délices* en raison de sa position pittoresque et de la beauté de ses jardins. D'ailleurs il n'y séjournait que l'été ; et, pour l'hiver, il occupait une autre résidence, achetée par lui vers la fin de 1756 : c'était une maison qui n'avait pas moins de quinze croisées de face et dont la situation permettait à Voltaire d'apercevoir de son lit une étendue considérable et le plus merveilleux spectacle, celui du lac Léman, de la Savoie et des Alpes.

Deux ans après, Voltaire, qui était inquiété aux *Délices* pour son goût du théâtre (car il en avait fait construire un où il jouait ses propres pièces et qui alarmait l'austérité de Genève), fit l'acquisition, à peu de distance et sur les confins de la France, de la terre de Ferney qu'il devait habiter vingt années. Là, il comptait jouir de la liberté, en particulier de celle d'avoir un théâtre, pour se livrer à sa passion de tous les temps.

Dès ce moment surtout Voltaire se montre à nous sous un nouvel aspect, celui de grand seigneur, qui ne contribua pas peu à rehausser son nom et à propager ses idées. Ferney, pauvre hameau de l'ancien pays de Gex, appartient aujourd'hui au département de l'Ain : il touche aux frontières de la France, et n'est qu'à deux lieues de Genève. La terre que Voltaire y acheta en 1758 n'offrait d'autre avantage qu'un assez bon rapport en grains; et ce fut ce nouveau maître qui y fit bâtir le château, du mois d'avril au mois de juin 1759. Ce domaine, qui n'était guère auparavant qu'un désert, ne tarda pas à devenir, sous les auspices de son possesseur, peuplé et fertile. D'une cinquantaine d'habitants, plus ou moins nécessiteux, le nombre s'éleva bientôt à plus de douze cents personnes vivant dans le travail et dans l'aisance. Aussi ne sera-t-on pas surpris que la mémoire de Voltaire y soit demeurée toujours présente et en honneur.

Tel fut donc le séjour où des défiances trop fondées confinèrent cet homme de lettres opulent, qui de sa retraite bravait ses ennemis et agitait le monde. Dans sa magnifique habitation, où il ne se laissait voir toutefois qu'avec une réserve calculée, Voltaire offrait à la foule des visiteurs une hospitalité généreuse. Épris de toutes les recherches et de toutes les supériorités, il jouait sans déplaisir et sans effort, comme Buffon à Montbard, ce personnage de seigneur et de suzerain, en même temps qu'il couvrait de sa protection, devant le tribunal de l'opinion publique, les Sirven, les Calas et d'autres victimes de la justice humaine.

Mais, ce que l'on ne pourrait assez déplorer, se livrant de plus en plus à cette ardeur de polémique qui altéra trop souvent en lui le goût et l'idée du beau, Voltaire faisait de Ferney comme un arsenal où se forgeaient les foudres destinées à frapper les ennemis de ses doctrines ou ses propres ennemis : car il confondit souvent les uns et les autres. En d'autres termes, avec une violence doublée par l'âge et par la confiance arrogante qu'il puisait dans sa gloire, il multipliait, sous le voile plus ou moins transparent des pseudonymes, contre les hommes et les choses que poursuivait sa haine, ces pamphlets ingénieux et amers que l'Europe lisait avec avidité.

A côté de ces souvenirs regrettables, les années que nous parcourons nous présentent l'un de ceux qui honorent le plus la vie de Voltaire. Le poëte Lebrun lui envoya une ode avec une demoiselle de la famille et du nom de Corneille, tombée dans la pauvreté, en priant l'émule du grand tragique de vouloir bien s'y intéresser. Il l'accueillit, la traita avec une bonté paternelle, et la dota avec le produit des *Commentaires* qu'il consacra au théâtre de Corneille. Vers le même temps, il publiait l'*Histoire de Pierre le Grand* pour briguer la faveur de l'impératrice de Russie, Catherine II, et peu après l'*Histoire du Parlement de Paris*.

L'an 1774 fut marqué par la mort de Louis XV, qu'un caprice populaire avait fait jadis surnommer le *bien-aimé*, et qui, objet de la haine et du mépris publics, emportait dans sa tombe, trop tard ouverte, les derniers prestiges de la royauté. On s'explique peu que Voltaire ait fait une espèce de panégyrique funèbre du souverain qui lui avait toujours montré de la froideur ou de l'aversion. Sans déguiser les hontes et les misères dont il avait été témoin, il s'efforçait d'y pallier les défauts et les vices de celui à qui l'histoire doit en grande partie attribuer la cause des tristes résultats de son règne et des calamités qui allaient le suivre. Il louait quelques réformes arrachées à l'indolent monarque par la puissance de l'opinion, et faisait avec plus de raison l'éloge de son successeur.

Quoique ce prince eût hérité de l'antipathie et des soupçons de son aïeul à l'égard de Voltaire, celui-ci se flatta que les sollicitations dont il allait l'entourer ne seraient pas inefficaces. Il comptait principalement sur l'appui de Turgot et du duc de Choiseul, comme sur l'amitié déjà ancienne du duc de Richelieu, pour faire révoquer la défense qui lui avait été faite de revenir à Paris : *loi arbitraire* sans doute, comme il était fondé à le dire, mais qu'il avait provoquée par ses écrits.

Grâce à ces intermédiaires qui le protégeaient près du trône, Voltaire réussit enfin à obtenir ce qu'il souhaitait avec d'autant plus d'ardeur, qu'il sentait la mort s'approcher de lui. Elle lui donnait quelques-uns de ces avertissements suprêmes dont le dédain est le dernier terme de la folie. En 1777, il eut une attaque d'apoplexie : et à peine rendu à lui-même, sans se livrer à de plus graves réflexions, il ne songea qu'à réaliser le voyage qu'il rêvait depuis longtemps et dont l'autorisation si attendue venait de lui arriver.

Parti de Ferney, malgré l'incommodité de la saison, le 3 février 1778, Voltaire fit grande diligence, et, à cette époque de communications encore lentes et difficiles, il arriva le 10 du même mois dans sa ville natale, dont il était éloigné depuis plus de vingt ans. Il y descendit chez le marquis de Villette [1], sur le quai des Théatins qui depuis a reçu son nom.

Le secret avait été gardé sur ce voyage qui produisit dans cette société frivole, émue de l'approche des grands changements qui allaient y éclater, un effet extraordinaire. Mille sentiments bons et mauvais se réunissaient pour faire accueillir avec une curiosité mêlée

---

1. C'était le mari de Mlle de Varicourt, que Voltaire avait élevée comme une enfant d'adoption.

d'enthousiasme celui dont le nom était dans toutes les bouches. Son arrivée fut donc un événement pour Paris, où, sans l'intervention du pouvoir, des honneurs exceptionnels lui furent rendus. L'Académie française, en particulier, lui envoya une députation. Bientôt on ne parla plus que de sa présence. Chacun brûlait de revoir ou de connaître ses traits. Mais les fatigues du voyage, cette agitation qui succédait au calme d'une retraite si longue, surtout les impressions des scènes qui saluaient son retour, devaient ébranler la frêle constitution de Voltaire et en briser les derniers ressorts. Un crachement de sang lui survint à la fin de février. Néanmoins la pièce d'*Irène* qu'il avait composée tout récemment ayant été jouée le 16 mars 1778, le vieillard, qui n'avait pu être présent aux cinq premières représentations et qui assista à la sixième, y reçut une magnifique ovation.

Enivré de son triomphe, Voltaire se livrait donc à des pensées d'avenir. Il acheta un hôtel à Paris, dans l'intention de s'y fixer. En outre, toujours préoccupé des questions de lettres et de langue, dans une apparition qu'il fit à l'Académie, il proposa à ses collègues un travail qui se réalise aujourd'hui, l'exécution d'un dictionnaire où l'on consacrerait d'une manière invariable, et par l'autorité d'exemples tirés des meilleurs écrivains, la valeur, l'acception et l'histoire de chacun des mots français. Il se chargea lui-même de la lettre A et se mit à l'œuvre avec son ardeur habituelle. Mais, encore trop peu rétabli de son hémorragie, il fit, pour s'appliquer avec plus d'efficacité au travail, un usage immodéré du café, ce qui redoubla les douleurs d'une strangurie dont il était depuis longtemps atteint. En vue de les calmer, il recourut ensuite, vers le milieu du mois de mai, à un emploi indiscret de l'opium. Dès lors, soit que le mal eût suivi son progrès naturel, soit que ce remède dangereux l'eût aggravé, l'état de Voltaire empira sensiblement et ne tarda pas à être désespéré. Le délire qui s'empara de lui, et qu'interrompirent seulement quelques intervalles de raison, le conduisit au tombeau après très-peu de jours. Ce fut le 30 mai 1778 qu'il rendit le dernier soupir, à l'âge de quatre-vingt-quatre ans passés.

Il nous reste à peindre son extérieur et à nous résumer sur son caractère, son génie et son influence. Sa taille, qui était moyenne, paraissait assez grande, ce qui tenait à son extrême maigreur. Son visage avait une mobilité parfois disgracieuse : tel était le jeu précipité des nerfs qui y mettaient en quelque sorte les passions à découvert ; mais le plus souvent il ne laissait pas de plaire, à cause de l'esprit qui animait sa physionomie et de l'expression des yeux, pleins de feu et même de malice. Il prenait un soin curieux de sa personne, et la propreté de ses vêtements allait jusqu'à la recherche. Sa santé, et son bien-être en général, furent constamment l'objet de sa préoccupation un peu égoïste. Quant à ses rares talents dont il fit un usage si controversé et souvent si regrettable, dans l'ambition qu'il affichait d'être universel, une seule chose eût suffi, ce semble, pour leur donner le sceau de la perfection : je veux dire le goût de cette perfection même et le soin continu, nécessaire pour y parvenir. Lui qui a sagement dit que pour bien écrire il fallait se corriger toujours, livré à la foule des idées et des passions qui se disputaient son intelligence, il n'avait pas le loisir, pour les vers en particulier, de s'amender sans cesse ; il n'en éprouvait pas même le besoin, et c'est ce qui fait comprendre qu'il soit resté si fort au-dessous de l'auteur de *Britannicus* et d'*Esther*. La trace du progrès est chez lui difficile à saisir. Porté tout d'abord par le privilége de la plus heureuse nature aux sommets de l'art, il ne lui arriva guère, ainsi qu'à plusieurs esprits du premier ordre, de s'élever encore, par l'effet de cette longue patience qui est un des éléments du génie, au-dessus de ses débuts et de lui-même. Il excelle dans les sujets légers ; mais sa véritable supériorité est dans la prose. On ne saurait contester le ton naturel et la netteté qui caractérisent celle de Voltaire. Claire et limpide, elle laisse voir la pensée seule, et la pensée tout entière; vive et dégagée, elle suit toujours le mouvement de l'esprit et se plie à toutes les variétés de son allure.

Tel fut cet étrange et brillant génie, qu'il faut plaindre de n'avoir pas usé de tous ses dons et d'avoir, en blessant les sentiments les plus justement chers au cœur de l'homme, concouru à égarer son siècle dont il eût pu être la lumière. Au lieu de mettre sa gloire à lui obéir et à lui complaire, que n'a-t-il voulu le dominer en maître et, par une contradiction éloquente, lui imposer de plus saines doctrines! D'une confiance absolue dans ses lumières, il substitua aux croyances sérieuses des âges passés un scepticisme universel, sans reculer, pour le triomphe de ses idées, devant les contradictions ni même les mensonges[1]. Il dépouilla l'homme, en riant, de ce qui fait ici-bas son soutien et sa grandeur, des sentiments religieux; implacable railleur, et ne se méprenant pas sur le pouvoir de cette ironie dissolvante, qui a fait tant de ruines en France et qui était pour lui une sorte de levier d'Archimède, « le point fixe avec lequel on enlevait tout. »

De là l'esprit funeste qui circule trop souvent dans ses ouvrages. Bien qu'il ne manque entièrement à aucun d'eux, il en est plusieurs cependant qui, amendés par quelques suppressions prudentes, peuvent être lus avec beaucoup de fruit et conservent une place distinguée entre les productions de la littérature classique. Déjà nous avons signalé quelques-unes de ses tragédies où le pathétique le plus touchant s'allie aux idées les plus nobles et les plus saines : la principale est *Mérope*. Voltaire a chanté aussi, avec l'enthousiasme le plus élevé et le plus pur, les découvertes de la science moderne, la grandeur de Dieu réfléchie dans les merveilles de la nature comme aussi dans les génies supérieurs dont s'honore l'humanité. La *Henriade*, œuvre nationale, est

---

1. Lettre de Voltaire, du 21 octobre 1736

après tout, quels que soient ses défauts bien connus, le seul poëme épique que la France, autrefois riche en épopées, ait vu naître dans ses époques de brillante culture. Si on en a critiqué à bon droit le merveilleux artificiel et les froides allégories, on ne peut que rendre hommage à l'élégance continue du style, à l'éclat de la poésie, à l'inspiration patriotique et aux généreux sentiments de cette œuvre, « qui traversera les siècles, » comme on l'a dit encore de nos jours. Enfin, dans l'histoire, un rang considérable est acquis à Voltaire ; nul ne l'a écrite, parmi nous, avec plus de mouvement et de charme, toutes les fois que, ne voulant pas faire prédominer une idée ou un système, il demeure maître de lui et impartial. Car alors sa vive imagination, appuyée sur une érudition judicieuse et qui ne manque ni d'exactitude ni d'étendue, sait joindre, au fond le plus solide, l'attrait de la forme la plus ingénieuse et la plus piquante. C'est surtout dans l'*Histoire de Charles XII* et le *Siècle de Louis XIV* que Voltaire a plu et instruit à la fois. La première, qui date de sa jeunesse, aussi rapide que le héros qu'elle peint, et d'un intérêt plus dramatique que bien des romans, est un modèle de ce style simple, animé, expressif qui offre une parfaite image du meilleur esprit français. Quant au *Siècle de Louis XIV*, ce monument de la maturité de Voltaire ne le cède, malgré quelques imperfections de plan et de détails, à aucun des chefs-d'œuvre historiques de l'antiquité ou des temps modernes. Le premier, l'auteur a compris qu'il ne fallait pas borner l'histoire d'une époque ou d'un peuple au récit des batailles et aux actions des princes. C'est en faisant entrer dans son cadre ce qui explique et domine les faits extérieurs, l'état de la religion, des coutumes et de l'industrie, le jeu de l'administration et des finances, le mouvement des lettres et des arts, la vie de la société tout entière, qu'il a réussi à tracer un digne tableau d'un des âges les plus mémorables, non pas de notre pays seulement, mais du genre humain.

OEDIPE

TRAGÉDIE.

(1718.)

PERSONNAGES.— OEdipe, roi de Thèbes. — Jocaste, reine de Thèbes. — Philoctète, prince d'Eubée. — Le grand prêtre. — Araspe, confident d'OEdipe. — Égine, confidente de Jocaste. — Dimas, ami de Philoctète. — Phorbas, vieillard thébain. — Icare, vieillard de Corinthe. — Chœur de Thébains.

La scène est à Thèbes.

ACTE PREMIER.

SCÈNE I.

PHILOCTÈTE, DIMAS.

DIMAS.
Philoctète, est-ce vous? quel coup affreux du sort
Dans ces lieux empestés vous fait chercher la mort?
Venez-vous de nos dieux affronter la colère?
Nul mortel n'ose ici mettre un pied téméraire :
Ces climats sont remplis du céleste courroux,
Et la mort dévorante habite parmi nous.
Thèbes, depuis longtemps aux horreurs consacrée,
Du reste des vivants semble être séparée :
Retournez...
 PHILOCTÈTE. Ce séjour convient aux malheureux :
Va, laisse-moi le soin de mes destins affreux,   10
Et dis-moi si des dieux la colère inhumaine,

En accablant ce peuple, a respecté la reine.
DIMAS.
Oui, seigneur, elle vit ; mais la contagion
Jusqu'au pied de son trône apporte son poison.
Chaque instant lui dérobe un serviteur fidèle,
Et la mort par degrés semble s'approcher d'elle.
On dit qu'enfin le ciel, après tant de courroux,
Va retirer son bras appesanti sur nous.
Tant de sang, tant de morts, ont dû le satisfaire.
PHILOCTÈTE.
Eh ! quel crime a produit un courroux si sévère ? 20
DIMAS.
Depuis la mort du roi...
PHILOCTÈTE. Qu'entends-je ? quoi Laïus...
DIMAS.
Seigneur, depuis quatre ans ce héros ne vit plus.
PHILOCTÈTE.
Il ne vit plus ! quel mot a frappé mon oreille !
Quel espoir séduisant dans mon cœur se réveille !
Quoi ! Jocaste... Les dieux me seraient-ils plus doux !
Quoi ! Philoctète enfin pourrait-il être à vous ?
Il ne vit plus !... Quel sort a terminé sa vie ?
DIMAS.
Quatre ans sont écoulés depuis qu'en Béotie
Pour la dernière fois le sort guida vos pas.
A peine vous quittiez le sein de vos États, 30
A peine vous preniez le chemin de l'Asie,
Lorsque, d'un coup perfide, une main ennemie
Ravit à ses sujets ce prince infortuné.
PHILOCTÈTE.
Quoi ! Dimas, votre maître est mort assassiné !
DIMAS.
Ce fut de nos malheurs la première origine :
Ce crime a de l'empire entraîné la ruine.
Du bruit de son trépas mortellement frappés,

A répandre des pleurs nous étions occupés, [table,
Quand, du courroux des dieux ministre épouvan-
Funeste à l'innocent, sans punir le coupable,   40
Un monstre, (loin de nous que faisiez-vous alors?)
Un monstre furieux vint ravager ces bords.
Le ciel, industrieux dans sa triste vengeance,
Avait à le former épuisé sa puissance.
Né parmi des rochers, au pied du Cithéron,
Ce monstre à voix humaine, aigle, femme, et lion,
De la nature entière exécrable assemblage,
Unissait contre nous l'artifice à la rage.
Il n'était qu'un moyen d'en préserver ces lieux.

   D'un sens embarrassé dans des mots captieux,   50
Le monstre, chaque jour, dans Thèbe épouvantée,
Proposait une énigme avec art concertée ;
Et si quelque mortel voulait nous secourir,
Il devait voir le monstre et l'entendre, ou périr.
A cette loi terrible il nous fallut souscrire.
D'une commune voix Thèbe offrit son empire
A l'heureux interprète, inspiré par les dieux,
Qui nous dévoilerait ce sens mystérieux.
Nos sages, nos vieillards, séduits par l'espérance,
Osèrent, sur la foi d'une vaine science,   60
Du monstre impénétrable affronter le courroux ;
Nul d'eux ne l'entendit ; ils expirèrent tous.
Mais Œdipe, héritier du sceptre de Corinthe,
Jeune, et dans l'âge heureux qui méconnaît la crainte,
Guidé par la fortune en ces lieux pleins d'effroi,
Vint, vit ce monstre affreux, l'entendit, et fut roi.
Il vit, il règne encor ; mais sa triste puissance
Ne voit que des mourants sous son obéissance.
Hélas! nous nous flattions que ses heureuses mains
Pour jamais à son trône enchaînaient les destins. 70
Déjà même les dieux nous semblaient plus faciles :
Le monstre en expirant laissait ces murs tranquilles;
Mais la stérilité, sur ce funeste bord,

Bientôt avec la faim nous rapporta la mort.
Les dieux nous ont conduits de supplice en supplice;
La famine a cessé, mais non leur injustice ;
Et la contagion, dépeuplant nos États,
Poursuit un faible reste échappé du trépas.
Tel est l'état horrible où les dieux nous réduisent.
Mais vous, heureux guerrier que ces dieux favori-
Qui du sein de la gloire a pu vous arracher? [sent,
Dans ce séjour affreux que venez-vous chercher ? 82

   PHILOCTÈTE.
J'y viens porter mes pleurs et ma douleur profonde.
Apprends mon infortune et les malheurs du monde.
Mes yeux ne verront plus ce digne fils des dieux,
Cet appui de la terre, invincible comme eux.
L'innocent opprimé perd son dieu tutélaire ;
Je pleure mon ami, le monde pleure un père.

   DIMAS.
Hercule est mort?
     PHILOCTÈTE. Ami, ces malheureuses mains
Ont mis sur le bûcher le plus grand des humains ; 90
Je rapporte en ces lieux ses flèches invincibles,
Du fils de Jupiter présents chers et terribles ;
Je rapporte sa cendre, et viens à ce héros,
Attendant des autels, élever des tombeaux.
Crois-moi, s'il eût vécu, si d'un présent si rare
Le ciel pour les humains eût été moins avare,
J'aurais loin de Jocaste achevé mon destin :
Et, dût ma passion renaître dans mon sein,
Tu ne me verrais point, suivant l'amour pour guide,
Pour servir une femme abandonner Alcide.   100

   DIMAS.
J'ai plaint longtemps ce feu si puissant et si doux ;
Il naquit dans l'enfance, il croissait avec vous.
Jocaste, par un père à son hymen forcée,
Au trône de Laïus à regret fut placée.
Hélas! par cet hymen qui coûta tant de pleurs,

Les destins en secret préparaient nos malheurs.
Que j'admirais en vous cette vertu suprême,
Ce cœur digne du trône, et vainqueur de soi-même !
En vain l'amour parlait à ce cœur agité :
C'est le premier tyran que vous avez dompté. 110
PHILOCTÈTE.
Il fallut fuir pour vaincre ; oui, je te le confesse,
Je luttai quelque temps ; je sentis ma faiblesse :
Il fallut m'arracher de ce funeste lieu,
Et je dis à Jocaste un éternel adieu.
Cependant l'univers, tremblant au nom d'Alcide,
Attendait son destin de sa valeur rapide ;
A ses divins travaux j'osai m'associer ;
Je marchai près de lui, ceint du même laurier.
C'est alors, en effet, que mon âme éclairée
Contre les passions se sentit assurée. 120
L'amitié d'un grand homme est un bienfait des dieux :
Je lisais mon devoir et mon sort dans ses yeux ;
Des vertus avec lui je fis l'apprentissage :
Sans endurcir mon cœur, j'affermis mon courage :
L'inflexible vertu m'enchaîna sous sa loi.
Qu'eussé-je été sans lui ? rien que le fils d'un roi,
Rien qu'un prince vulgaire, et je serais peut-être
Esclave de mes sens, dont il m'a rendu maître.
DIMAS.
Ainsi donc désormais, sans plainte et sans courroux,
Vous reverrez Jocaste et son nouvel époux ? 130
PHILOCTÈTE.
Comment ! que dites-vous ? un nouvel hyménée...
DIMAS.
Œdipe à cette reine a joint sa destinée.
PHILOCTÈTE.
Œdipe est trop heureux : je n'en suis point surpris;
Et qui sauva son peuple est digne d'un tel prix ;
Le ciel est juste.
DIMAS. Œdipe en ces lieux va paraître :

Tout le peuple avec lui, conduit par le grand prêtre,
Vient des dieux irrités conjurer les rigueurs.
####### PHILOCTÈTE.
Je me sens attendri, je partage leurs pleurs.
O toi, du haut des cieux, veille sur ta patrie,
Exauce en sa faveur un ami qui te prie, 140
Hercule ! sois le dieu de tes concitoyens !
Que leurs vœux jusqu'à toi montent avec les miens !

SCÈNE II.

LE GRAND PRÊTRE, le chœur.

(La porte du temple s'ouvre, et le grand prêtre paraît au milieu du peuple.)

####### PREMIER PERSONNAGE DU CHOEUR.
Esprits contagieux, tyrans de cet empire,
Qui soufflez dans ces murs la mort qu'on y respire,
Redoublez contre nous votre lente fureur,
Et d'un trépas trop long épargnez-nous l'horreur.
####### SECOND PERSONNAGE.
Frappez, dieux tout-puissants ; vos victimes sont [prêtes :
O monts, écrasez-nous... Cieux, tombez sur nos têtes !
O mort, nous implorons ton funeste secours !
O mort, viens nous sauver, viens terminer nos jours !
####### LE GRAND PRÊTRE.
Cessez, et retenez ces clameurs lamentables, 151
Faible soulagement aux maux des misérables,
Fléchissons sous un dieu qui veut nous éprouver, [ver.
Qui d'un mot peut nous perdre, et d'un mot nous sau-
Il sait que dans ces murs la mort nous environne,
Et les cris des Thébains sont montés vers son trône !
Le roi vient. Par ma voix le ciel va lui parler ;
Les destins à ses yeux veulent se dévoiler.

Les temps sont arrivés; cette grande journée
Va du peuple et du roi changer la destinée.

SCÈNE III.

ŒDIPE, JOCASTE, LE GRAND PRÊTRE, ÉGINE, DIMAS, ARASPE, le chœur.

OEDIPE.

Peuple, qui, dans ce temple apportant vos douleurs,
Présentez à nos dieux des offrandes de pleurs,
Que ne puis-je, sur moi détournant leurs vengeances,
De la mort qui vous suit étouffer les semences!
Mais un roi n'est qu'un homme en ce commun danger,
Et tout ce qu'il peut faire est de le partager.
(*Au grand prêtre.*)
Vous, ministre des dieux que dans Thèbe on adore,
Dédaignent-ils toujours la voix qui les implore?
Verront-ils sans pitié finir nos tristes jours?
Ces maîtres des humains sont-ils muets et sourds?

LE GRAND PRÊTRE.

Roi, peuple, écoutez-moi. Cette nuit, à ma vue,
Du ciel sur nos autels la flamme est descendue;
L'ombre du grand Laïus a paru parmi nous,
Terrible, et respirant la haine et le courroux.
Une effrayante voix s'est fait alors entendre :
« Les Thébains de Laïus n'ont point vengé la cendre;
« Le meurtrier du roi respire en ces États,
« Et de son souffle impur infecte vos climats.
« Il faut qu'on le connaisse, il faut qu'on le punisse.
« Peuple, votre salut dépend de son supplice. »

OEDIPE.

Thébains, je l'avouerai, vous souffrez justement
D'un crime inexcusable un rude châtiment.
Laïus vous était cher, et votre négligence

De ses mânes sacrés a trahi la vengeance.
Tel est souvent le sort des plus justes des rois !
Tant qu'ils sont sur la terre on respecte leurs lois,
On porte jusqu'aux cieux leur justice suprême ;
Adorés de leur peuple, ils sont des dieux eux-même :
Mais après leur trépas que sont-ils à vos yeux ?
Vous éteignez l'encens que vous brûliez pour eux ;
Et, comme à l'intérêt l'âme humaine est liée,   191
La vertu qui n'est plus est bientôt oubliée.
Ainsi, du ciel vengeur implorant le courroux,
Le sang de votre roi s'élève contre vous :
Apaisons son murmure, et qu'au lieu d'hécatombe
Le sang du meurtrier soit versé sur sa tombe.
A chercher le coupable appliquons tous nos soins.
Quoi ! de la mort du roi n'a-t-on pas de témoins ?
Et n'a-t-on jamais pu, parmi tant de prodiges,
De ce crime impuni retrouver les vestiges ?   200
On m'avait toujours dit que ce fut un Thébain
Qui leva sur son prince une coupable main.
    (*A Jocaste.*)
Pour moi, qui de vos mains recevant sa couronne,
Deux ans après sa mort ai monté sur son trône,
Madame, jusqu'ici, respectant vos douleurs,
Je n'ai point rappelé le sujet de vos pleurs ;
Et, de vos seuls périls chaque jour alarmée,
Mon âme à d'autres soins semblait être fermée.
    JOCASTE.
Seigneur, quand le destin, me réservant à vous,
Par un coup imprévu m'enleva mon époux ;   210
Lorsque, de ses États parcourant les frontières,
Ce héros succomba sous des mains meurtrières,
Phorbas en ce voyage était seul avec lui ;
Phorbas était du roi le conseil et l'appui :
Laïus, qui connaissait son zèle et sa prudence,
Partageait avec lui le poids de sa puissance.
Ce fut lui qui du prince, à ses yeux massacré,

Rapporta dans nos murs le corps défiguré :
Percé de coups lui-même, il se traînait à peine ;
Il tomba tout sanglant aux genoux de sa reine : 220
« Des inconnus, dit-il, ont porté ces grands coups ;
« Ils ont devant mes yeux massacré votre époux ;
« Ils m'ont laissé mourant, et le pouvoir céleste
« De mes jours malheureux a ranimé le reste. »
Il ne m'en dit pas plus, et mon cœur agité
Voyait fuir loin de lui la triste vérité ;
Et peut-être le ciel, que ce grand crime irrite,
Déroba le coupable à ma juste poursuite :
Peut-être, accomplissant ses décrets éternels,
Afin de nous punir, il nous fit criminels. 230
Le sphinx bientôt après désola cette rive ;
A ses seules fureurs Thèbes fut attentive :
Et l'on ne pouvait guère, en un pareil effroi,
Venger la mort d'autrui quand on tremblait pour soi.

OEDIPE.

Madame, qu'a-t-on fait de ce sujet fidèle ?

JOCASTE.

Seigneur, on paya mal son service et son zèle.
Tout l'État en secret était son ennemi :
Il était trop puissant pour n'être point haï ;
Et du peuple et des grands la colère insensée
Brûlait de le punir de sa faveur passée. 240
On l'accusa lui-même, et d'un commun transport
Thèbe entière à grands cris me demanda sa mort :
Et moi, de tous côtés redoutant l'injustice,
Je tremblai d'ordonner sa grâce ou son supplice.
Dans un château voisin conduit secrètement,
Je dérobai sa tête à leur emportement.
Là, depuis quatre hivers ce vieillard vénérable,
De la faveur des rois exemple déplorable,
Sans se plaindre de moi ni du peuple irrité,
De sa seule innocence attend sa liberté. 250

OEDIPE, *à sa suite.*

Madame, c'est assez... Courez, que l'on s'empresse ;
Qu'on ouvre sa prison, qu'il vienne, qu'il paraisse.
Moi-même devant vous je veux l'interroger.
J'ai tout mon peuple ensemble et Laïus à venger.
Il faut tout écouter ; il faut d'un œil sévère
Sonder la profondeur de ce triste mystère.
Et vous, dieux des Thébains, dieux qui nous exaucez,
Punissez l'assassin, vous qui le connaissez !
Soleil, cache à ses yeux le jour qui nous éclaire !
Qu'en horreur à ses fils, exécrable à sa mère,   260
Errant, abandonné, proscrit dans l'univers,
Il rassemble sur lui tous les maux des enfers ;
Et que son corps sanglant, privé de sépulture,
Des vautours dévorants devienne la pâture !

LE GRAND PRÊTRE.

A ces serments affreux nous nous unissons tous.

OEDIPE.

Dieux, que le crime seul éprouve enfin vos coups !
Ou si de vos décrets l'éternelle justice
Abandonne à mon bras le soin de son supplice,
Et si vous êtes las enfin de nous haïr,
Donnez, en commandant, le pouvoir d'obéir.   270
Si sur un inconnu vous poursuivez le crime,
Achevez votre ouvrage et nommez la victime.
Vous, retournez au temple ; allez, que votre voix
Interroge ces dieux une seconde fois ;
Que vos vœux parmi nous les forcent à descendre :
S'ils ont aimé Laïus, ils vengeront sa cendre ;
Et, conduisant un roi facile à se tromper,
Ils marqueront la place où mon bras doit frapper.

ACTE SECOND.

SCÈNE I.

JOCASTE, ÉGINE, ARASPE, le chœur.

ARASPE.
Oui, ce peuple expirant, dont je suis l'interprète,
D'une commune voix accuse Philoctète, 280
Madame ; et les destins, dans ce triste séjour,
Pour nous sauver, sans doute, ont permis son retour.
JOCASTE.
Qu'ai-je entendu, grands dieux !
     ÉGINE. Ma surprise est extrême !...
JOCASTE.
Qui ? lui ! qui ? Philoctète !
     ARASPE. Oui, madame, lui-même.
A quel autre, en effet, pourraient-ils imputer
Un meurtre qu'à nos yeux il sembla méditer ?
Il haïssait Laïus, on le sait ; et sa haine
Aux yeux de votre époux ne se cachait qu'à peine :
La jeunesse imprudente aisément se trahit ;
Son front mal déguisé découvrait son dépit. 290
J'ignore quel sujet animait sa colère ;
Mais au seul nom du roi, trop prompt et trop sincère,
Esclave d'un courroux qu'il ne pouvait dompter,
Jusques à la menace il osa s'emporter :
Il partit ; et, depuis, sa destinée errante
Ramena sur nos bords sa fortune flottante ;
Même il était dans Thèbe en ces temps malheureux
Que le ciel a marqués d'un parricide affreux :

Depuis ce jour fatal, avec quelque apparence
De nos peuples sur lui tomba la défiance. 300
Que dis-je? assez longtemps les soupçons des Thé-
Entre Phorbas et lui flottèrent incertains : [bains
Cependant ce grand nom qu'il s'acquit dans la guerre,
Ce titre si fameux de vengeur de la terre,
Ce respect qu'aux héros nous portons malgré nous,
Fit taire nos soupçons et suspendit nos coups.
Mais les temps sont changés : Thèbe, en ce jour fu-
D'un respect dangereux dépouillera le reste ; [neste,
En vain sa gloire parle à ces cœurs agités :
Les dieux veulent du sang, et sont seuls écoutés.

PREMIER PERSONNAGE DU CHOEUR.

O reine ! ayez pitié d'un peuple qui vous aime. 311
Imitez de ces dieux la justice suprême ;
Livrez-nous leur victime, adressez-leur nos vœux :
Qui peut mieux les toucher qu'un cœur si digne d'eux?

JOCASTE.

Pour fléchir leur courroux s'il ne faut que ma vie,
Hélas ! c'est sans regret que je la sacrifie.
Thébains, qui me croyez encor quelques vertus,
Je vous offre mon sang : n'exigez rien de plus.
Allez.

SCÈNE II.

JOCASTE, ÉGINE.

ÉGINE. Que je vous plains !
        JOCASTE. Hélas ! je porte envie
A ceux qui dans ces murs ont terminé leur vie. 320
Quel état, quel tourment pour un cœur vertueux !

ÉGINE.

Il n'en faut point douter, votre sort est affreux !
Ces peuples, qu'un faux zèle aveuglément anime,
Vont bientôt à grands cris demander leur victime.

Je n'ose l'accuser; mais quelle horreur pour vous,
Si vous trouvez en lui l'assassin d'un époux!
  JOCASTE.
Et l'on ose à tous deux faire un pareil outrage!
Le crime, la bassesse, eût été son partage!
Égine, après les nœuds qu'il a fallu briser,
Il manquait à mes maux de l'entendre accuser.   330
Apprends que ces soupçons irritent ma colère,
Et qu'il est vertueux, puisqu'il m'avait su plaire.
  ÉGINE.
Cet amour si constant...
    JOCASTE. Ne crois pas que mon cœur
De cet amour funeste ait pu nourrir l'ardeur;
Je l'ai trop combattu. Cependant, chère Égine,
Quoi que fasse un grand cœur où la vertu domine,
On ne se cache point ces secrets mouvements,
De la nature en nous indomptables enfants :
Dans les replis de l'âme ils viennent nous surprendre;
Ces feux qu'on croit éteints renaissent de leur cendre;
Et la vertu sévère, en de si durs combats,   341
Résiste aux passions, et ne les détruit pas.
  ÉGINE.
Votre douleur est juste autant que vertueuse;
Et de tels sentiments...
    JOCASTE. Que je suis malheureuse!
Tu connais, chère Égine, et mon cœur et mes maux.
J'ai deux fois de l'hymen allumé les flambeaux;
Deux fois, de mon destin subissant l'injustice,
J'ai changé d'esclavage, ou plutôt de supplice;
Et le seul des mortels dont mon cœur fût touché
A mes vœux pour jamais devait être arraché.   350
Pardonnez-moi, grands dieux, ce souvenir funeste!
D'un feu que j'ai dompté c'est le malheureux reste.
Égine, tu nous vis l'un de l'autre charmés,
Tu vis nos nœuds rompus aussitôt que formés;
Mon souverain m'aima, m'obtint malgré moi-même;

Mon front, chargé d'ennuis, fut ceint du diadème ;
Il fallut oublier dans ses embrassements
Et mes premiers amours et mes premiers serments.
Tu sais qu'à mon devoir tout entière attachée,
J'étouffai de mes sens la révolte cachée ; 360
Que, déguisant mon trouble et dévorant mes pleurs,
Je n'osais à moi-même avouer mes douleurs...

ÉGINE.

Comment donc pouviez-vous du joug de l'hyménée
Une seconde fois tenter la destinée ?

JOCASTE.

Hélas !

ÉGINE. M'est-il permis de ne vous rien cacher ?

JOCASTE.

Parle.

ÉGINE. Œdipe, madame, a paru vous toucher ;
Et votre cœur, du moins sans trop de résistance,
De vos États sauvés donna la récompense.

JOCASTE.

Ah ! grands dieux !

ÉGINE. Était-il plus heureux que Laïus,
Ou Philoctète absent ne vous touchait-il plus ? 370
Entre ces deux héros étiez-vous partagée ?

JOCASTE.

Par un monstre cruel Thèbe alors ravagée
A son libérateur avait promis ma foi,
Et le vainqueur du sphinx était digne de moi.

ÉGINE.

Vous l'aimiez ?

JOCASTE. Je sentis pour lui quelque tendresse ;
Mais que ce sentiment fut loin de la faiblesse !
Ce n'était point, Égine, un feu tumultueux,
De mes sens enchantés enfant impétueux ;
Je ne reconnus point cette brûlante flamme
Que le seul Philoctète a fait naître en mon âme, 380
Et qui, sur mon esprit répandant son poison,

De son charme fatal a séduit ma raison.
Je sentais pour Œdipe une amitié sévère :
Œdipe est vertueux, sa vertu m'était chère ;
Mon cœur avec plaisir le voyait élevé
Au trône des Thébains, qu'il avait conservé.
Cependant sur ses pas aux autels entraînée,
Égine, je sentis dans mon âme étonnée
Des transports inconnus que je ne conçus pas ;
Avec horreur enfin je me vis dans ses bras. 390
Cet hymen fut conclu sous un affreux augure :
Égine, je voyais dans une nuit obscure,
Près d'Œdipe et de moi, je voyais des enfers
Les gouffres éternels à mes pieds entr'ouverts ;
De mon premier époux l'ombre pâle et sanglante
Dans cet abîme affreux paraissait menaçante :
Il me montrait mon fils, ce fils qui dans mon flanc
Avait été formé de son malheureux sang ;
Ce fils dont ma pieuse et barbare injustice
Avait fait à nos dieux un secret sacrifice : 400
De les suivre tous deux ils semblaient m'ordonner ;
Tous deux dans le Tartare ils semblaient m'entraîner.
De sentiments confus mon âme possédée
Se présentait toujours cette effroyable idée ;
Et Philoctète encor, trop présent dans mon cœur,
De ce trouble fatal augmentait la terreur.

ÉGINE.
J'entends du bruit, on vient, je le vois qui s'avance.

JOCASTE.
C'est lui-même ; je tremble : évitons sa présence.

SCÈNE III.

JOCASTE, PHILOCTÈTE.

PHILOCTÈTE.
Ne fuyez point, madame, et cessez de trembler ;
Osez me voir, osez m'entendre et me parler.   410
Ne craignez point ici que mes jalouses larmes [mes ;
De votre hymen heureux troublent les nouveaux char-
N'attendez point de moi des reproches honteux,
Ni de lâches soupirs indignes de tous deux.
Je ne vous tiendrai point de ces discours vulgaires
Que dicte la mollesse aux amants ordinaires.
Un cœur qui vous chérit, et, s'il faut dire plus,
S'il vous souvient des nœuds que vous avez rompus,
Un cœur pour qui le vôtre avait quelque tendresse,
N'a point appris de vous à montrer de faiblesse.   420
JOCASTE.
De pareils sentiments n'appartenaient qu'à nous ;
J'en dois donner l'exemple, ou le prendre de vous.
Si Jocaste avec vous n'a pu se voir unie,
Il est juste, avant tout, qu'elle s'en justifie.
Je vous aimais, seigneur : une suprême loi
Toujours malgré moi-même a disposé de moi ;
Et du sphinx et des dieux la fureur trop connue
Sans doute à votre oreille est déjà parvenue ;
Vous savez quels fléaux ont éclaté sur nous,
Et qu'Œdipe...
PHILOCTÈTE. Je sais qu'Œdipe est votre époux ;   430
Je sais qu'il en est digne ; et, malgré sa jeunesse,
L'empire des Thébains sauvé par sa sagesse,
Ses exploits, ses vertus, et surtout votre choix,
Ont mis cet heureux prince au rang des plus grands
Ah ! pourquoi la fortune, à me nuire constante, [rois.

Emportait-elle ailleurs ma valeur imprudente ?
Si le vainqueur du sphinx devait vous conquérir,
Fallait-il loin de vous ne chercher qu'à périr ?
Je n'aurais point percé les ténèbres frivoles
D'un vain sens déguisé sous d'obscures paroles ; 440
Ce bras, que votre aspect eût encore animé,
A vaincre avec le fer était accoutumé :
Du monstre à vos genoux j'eusse apporté la tête.
D'un autre cependant Jocaste est la conquête !
Un autre a pu jouir de cet excès d'honneur.
  JOCASTE.
Vous ne connaissez pas quel est votre malheur.
  PHILOCTÈTE.   [core?
Je perds Alcide et vous : qu'aurais-je à craindre en-
  JOCASTE.
Vous êtes en des lieux qu'un dieu vengeur abhorre ;
Un feu contagieux annonce son courroux,
Et le sang de Laïus est retombé sur nous.   450
Du ciel qui nous poursuit la justice outragée
Venge ainsi de ce roi la cendre négligée :
On doit sur nos autels immoler l'assassin ;
On le cherche, on vous nomme, on vous accuse enfin.
  PHILOCTÈTE.
Madame, je me tais ; une pareille offense
Étonne mon courage, et me force au silence.
Qui ? moi, de tels forfaits ! moi, des assassinats !
Et que de votre époux... Vous ne le croyez pas.
  JOCASTE.
Non, je ne le crois point, et c'est vous faire injure
Que daigner un moment combattre l'imposture ; 460
Votre cœur m'est connu, vous avez eu ma foi,
Et vous ne pouvez point être indigne de moi.
Oubliez ces Thébains que les dieux abandonnent,
Trop dignes de périr depuis qu'ils vous soupçonnent.
Fuyez-moi, c'en est fait : nous nous aimions en vain ;
Les dieux vous réservaient un plus noble destin ;

Vous étiez né pour eux : leur sagesse profonde
N'a pu fixer dans Thèbe un bras utile au monde,
Ni souffrir que l'amour, remplissant ce grand cœur,
Enchaînât près de moi votre obscure valeur.   470
Non, d'un lien charmant le soin tendre et timide
Ne doit point occuper le successeur d'Alcide :
De toutes vos vertus comptable à leurs besoins,
Ce n'est qu'aux malheureux que vous devez vos soins.
Déjà de tous côtés les tyrans reparaissent ;
Hercule est sous la tombe, et les monstres renaissent :
Allez, libre des feux dont vous fûtes épris ;
Partez, rendez Hercule à l'univers surpris.
Seigneur, mon époux vient, souffrez que je vous laisse :
Non que mon cœur troublé redoute sa faiblesse ;   480
Mais j'aurais trop peut-être à rougir devant vous,
Puisque je vous aimais, et qu'il est mon époux.

SCÈNE IV.

OEDIPE, PHILOCTÈTE, ARASPE.

OEDIPE.
Araspe, c'est donc là le prince Philoctète ?
PHILOCTÈTE.
Oui, c'est lui qu'en ces murs un sort aveugle jette,
Et que le ciel encore, à sa perte animé,
A souffrir des affronts n'a point accoutumé.
Je sais de quels forfaits on veut noircir ma vie ;
Seigneur, n'attendez pas que je m'en justifie.
J'ai pour vous trop d'estime ; et je ne pense pas
Que vous puissiez descendre à des soupçons si bas.
Si sur les mêmes pas nous marchons l'un et l'autre,
Ma gloire d'assez près est unie à la vôtre.   492
Thésée, Hercule et moi, nous vous avons montré
Le chemin de la gloire où vous êtes entré.

Ne déshonorez point par une calomnie
La splendeur de ces noms où votre nom s'allie,
Et soutenez surtout par un trait généreux
L'honneur que vous avez d'être placé près d'eux.
 OEDIPE.
Être utile aux mortels, et sauver cet empire,
Voilà, seigneur, voilà, l'honneur seul où j'aspire, 500
Et ce que m'ont appris en ces extrémités
Les héros que j'admire et que vous imitez.
Certes, je ne veux point vous imputer un crime :
Si le ciel m'eût laissé le choix de la victime,
Je n'aurais immolé de victime que moi :
Mourir pour son pays, c'est le devoir d'un roi ;
C'est un honneur trop grand pour le céder à d'autres.
J'aurais donné mes jours et défendu les vôtres ;
J'aurais sauvé mon peuple une seconde fois ;
Mais, seigneur, je n'ai point la liberté du choix. 510
C'est un sang criminel que nous devons répandre :
Vous êtes accusé, songez à vous défendre ;
Paraissez innocent : il me sera bien doux
D'honorer dans ma cour un héros tel que vous ;
Et je me tiens heureux s'il faut que je vous traite,
Non comme un accusé, mais comme Philoctète.
 PHILOCTÈTE.
Je veux bien l'avouer, sur la foi de mon nom
J'avais osé me croire au-dessus du soupçon.
Cette main qu'on accuse, au défaut du tonnerre,
D'infâmes assassins a délivré la terre ; 520
Hercule à les dompter avait instruit mon bras :
Seigneur, qui les punit ne les imite pas.
 OEDIPE.
Ah! je ne pense point qu'aux exploits consacrées
Vos mains par des forfaits se soient déshonorées,
Seigneur ; et si Laïus est tombé sous vos coups,
Sans doute avec honneur il expira sous vous :
Vous ne l'avez vaincu qu'en guerrier magnanime.

Je vous rends trop justice.
PHILOCTÈTE. Eh ! quel serait mon crime ?
Si ce fer chez les morts eût fait tomber Laïus,
Ce n'eût été pour moi qu'un triomphe de plus. 530
Un roi pour ses sujets est un dieu qu'on révère ;
Pour Hercule et pour moi, c'est un homme ordinaire.
J'ai défendu des rois ; et vous devez songer
Que j'ai pu les combattre, ayant pu les venger.
OEDIPE.
Je connais Philoctète à ces illustres marques ;
Des guerriers comme vous sont égaux aux monarques ;
Je le sais : cependant, prince, n'en doutez pas,
Le vainqueur de Laïus est digne du trépas ;
Sa tête répondra des malheurs de l'empire ;
Et vous... [suffire.
PHILOCTÈTE. Ce n'est point moi : ce mot doit vous
Seigneur, si c'était moi, j'en ferais vanité : 541
En vous parlant ainsi, je dois être écouté.
C'est aux hommes communs, aux âmes ordinaires,
A se justifier par des moyens vulgaires ;
Mais un prince, un guerrier tel que vous, tel que moi,
Quand il a dit un mot, en est cru sur sa foi.
Du meurtre de Laïus OEdipe me soupçonne ;
Ah ! ce n'est point à vous d'en accuser personne :
Son sceptre et son épouse ont passé dans vos bras,
C'est vous qui recueillez le fruit de son trépas. 550
Ce n'est pas moi surtout de qui l'heureuse audace
Disputa sa dépouille et demanda sa place.
Le trône est un objet qui n'a pu me tenter :
Hercule à ce haut rang dédaignait de monter.
Toujours libre avec lui, sans sujets et sans maître,
J'ai fait des souverains, et n'ai point voulu l'être.
Mais c'est trop me défendre et trop m'humilier :
La vertu s'avilit à se justifier.
OEDIPE.
Votre vertu m'est chère, et votre orgueil m'offense.

On vous jugera, prince ; et si votre innocence 560
De l'équité des lois n'a rien à redouter,
Avec plus de splendeur elle en doit éclater.
Demeurez parmi nous...

    PHILOCTÈTE. J'y resterai, sans doute :
Il y va de ma gloire ; et le ciel qui m'écoute
Ne me verra partir que vengé de l'affront
Dont vos soupçons honteux ont fait rougir mon front.

SCÈNE V.

OEDIPE, ARASPE.

OEDIPE.

Je l'avouerai, j'ai peine à le croire coupable.
D'un cœur tel que le sien l'audace inébranlable
Ne sait point s'abaisser à des déguisements :
Le mensonge n'a point de si hauts sentiments. 570
Je ne puis voir en lui cette bassesse infâme.
Je te dirai bien plus : je rougissais dans l'âme
De me voir obligé d'accuser ce grand cœur :
Je me plaignais à moi de mon trop de rigueur.
Nécessité cruelle attachée à l'empire !
Dans le cœur des humains les rois ne peuvent lire ;
Souvent sur l'innocence ils font tomber leurs coups,
Et nous sommes, Araspe, injustes malgré nous.
Mais que Phorbas est lent pour mon impatience !
C'est sur lui seul enfin que j'ai quelque espérance ;
Car les dieux irrités ne nous répondent plus : 581
Ils ont par leur silence expliqué leur refus.

ARASPE.

Tandis que par vos soins vous pouvez tout apprendre,
Quel besoin que le ciel ici se fasse entendre ?
Ces dieux dont le pontife a promis le secours,
Dans leurs temples, seigneur, n'habitent pas toujours.
On ne voit point leur bras si prodigue en miracles :

Ces antres, ces trépieds, qui rendent leurs oracles,
Ces organes d'airain que nos mains ont formés,
Toujours d'un souffle pur ne sont pas animés.   590
Ne nous endormons point sur la foi de leurs prêtres ;
Au pied du sanctuaire il est souvent des traîtres,
Qui, nous asservissant sous un pouvoir sacré,
Font parler les destins, les font taire à leur gré.
Voyez, examinez avec un soin extrême
Philoctète, Phorbas, et Jocaste elle-même.
Ne nous fions qu'à nous ; voyons tout par nos yeux :
Ce sont là nos trépieds, nos oracles, nos dieux.

OEDIPE.

Serait-il dans le temple un cœur assez perfide...
Non, si le ciel enfin de nos destins décide,   600
On ne le verra point mettre en d'indignes mains
Le dépôt précieux du salut des Thébains.
Je vais, je vais moi-même, accusant leur silence,
Par mes vœux redoublés fléchir leur inclémence.
Toi, si pour me servir tu montres quelque ardeur,
De Phorbas que j'attends cours hâter la lenteur ;
Dans l'état déplorable où tu vois que nous sommes,
Je veux interroger et les dieux et les hommes.

ACTE TROISIÈME.

SCÈNE I.

JOCASTE, ÉGINE.

JOCASTE.

Oui, j'attends Philoctète, et je veux qu'en ces lieux
Pour la dernière fois il paraisse à mes yeux.   610

ÉGINE.

Madame, vous savez jusqu'à quelle insolence

Le peuple a de ses cris fait monter la licence :
Ces Thébains, que la mort assiége à tout moment,
N'attendent leur salut que de son châtiment;
Vieillards, femmes, enfants, que leur malheur accable,
Tous sont intéressés à le trouver coupable.
Vous entendez d'ici leurs cris séditieux :
Ils demandent son sang de la part de nos dieux.
Pourriez-vous résister à tant de violence?
Pourriez-vous le servir et prendre sa défense? 620
   JOCASTE.
Moi! si je la prendrai? dussent tous les Thébains
Porter jusque sur moi leurs parricides mains,
Sous ces murs tout fumants dussé-je être écrasée,
Je ne trahirai point l'innocence accusée.
Mais une juste crainte occupe mes esprits :
Mon cœur de ce héros fut autrefois épris ;
On le sait : on dira que je lui sacrifie
Ma gloire, mon époux, mes dieux et ma patrie;
Que mon cœur brûle encore.
     ÉGINE. Ah! calmez cet effroi :
Cet amour malheureux n'eut de témoin que moi; 630
Et jamais...
   JOCASTE. Que dis-tu? crois-tu qu'une princesse
Puisse jamais cacher sa haine ou sa tendresse?
Des courtisans sur nous les inquiets regards
Avec avidité tombent de toutes parts ;
A travers les respects leurs trompeuses souplesses
Pénètrent dans nos cœurs et cherchent nos fai-
         [blesses;
A leur malignité rien n'échappe et ne fuit;
Un seul mot, un soupir, un coup d'œil nous trahit;
Tout parle contre nous, jusqu'à notre silence;
Et quand leur artifice et leur persévérance 640
Ont enfin, malgré nous, arraché nos secrets,
Alors avec éclat leurs discours indiscrets,
Portant sur notre vie une triste lumière,

Vont de nos passions remplir la terre entière.
ÉGINE.
Eh! qu'avez-vous, madame, à craindre de leurs [coups?
Quels regards si perçants sont dangereux pour vous?
Quel secret pénétré peut flétrir votre gloire?
Si l'on sait votre amour, on sait votre victoire :
On sait que la vertu fut toujours votre appui.
JOCASTE.
Et c'est cette vertu qui me trouble aujourd'hui. 650
Peut-être, à m'accuser toujours prompte et sévère,
Je porte sur moi-même un regard trop austère;
Peut-être je me juge avec trop de rigueur :
Mais enfin Philoctète a régné sur mon cœur;
Dans ce cœur malheureux son image est tracée,
La vertu ni le temps ne l'ont point effacée.
Que dis-je? je ne sais, quand je sauve ses jours,
Si la seule équité m'appelle à son secours,
Ma pitié me paraît trop sensible et trop tendre;
Je sens trembler mon bras, tout prêt à le défendre; 660
Je me reproche enfin mes bontés et mes soins :
Je le servirais mieux, si je l'eusse aimé moins.
ÉGINE.
Mais voulez-vous qu'il parte?
JOCASTE. Oui, je le veux sans doute;
C'est ma seule espérance; et, pour peu qu'il m'écoute,
Pour peu que ma prière ait sur lui de pouvoir,
Il faut qu'il se prépare à ne plus me revoir.
De ces funestes lieux qu'il s'écarte, qu'il fuie;
Qu'il sauve, en s'éloignant, et ma gloire et sa vie.
Mais qui peut l'arrêter? il devrait être ici.
Chère Égine, va, cours.

SCÈNE II.

JOCASTE, PHILOCTÈTE, ÉGINE.

JOCASTE. Ah! prince, vous voici! 670
Dans le mortel effroi dont mon âme est émue,
Je ne m'excuse point de chercher votre vue :
Mon devoir, il est vrai, m'ordonne de vous fuir;
Je dois vous oublier, et non pas vous trahir :
Je crois que vous savez le sort qu'on vous apprête.
PHILOCTÈTE.
Un vain peuple en tumulte a demandé ma tête :
Il souffre, il est injuste; il faut lui pardonner.
JOCASTE.
Gardez à ses fureurs de vous abandonner.
Partez; de votre sort vous êtes encor maître :
Mais ce moment, seigneur, est le dernier peut-être 680
Où je puis vous sauver d'un indigne trépas.
Fuyez; et, loin de moi précipitant vos pas,
Pour prix de votre vie heureusement sauvée,
Oubliez que c'est moi qui vous l'ai conservée.
PHILOCTÈTE.
Daignez montrer, madame, à mon cœur agité,
Moins de compassion et plus de fermeté;
Préférez, comme moi, mon honneur à ma vie;
Commandez que je meure, et non pas que je fuie,
Et ne me forcez point, quand je suis innocent,
A devenir coupable en vous obéissant. 690
Des biens que m'a ravis la colère céleste,
Ma gloire, mon honneur, est le seul qui me reste :
Ne m'ôtez pas ce bien dont je suis si jaloux,
Et ne m'ordonnez pas d'être indigne de vous.
J'ai vécu, j'ai rempli ma triste destinée,
Madame : à votre époux ma parole est donnée;

Quelque indigne soupçon qu'il ait conçu de moi,
Je ne sais point encor comme on manque de foi.
    JOCASTE.
Seigneur, au nom des dieux, au nom de cette flamme
Dont la triste Jocaste avait touché votre âme, 700
Si d'une si parfaite et si tendre amitié
Vous conservez encore un reste de pitié,
Enfin s'il vous souvient que, promis l'un à l'autre,
Autrefois mon bonheur a dépendu du vôtre,
Daignez sauver des jours de gloire environnés,
Des jours à qui les miens ont été destinés !
    PHILOCTÈTE.
Je vous les consacrais ; je veux que leur carrière
De vous, de vos vertus, soit digne tout entière.
J'ai vécu loin de vous, mais mon sort est trop beau
Si j'emporte, en mourant, votre estime au tom-
Qui sait même, qui sait si d'un regard propice [beau.
Le ciel ne verra point ce sanglant sacrifice ? 712
Qui sait si sa clémence, au sein de vos États,
Pour m'immoler à vous n'a point conduit mes pas ?
Peut-être il me devait cette grâce infinie
De conserver vos jours aux dépens de ma vie ;
Peut-être d'un sang pur il peut se contenter,
Et le mien vaut du moins qu'il daigne l'accepter.

SCÈNE III.

ŒDIPE, JOCASTE, PHILOCTÈTE, ÉGINE, ARASPE, suite.

    ŒDIPE.
Prince, ne craignez point l'impétueux caprice
D'un peuple dont la voix presse votre supplice : 720
J'ai calmé son tumulte, et même contre lui
Je vous viens, s'il le faut, présenter mon appui.
On vous a soupçonné ; le peuple a dû le faire.

Moi, qui ne juge point ainsi que le vulgaire,
Je voudrais que, perçant un nuage odieux,
Déjà votre innocence éclatât à leurs yeux.
Mon esprit incertain, que rien n'a pu résoudre,
N'ose vous condamner, mais ne peut vous absoudre.
C'est au ciel, que j'implore, à me déterminer.
Ce ciel enfin s'apaise, il veut nous pardonner ; 730
Et bientôt retirant la main qui nous opprime,
Par la voix du grand prêtre il nomme la victime :
Et je laisse à nos dieux, plus éclairés que nous,
Le soin de décider entre mon peuple et vous.

PHILOCTÈTE.

Votre équité, seigneur, est inflexible et pure ;
Mais l'extrême justice est une extrême injure :
Il n'en faut pas toujours écouter la rigueur.
Des lois que nous suivons la première est l'honneur.
Je me suis vu réduit à l'affront de répondre
A de vils délateurs que j'ai trop su confondre. 740
Ah ! sans vous abaisser à cet indigne soin,
Seigneur, il suffisait de moi seul pour témoin :
C'était, c'était assez d'examiner ma vie ;
Hercule, appui des dieux et vainqueur de l'Asie,
Les monstres, les tyrans qu'il m'apprit à dompter,
Ce sont là les témoins qu'il me faut confronter.
De vos dieux cependant interrogez l'organe :
Nous apprendrons de lui si leur voix me condamne.
Je n'ai pas besoin d'eux, et j'attends leur arrêt
Par pitié pour ce peuple, et non par intérêt. 750

SCÈNE IV.

OEDIPE, JOCASTE, LE GRAND PRÊTRE, ARASPE,
PHILOCTÈTE, ÉGINE, suite, le chœur.

OEDIPE. [adresse,
Eh bien ! les dieux, touchés des vœux qu'on leur

Suspendent-ils enfin leur fureur vengeresse ?
Quelle main parricide a pu les offenser ?
PHILOCTÈTE.
Parlez, quel est le sang que nous devons verser ?
LE GRAND PRÊTRE.
Fatal présent du ciel, science malheureuse,
Qu'aux mortels curieux vous êtes dangereuse !
Plût aux cruels destins, qui pour moi sont ouverts,
Que d'un voile éternel mes yeux fussent couverts !
PHILOCTÈTE.
Eh bien ! que venez-vous annoncer de sinistre ?
OEDIPE.
D'une haine éternelle êtes-vous le ministre ? 760
PHILOCTÈTE.
Ne craignez rien.
OEDIPE. Les dieux veulent-ils mon trépas ?
LE GRAND PRÊTRE, *à OEdipe.*
Ah ! si vous m'en croyez, ne m'interrogez pas.
OEDIPE.
Quel que soit le destin que le ciel nous annonce,
Le salut des Thébains dépend de sa réponse.
PHILOCTÈTE.
Parlez.
OEDIPE. Ayez pitié de tant de malheureux ;
Songez qu'OEdipe...
LE GRAND PRÊTRE. OEdipe est plus à plaindre qu'eux.
PREMIER PERSONNAGE DU CHOEUR.
OEdipe a pour son peuple une amour paternelle ;
Nous joignons à sa voix notre plainte éternelle.
Vous à qui le ciel parle, entendez nos clameurs.
DEUXIÈME PERSONNAGE DU CHOEUR.
Nous mourons, sauvez-nous, détournez ses fureurs ;
Nommez cet assassin, ce monstre, ce perfide. 771
PREMIER PERSONNAGE DU CHOEUR.
Nos bras vont dans son sang laver son parricide.

LE GRAND PRÊTRE.
Peuples infortunés, que me demandez-vous?
PREMIER PERSONNAGE DU CHOEUR.
Dites un mot, il meurt, et vous nous sauvez tous.
LE GRAND PRÊTRE.
Quand vous serez instruit du destin qui l'accable,
Vous frémirez d'horreur au seul nom du coupable.
Le dieu qui par ma voix vous parle en ce moment
Commande que l'exil soit son seul châtiment;
Mais bientôt, éprouvant un désespoir funeste,
Ses mains ajouteront à la rigueur céleste : 780
De son supplice affreux vos yeux seront surpris,
Et vous croirez vos jours trop payés à ce prix.

OEDIPE.
Obéissez.
PHILOCTÈTE. Parlez.
OEDIPE. C'est trop de résistance.
LE GRAND PRÊTRE, *à OEdipe.*
C'est vous qui me forcez à rompre le silence.
OEDIPE.
Que ces retardements allument mon courroux!
LE GRAND PRÊTRE.
Vous le voulez... eh bien! c'est...
OEDIPE. Achève : qui?
LE GRAND PRÊTRE. Vous.
OEDIPE.
Moi?
LE GRAND PRÊTRE. Vous, malheureux prince.
DEUXIÈME PERSONNAGE DU CHOEUR. Ah! que viens-je
JOCASTE. [d'entendre?
Interprète des dieux, qu'osez-vous nous apprendre?
(*A OEdipe.*)
Qui, vous de mon époux vous seriez l'assassin?
Vous à qui j'ai donné sa couronne et ma main? 790
Non, seigneur, non : des dieux l'oracle nous abuse;
Votre vertu dément la voix qui vous accuse.

PREMIER PERSONNAGE DU CHOEUR.

O ciel, dont le pouvoir préside à notre sort,
Nommez une autre tête, ou rendez-nous la mort.

PHILOCTÈTE.

N'attendez point, seigneur, outrage pour outrage ;
Je ne tirerai point un indigne avantage
Du revers inouï qui vous presse à mes yeux :
Je vous crois innocent malgré la voix des dieux.
Je vous rends la justice enfin qui vous est due,
Et que ce peuple et vous ne m'avez point rendue. 800
Contre vos ennemis je vous offre mon bras ;
Entre un pontife et vous je ne balance pas.
Un prêtre, quel qu'il soit, quelque dieu qui l'inspire,
Doit prier pour ses rois, et non pas les maudire.

OEDIPE.

Quel excès de vertu ! mais quel comble d'horreur !
L'un parle en demi-dieu, l'autre en prêtre imposteur.
(*Au grand prêtre.*)
Voilà donc des autels quel est le privilége !
Grâce à l'impunité, ta bouche sacrilége,
Pour accuser ton roi d'un forfait odieux,
Abuse insolemment du commerce des dieux ! 810
Tu crois que mon courroux doit respecter encore
Le ministère saint que ta main déshonore.
Traître, au pied des autels il faudrait t'immoler,
A l'aspect de tes dieux que ta voix fait parler !

LE GRAND PRÊTRE.

Ma vie est en vos mains, vous en êtes le maître :
Profitez des moments que vous avez à l'être ;
Aujourd'hui votre arrêt vous sera prononcé.
Tremblez, malheureux roi, votre règne est passé ;
Une invisible main suspend sur votre tête
Le glaive menaçant que la vengeance apprête ; 820
Bientôt, de vos forfaits vous-même épouvanté,
Fuyant loin de ce trône où vous êtes monté,
Privé des feux sacrés et des eaux salutaires,

Remplissant de vos cris les antres solitaires,
Partout d'un dieu vengeur vous sentirez les coups :
Vous chercherez la mort : la mort fuira de vous.
Le ciel, ce ciel témoin de tant d'objets funèbres,
N'aura plus pour vos yeux que d'horribles ténèbres.
Au crime, au châtiment malgré vous destiné,
Vous seriez trop heureux de n'être jamais né.   830

OEDIPE.
J'ai forcé jusqu'ici ma colère à t'entendre :
Si ton sang méritait qu'on daignât le répandre,
De ton juste trépas mes regards satisfaits
De ta prédiction préviendraient les effets.
Va, fuis, n'excite plus le transport qui m'agite,
Et respecte un courroux que ta présence irrite;
Fuis, d'un mensonge indigne abominable auteur.

LE GRAND PRÊTRE.
Vous me traitez toujours de traître et d'imposteur :
Votre père autrefois me croyait plus sincère.

OEDIPE.
Arrête : que dis-tu? qui ? Polybe mon père...   840

LE GRAND PRÊTRE.
Vous apprendrez trop tôt votre funeste sort;
Ce jour va vous donner la naissance et la mort.
Vos destins sont comblés, vous allez vous connaître.
Malheureux ! savez-vous quel sang vous donna l'être?
Entouré de forfaits à vous seul réservés,
Savez-vous seulement avec qui vous vivez?
O Corinthe! ô Phocide! exécrable hyménée!
Je vois naître une race impie, infortunée,
Digne de sa naissance, et de qui la fureur
Remplira l'univers d'épouvante et d'horreur.   850
Sortons.

SCÈNE V.

ŒDIPE, PHILOCTÈTE, JOCASTE.

ŒDIPE. Ces derniers mots me rendent immobile :
Je ne sais où je suis ; ma fureur est tranquille :
Il me semble qu'un dieu descendu parmi nous,
Maître de mes transports, enchaîne mon courroux,
Et, prêtant au pontife une force divine,
Par sa terrible voix m'annonce ma ruine.
PHILOCTÈTE.
Si vous n'aviez, seigneur, à craindre que des rois,
Philoctète avec vous combattrait sous vos lois ;
Mais un prêtre est ici d'autant plus redoutable
Qu'il vous perce à nos yeux par un trait respectable.
Fortement appuyé sur des oracles vains,   861
Un pontife est souvent terrible aux souverains ;
Et, dans son zèle aveugle, un peuple opiniâtre,
De ses liens sacrés imbécile idolâtre,
Foulant par piété les plus saintes des lois,
Croit honorer les dieux en trahissant ses rois ;
Surtout quand l'intérêt, père de la licence,
Vient de leur zèle impie enhardir l'insolence.
ŒDIPE.
Ah ! seigneur, vos vertus redoublent mes douleurs :
La grandeur de votre âme égale mes malheurs ;   870
Accablé sous le poids du soin qui me dévore,
Vouloir me soulager, c'est m'accabler encore.
Quelle plaintive voix crie au fond de mon cœur ?
Quel crime ai-je commis ? Est-il vrai, dieu vengeur ?
JOCASTE.
Seigneur, c'en est assez, ne parlons plus de crime ;
A ce peuple expirant il faut une victime ;
Il faut sauver l'État, et c'est trop différer.

Épouse de Laïus, c'est à moi d'expirer ;
C'est à moi de chercher sur l'infernale rive
D'un malheureux époux l'ombre errante et plaintive;
De ses mânes sanglants j'apaiserai les cris ; 881
J'irai... Puissent les dieux, satisfaits à ce prix,
Contents de mon trépas, n'en point exiger d'autre,
Et que mon sang versé puisse épargner le vôtre !
 OEDIPE.
Vous mourir ! vous, madame ! ah ! n'est-ce point assez
De tant de maux affreux sur ma tête amassés ?
Quittez, reine, quittez ce langage terrible ;
Le sort de votre époux est déjà trop horrible,
Sans que, de nouveaux traits venant me déchirer,
Vous me donniez encor votre mort à pleurer. 890
Suivez mes pas, rentrons ; il faut que j'éclaircisse
Un soupçon que je forme avec trop de justice.
Venez.
JOCASTE. Comment, seigneur, vous pourriez...
       OEDIPE. Suivez-moi,
Et venez dissiper ou combler mon effroi.

ACTE QUATRIÈME.

SCÈNE I.

OEDIPE, JOCASTE.

OEDIPE.
Non, quoi que vous disiez, mon âme inquiétée
De soupçons importuns n'est pas moins agitée.
Le grand prêtre me gêne, et, prêt à l'excuser,
Je commence en secret moi-même à m'accuser.

Sur tout ce qu'il m'a dit, plein d'une horreur extrême,
Je me suis en secret interrogé moi-même; 900
Et mille événements de mon âme effacés
Se sont offerts en foule à mes esprits glacés.
Le passé m'interdit, et le présent m'accable;
Je lis dans l'avenir un sort épouvantable :
Et le crime partout semble suivre mes pas.
   JOCASTE.
Eh quoi! votre vertu ne vous rassure pas!
N'êtes-vous pas enfin sûr de votre innocence?
   OEDIPE.
On est plus criminel quelquefois qu'on ne pense.
   JOCASTE.
Ah! d'un prêtre indiscret dédaignant les fureurs,
Cessez de l'excuser par ces lâches terreurs. 910
   OEDIPE.
Au nom du grand Laïus et du courroux céleste,
Quand Laïus entreprit ce voyage funeste,
Avait-il près de lui des gardes, des soldats?
   JOCASTE.
Je vous l'ai déjà dit, un seul suivait ses pas.
   OEDIPE.
Un seul homme?
     JOCASTE. Ce roi, plus grand que sa fortune,
Dédaignait comme vous une pompe importune;
On ne voyait jamais marcher devant son char
D'un bataillon nombreux le fastueux rempart;
Au milieu des sujets soumis à sa puissance,
Comme il était sans crainte, il marchait sans dé-
       [fense : 920
Par l'amour de son peuple il se croyait gardé.
   OEDIPE.
O héros par le ciel aux mortels accordé,
Des véritables rois exemple auguste et rare,
OEdipe a-t-il sur toi porté sa main barbare?
Dépeignez-moi du moins ce prince malheureux.

JOCASTE.

Puisque vous rappelez un souvenir fâcheux,
Malgré le froid des ans, dans sa mâle vieillesse,
Ses yeux brillaient encor du feu de la jeunesse ;
Son front cicatrisé sous ses cheveux blanchis
Imprimait le respect aux mortels interdits ; 930
Et si j'ose, seigneur, dire ce que j'en pense,
Laïus eut avec vous assez de ressemblance ;
Et je m'applaudissais de retrouver en vous,
Ainsi que les vertus, les traits de mon époux.
Seigneur, qu'a ce discours qui doive vous surprendre ?

OEDIPE.

J'entrevois des malheurs que je ne puis comprendre :
Je crains que par les dieux le pontife inspiré
Sur mes destins affreux ne soit trop éclairé.
Moi, j'aurais massacré... Dieux ! serait-il possible ?

JOCASTE.

Cet organe des dieux est-il donc infaillible ? 940
Un ministère saint les attache aux autels ;
Ils approchent des dieux, mais ils sont des mortels.
Pensez-vous qu'en effet au gré de leur demande
Du vol de leurs oiseaux la vérité dépende ?
Que sous un fer sacré des taureaux gémissants
Dévoilent l'avenir à leurs regards perçants,
Et que de leurs festons ces victimes ornées
Des humains dans leurs flancs portent les destinées ?
Non, non : chercher ainsi l'obscure vérité,
C'est usurper les droits de la Divinité. 950
Nos prêtres ne sont point ce qu'un vain peuple pense :
Notre crédulité fait toute leur science.

OEDIPE.

Ah dieux ! s'il était vrai, quel serait mon bonheur !

JOCASTE.

Seigneur, il est trop vrai ; croyez-en ma douleur.
Comme vous autrefois pour eux préoccupée,
Hélas ! pour mon malheur je suis bien détrompée,

Et le ciel me punit d'avoir trop écouté
D'un oracle imposteur la fausse obscurité.
Il m'en coûta mon fils. Oracles que j'abhorre !
Sans vos ordres, sans vous, mon fils vivrait en-
[core. 960

OEDIPE.

Votre fils ? par quel coup l'avez-vous donc perdu ?
Quel oracle sur vous les dieux ont-ils rendu ?

JOCASTE.

Apprenez, apprenez, dans ce péril extrême,
Ce que j'aurais voulu me cacher à moi-même ;
Et d'un oracle faux ne vous alarmez plus.
Seigneur, vous le savez, j'eus un fils de Laïus.
Sur le sort de mon fils ma tendresse inquiète
Consulta de nos dieux la fameuse interprète.
Quelle fureur, hélas ! de vouloir arracher
Des secrets que le sort a voulu nous cacher ! 970
Mais enfin j'étais mère, et pleine de faiblesse ;
Je me jetai craintive aux pieds de la prêtresse :
Voici ses propres mots, j'ai dû les retenir ;
Pardonnez si je tremble à ce seul souvenir :
« Ton fils tuera son père, et ce fils sacrilége,
« Inceste et parricide... » O dieux, achèverai-je ?

OEDIPE.

Eh bien ! madame ?

JOCASTE. Enfin, seigneur, on me prédit
Que mon fils, que ce monstre entrerait dans mon lit ;
Que je le recevrais, moi, seigneur, moi sa mère,
Dégouttant dans mes bras du meurtre de son père ; 980
Et que, tous deux unis par ces liens affreux,
Je donnerais des fils à mon fils malheureux.
Vous vous troublez, seigneur, à ce récit funeste ;
Vous craignez de m'entendre et d'écouter le reste.

OEDIPE.

Ah ! madame, achevez : dites, que fîtes-vous
De cet enfant, l'objet du céleste courroux ?

JOCASTE.
Je crus les dieux, seigneur; et, saintement cruelle,
J'étouffai pour mon fils mon amour maternelle.
En vain de cette amour l'impérieuse voix
S'opposait à nos dieux et condamnait leurs lois; 990
Il fallut dérober cette tendre victime
Au fatal ascendant qui l'entraînait au crime;
Et, pensant triompher des horreurs de son sort,
J'ordonnai par pitié qu'on lui donnât la mort.
O pitié criminelle autant que malheureuse!
O d'un oracle faux obscurité trompeuse!
Quel fruit me revient-il de mes barbares soins?
Mon malheureux époux n'en expira pas moins;
Dans le cours triomphant de ses destins prospères,
Il fut assassiné par des mains étrangères : 1000
Ce ne fut point son fils qui lui porta ces coups;
Et j'ai perdu mon fils sans sauver mon époux!
Que cet exemple affreux puisse au moins vous in-
[struire!
Bannissez cet effroi qu'un prêtre vous inspire;
Profitez de ma faute, et calmez vos esprits.

OEDIPE.
Après le grand secret que vous m'avez appris,
Il est juste à mon tour que ma reconnaissance
Fasse de mes destins l'horrible confidence.
Lorsque vous aurez su, par ce triste entretien,
Le rapport effrayant de votre sort au mien, 1040
Peut-être, ainsi que moi, frémirez-vous de crainte.
  Le destin m'a fait naître au trône de Corinthe :
Cependant, de Corinthe et du trône éloigné,
Je vois avec horreur les lieux où je suis né.
Un jour (ce jour affreux, présent à ma pensée,
Jette encor la terreur dans mon âme glacée),
Pour la première fois, par un don solennel,
Mes mains jeunes encore enrichissaient l'autel :
Du temple tout à coup les combles s'entr'ouvrirent;

De traits affreux de sang les marbres se couvrirent,
De l'autel ébranlé par de longs tremblements 1024
Une invisible main repoussait mes présents,
Et les vents, au milieu de la foudre éclatante,
Portèrent jusqu'à moi cette voix effrayante :
« Ne viens plus des lieux saints souiller la pureté :
« Du nombre des vivants les dieux t'ont rejeté ;
« Ils ne reçoivent point tes offrandes impies :
« Va porter tes présents aux autels des Furies ;
« Conjure leurs serpents prêts à te déchirer :
« Va, ce sont là les dieux que tu dois implorer. » 1030
Tandis qu'à la frayeur j'abandonnais mon âme,
Cette voix m'annonça (le croirez-vous, madame ?)
Tout l'assemblage affreux des forfaits inouïs
Dont le ciel autrefois menaça votre fils ;
Me dit que je serais l'assassin de mon père...

JOCASTE.
Ah dieux !

OEDIPE. Que je serais le mari de ma mère.

JOCASTE.
Où suis-je ? Quel démon, en unissant nos cœurs,
Cher prince, a pu dans nous rassembler tant d'hor-
OEDIPE. [reurs ?
Il n'est pas encor temps de répandre des larmes ;
Vous apprendrez bientôt d'autres sujets d'alarmes. 1040
Écoutez-moi, madame, et vous allez trembler.
   Du sein de ma patrie il fallut m'exiler.
Je craignis que ma main, malgré moi criminelle,
Aux destins ennemis ne fût un jour fidèle ;
Et, suspect à moi-même, à moi-même odieux,
Ma vertu n'osa point lutter contre les dieux.
Je m'arrachai des bras d'une mère éplorée ;
Je partis, je courus de contrée en contrée ;
Je déguisai partout ma naissance et mon nom :
Un ami, de mes pas fut le seul compagnon. 1050
Dans plus d'une aventure, en ce fatal voyage,

Le dieu qui me guidait seconda mon courage :
Heureux si j'avais pu, dans l'un de ces combats,
Prévenir mon destin par un noble trépas!
Mais je suis réservé sans doute au parricide.
Enfin je me souviens qu'aux champs de la Phocide
(Et je ne conçois pas par quel enchantement
J'oubliais jusqu'ici ce grand événement;
La main des dieux, sur moi si longtemps suspendue,
Semble ôter le bandeau qu'ils mettaient sur ma vue),
Dans un chemin étroit je trouvai deux guerriers 1061
Sur un char éclatant que traînaient deux coursiers;
Il fallut disputer, dans cet étroit passage,
Des vains honneurs du pas le frivole avantage.
J'étais jeune et superbe, et nourri dans un rang
Où l'on puisa toujours l'orgueil avec le sang.
Inconnu, dans le sein d'une terre étrangère,
Je me croyais encore au trône de mon père;
Et tous ceux qu'à mes yeux le sort venait offrir
Me semblaient mes sujets, et faits pour m'obéir : 1070
Je marche donc vers eux, et ma main furieuse
Arrête des coursiers la fougue impétueuse;
Loin du char à l'instant ces guerriers élancés
Avec fureur sur moi fondent à coups pressés.
La victoire entre nous ne fut point incertaine :
Dieux puissants ! je ne sais si c'est faveur ou haine,
Mais sans doute pour moi contre eux vous combat-
Et l'un et l'autre enfin tombèrent à mes pieds. [tiez;
L'un d'eux, il m'en souvient, déjà glacé par l'âge,
Couché sur la poussière, observait mon visage; 1080
Il me tendit les bras, il voulut me parler;
De ses yeux expirants je vis des pleurs couler;
Moi-même en le perçant je sentis dans mon âme,
Tout vainqueur que j'étais... Vous frémissez, madame.

JOCASTE.

Seigneur, voici Phorbas, on le conduit ici.

OEDIPE.
Hélas! mon doute affreux va donc être éclairci!

SCÈNE II.

OEDIPE, JOCASTE, PHORBAS, suite.

OEDIPE.
Viens, malheureux vieillard, viens, approche... A sa vue,
D'un trouble renaissant je sens mon âme émue :
Un confus souvenir vient encor m'affliger :
Je tremble de le voir et de l'interroger. 1090
PHORBAS.
Eh bien! est-ce aujourd'hui qu'il faut que je périsse?
Grande reine, avez-vous ordonné mon supplice?
Vous ne fûtes jamais injuste que pour moi.
JOCASTE.
Rassurez-vous, Phorbas, et répondez au roi.
PHORBAS.
Au roi!
JOCASTE. C'est devant lui que je vous fais paraître.
PHORBAS.
O dieux! Laïus est mort, et vous êtes mon maître!
Vous, seigneur?
OEDIPE. Épargnons les discours superflus :
Tu fus le seul témoin du meurtre de Laïus;
Tu fus blessé, dit-on, en voulant le défendre.
PHORBAS. [dre; 1100
Seigneur, Laïus est mort, laissez en paix sa cen-
N'insultez pas du moins au malheureux destin
D'un fidèle sujet blessé de votre main.
OEDIPE.
Je t'ai blessé? qui, moi?
PHORBAS. Contentez votre envie;
Achevez de m'ôter une importune vie :

Seigneur, que votre bras, que les dieux ont trompé,
Verse un reste de sang qui vous est échappé ;
Et puisqu'il vous souvient de ce sentier funeste
Où mon roi...
        OEDIPE. Malheureux! épargne-moi le reste ;
J'ai tout fait, je le vois, c'en est assez. O dieux !
Enfin après quatre ans vous dessillez mes yeux. 1110
    JOCASTE.
Hélas! il est donc vrai?
                   OEDIPE. Quoi! c'est toi que ma rage
Attaqua vers Daulis en cet étroit passage!
Oui, c'est toi : vainement je cherche à m'abuser ;
Tout parle contre moi, tout sert à m'accuser ;
Et mon œil étonné ne peut te méconnaître.
    PHORBAS.
Il est vrai, sous vos coups j'ai vu tomber mon maître ;
Vous avez fait le crime, et j'en fus soupçonné :
J'ai vécu dans les fers, et vous avez régné.
    OEDIPE.
Va, bientôt, à mon tour, je me rendrai justice ;
Va, laisse-moi du moins le soin de mon supplice : 1120
Laisse-moi, sauve-moi de l'affront douloureux
De voir un innocent que j'ai fait malheureux.

SCÈNE III.

OEDIPE, JOCASTE.

    OEDIPE.
Jocaste... car enfin la fortune jalouse
M'interdit à jamais le tendre nom d'épouse ;
Vous voyez mes forfaits : libre de votre foi,
Frappez, délivrez-vous de l'horreur d'être à moi.
    JOCASTE.
Hélas!
    OEDIPE. Prenez ce fer, instrument de ma rage ;

Qu'il vous serve aujourd'hui pour un plus juste usage;
Plongez-le dans mon sein.
JOCASTE. Que faites-vous, seigneur?
Arrêtez; modérez cette aveugle douleur; 1130
Vivez.

ŒDIPE. Quelle pitié pour moi vous intéresse?
Je dois mourir.
JOCASTE. Vivez, c'est moi qui vous en presse;
Écoutez ma prière.
ŒDIPE. Ah! je n'écoute rien;
J'ai tué votre époux.
JOCASTE. Mais vous êtes le mien!
ŒDIPE.
Je le suis par le crime.
JOCASTE. Il est involontaire.
ŒDIPE.
N'importe, il est commis.
JOCASTE. O comble de misère!
ŒDIPE.
O trop funeste hymen! ô feux jadis si doux!
JOCASTE.
Ils ne sont point éteints; vous êtes mon époux.
ŒDIPE.
Non, je ne le suis plus; et ma main ennemie
N'a que trop bien rompu le saint nœud qui nous lie.
Je remplis ces climats du malheur qui me suit. 1141
Redoutez-moi, craignez le dieu qui me poursuit :
Ma timide vertu ne sert qu'à me confondre,
Et de moi désormais je ne puis plus répondre.
Peut-être, de ce dieu partageant le courroux,
L'horreur de mon destin s'étendrait jusqu'à vous :
Ayez du moins pitié de tant d'autres victimes; [mes.
Frappez, ne craignez rien; vous m'épargnez des cri-
JOCASTE.
Ne vous accusez point d'un destin si cruel;
Vous êtes malheureux, et non pas criminel : 1150

Dans ce fatal combat que Daulis vous vit rendre,
Vous ignoriez quel sang vos mains allaient répandre ;
Et, sans trop rappeler cet affreux souvenir,
Je ne puis que me plaindre, et non pas vous punir.
Vivez...
OEDIPE. Moi, que je vive ! il faut que je vous fuie.
Hélas ! où traînerai-je une mourante vie ?
Sur quels bords malheureux, en quels tristes climats,
Ensevelir l'horreur qui s'attache à mes pas ?
Irai-je, errant encore, et me fuyant moi-même,
Mériter par le meurtre un nouveau diadème ? 1160
Irai-je dans Corinthe, où mon triste destin
A des crimes plus grands réserve encor ma main ?
Corinthe ! que jamais ta détestable rive...

SCÈNE IV.

OEDIPE, JOCASTE, DIMAS.

DIMAS.
Seigneur, en ce moment un étranger arrive :
Il se dit de Corinthe, et demande à vous voir.
OEDIPE.
Allons, dans un moment je vais le recevoir.
(à Jocaste.)
Adieu : que de vos pleurs la source se dissipe.
Vous ne reverrez plus l'inconsolable OEdipe :
C'en est fait, j'ai régné, vous n'avez plus d'époux,
En cessant d'être roi, j'ai cessé d'être à vous. 1170
Je pars : je vais chercher, dans ma douleur mortelle,
Des pays où ma main ne soit point criminelle,
Et, vivant loin de vous, sans États, mais en roi,
Justifier les pleurs que vous versez pour moi.

ACTE CINQUIÈME.

SCÈNE I.

ŒDIPE, ARASPE, DIMAS, suite.

ŒDIPE.
Finissez vos regrets, et retenez vos larmes :
Vous plaignez mon exil, il a pour moi des charmes ;
Ma fuite à vos malheurs assure un prompt secours :
En perdant votre roi vous conservez vos jours.
Du sort de tout ce peuple il est temps que j'ordonne.
J'ai sauvé cet empire en arrivant au trône : 1180
J'en descendrai du moins comme j'y suis monté :
Ma gloire me suivra dans mon adversité.
Mon destin fut toujours de vous rendre la vie ;
Je quitte mes enfants, mon trône, ma patrie :
Écoutez-moi du moins pour la dernière fois ;
Puisqu'il vous faut un roi, consultez-en mon choix.
Philoctète est puissant, vertueux, intrépide :
Un monarque est son père, il fut l'ami d'Alcide ;
Que je parte, et qu'il règne. Allez chercher Phorbas ;
Qu'il paraisse à mes yeux, qu'il ne me craigne pas ;
Il faut de mes bontés lui laisser quelque marque, 1191
Et quitter mes sujets et le trône en monarque.
Que l'on fasse approcher l'étranger devant moi.
Vous, demeurez.

SCÈNE II.

ŒDIPE, ARASPE, ICARE, suite.

ŒDIPE. Icare, est-ce vous que je voi ?
Vous, de mes premiers ans sage dépositaire,

Vous, digne favori de Polybe, mon père ?
Quel sujet important vous conduit parmi nous ?
    ICARE.
Seigneur, Polybe est mort.
                  OEDIPE. Ah! que m'apprenez-vous?
Mon père...
    ICARE. A son trépas vous deviez vous attendre.
Dans la nuit du tombeau les ans l'ont fait descendre.
Ses jours étaient remplis ; il est mort à mes yeux.
    OEDIPE.
Qu'êtes-vous devenus, oracles de nos dieux ?   1202
Vous qui faisiez trembler ma vertu trop timide,
Vous qui me prépariez l'horreur d'un parricide.
Mon père est chez les morts, et vous m'avez trompé;
Malgré vous dans son sang mes mains n'ont point
Ainsi, de mon erreur esclave volontaire,   [trempé.
Occupé d'écarter un mal imaginaire,
J'abandonnais ma vie à des malheurs certains,
Trop crédule artisan de mes tristes destins !   1210
O ciel ! et quel est donc l'excès de ma misère,
Si le trépas des miens me devient nécessaire ?
Si, trouvant dans leur perte un bonheur odieux,
Pour moi la mort d'un père est un bienfait des dieux?
Allons, il faut partir ; il faut que je m'acquitte
Des funèbres tributs que sa cendre mérite.
Partons. Vous vous taisez. Je vois vos pleurs couler :
Que ce silence...
              ICARE. O ciel! oserai-je parler?
    OEDIPE.
Vous reste-t-il encor des malheurs à m'apprendre?
    ICARE.
Un moment sans témoin daignerez-vous m'entendre?
    OEDIPE, *à sa suite.*
Allez, retirez-vous. Que va-t-il m'annoncer ?   1221
    ICARE.
A Corinthe, seigneur, il ne faut plus penser :

Si vous y paraissez, votre mort est jurée.
OEDIPE.
Eh! qui de mes États me défendrait l'entrée?
ICARE.
Du sceptre de Polybe un autre est l'héritier.
OEDIPE,
Est-ce assez? et ce trait sera-t-il le dernier?
Poursuis, Destin, poursuis, tu ne pourras m'abattre.
Eh bien! j'allais régner; Icare, allons combattre :
A mes lâches sujets courons me présenter.
Parmi ces malheureux, prompts à se révolter, 1230
Je puis trouver du moins un trépas honorable :
Mourant chez les Thébains, je mourrais en coupable :
Je dois périr en roi. Quels sont mes ennemis?
Parle, quel étranger sur mon trône est assis?
ICARE.
Le gendre de Polybe; et Polybe lui-même
Sur son front en mourant a mis le diadème.
A son maître nouveau tout le peuple obéit.
OEDIPE.
Eh quoi! mon père aussi, mon père me trahit?
De la rébellion mon père est le complice?
Il me chasse du trône!
ICARE. Il vous a fait justice; 1240
Vous n'êtes pas son fils.
OEDIPE. Icare!...
ICARE. Avec regret
Je révèle en tremblant ce terrible secret;
Mais il le faut, seigneur; et toute la province...
OEDIPE.
Je ne suis point son fils!
ICARE. Non, seigneur; et ce prince
A tout dit en mourant. De ses remords pressé,
Pour le sang de nos rois il vous a renoncé;
Et moi, de son secret confident et complice,
Craignant du nouveau roi la sévère justice,

Je venais implorer votre appui dans ces lieux.
####### OEDIPE.
Je n'étais point son fils! et qui suis-je, grands dieux?
####### ICARE.
Le ciel, qui dans mes mains a remis votre enfance,
D'une profonde nuit couvre votre naissance ; 1252
Et je sais seulement qu'en naissant condamné,
Et sur un mont désert à périr destiné,
La lumière sans moi vous eût été ravie.
####### OEDIPE.
Ainsi donc mon malheur commence avec ma vie,
J'étais dès le berceau l'horreur de ma maison.
Où tombai-je en vos mains ?
####### ICARE. Sur le mont Cithéron.
####### OEDIPE.
Près de Thèbe ?
####### ICARE. Un Thébain, qui se dit votre père,
Exposa votre enfance en ce lieu solitaire. 1260
Quelque dieu bienfaisant guida vers vous mes pas :
La pitié me saisit, je vous pris dans mes bras ;
Je ranimai dans vous la chaleur presque éteinte.
Vous viviez ; aussitôt je vous porte à Corinthe ;
Je vous présente au prince : admirez votre sort !
Le prince vous adopte au lieu de son fils mort ;
Et, par ce coup adroit, sa politique heureuse
Affermit pour jamais sa puissance douteuse.
Sous le nom de son fils, vous fûtes élevé
Par cette même main qui vous avait sauvé. 1270
Mais le trône en effet n'était point votre place ;
L'intérêt vous y mit, le remords vous en chasse.
####### OEDIPE.
O vous qui présidez aux fortunes des rois,
Dieux ! faut-il en un jour m'accabler tant de fois,
Et, préparant vos coups par vos trompeurs oracles,
Contre un faible mortel épuiser les miracles ?

Mais ce vieillard, ami, de qui tu m'as reçu,
Depuis ce temps fatal ne l'as-tu jamais vu ?
ICARE.
Jamais ; et le trépas vous a ravi peut-être
Le seul qui vous eût dit quel sang vous a fait naître.
Mais longtemps de ses traits mon esprit occupé 1281
De son image encore est tellement frappé,
Que je le connaîtrais s'il venait à paraître.
OEDIPE.
Malheureux ! eh ! pourquoi chercher à le connaître ?
Je devrais bien plutôt, d'accord avec les dieux,
Chérir l'heureux bandeau qui me couvre les yeux.
J'entrevois mon destin ; ces recherches cruelles
Ne me découvriront que des horreurs nouvelles.
Je le sais ; mais, malgré les maux que je prévoi,
Un désir curieux m'entraîne loin de moi.   1290
Je ne puis demeurer dans cette incertitude ;
Le doute en mon malheur est un tourment trop rude ;
J'abhorre le flambeau dont je veux m'éclairer ;
Je crains de me connaître, et ne puis m'ignorer.

SCÈNE III.

OEDIPE, ICARE, PHORBAS.

OEDIPE.
Ah ! Phorbas, approchez !
ICARE. Ma surprise est extrême :
Plus je le vois, et plus... Ah ! seigneur, c'est lui-
C'est lui.   [même ;
PHORBAS ; *à Icare.* Pardonnez-moi si vos traits incon-
ICARE.   [nus...
Quoi ! du mont Cithéron ne vous souvient-il plus ?
PHORBAS.
Comment ?   [remîtes ;
    ICARE. Quoi ! cet enfant qu'en mes mains vous

Cet enfant qu'au trépas...
    PHORBAS. Ah! qu'est-ce que vous dites? 1300
Et de quel souvenir venez-vous m'accabler?
  ICARE.
Allez, ne craignez rien, cessez de vous troubler;
Vous n'avez en ces lieux que des sujets de joie.
Œdipe est cet enfant.
    PHORBAS. Que le ciel te foudroie!
Malheureux! qu'as-tu dit?
  ICARE, *à Œdipe*. Seigneur, n'en doutez pas;
Quoi que ce Thébain dise, il vous mit dans mes bras:
Vos destins sont connus, et voilà votre père...
  ŒDIPE.
O sort qui me confond! ô comble de misère!
 (*A Phorbas.*)
Je serais né de vous? le ciel aurait permis
Que votre sang versé...
    PHORBAS. Vous n'êtes point mon fils. 1310
  ŒDIPE.
Et quoi! n'avez-vous point exposé mon enfance?
  PHORBAS.
Seigneur, permettez-moi de fuir votre présence
Et de vous épargner cet horrible entretien.
  ŒDIPE.
Phorbas, au nom des dieux, ne me déguise rien.
  PHORBAS.
Partez, seigneur; fuyez vos enfants et la reine.
  ŒDIPE.
Réponds-moi seulement; la résistance est vaine.
Cet enfant, par toi-même à la mort destiné,
 (*En montrant Icare.*)
Le mis-tu dans ses bras?
    PHORBAS. Oui, je le lui donnai.
Que ce jour ne fut-il le dernier de ma vie!
  ŒDIPE.
Quel était son pays?

PHORBAS. Thèbe était sa patrie. 1320
OEDIPE.
Tu n'étais point son père !
PHORBAS. Hélas ! il était né
D'un sang plus glorieux et plus infortuné.
OEDIPE.
Quel était-il enfin ?
PHORBAS *se jette aux genoux du roi.*
Seigneur, qu'allez-vous faire ?
OEDIPE.
Achève, je le veux.
PHORBAS. Jocaste était sa mère.
OEDIPE.
Et voilà donc le fruit de mes généreux soins ?
PHORBAS.
Qu'avons-nous fait tous deux ?
OEDIPE. Je n'attendais pas moins.
ICARE.
Seigneur...
OEDIPE. Sortez, cruels, sortez de ma présence ;
De vos affreux bienfaits craignez la récompense :
Fuyez ; à tant d'horreurs par vous seuls réservé,
Je vous punirais trop de m'avoir conservé. 1330

SCÈNE IV.

OEDIPE.

Le voilà donc rempli cet oracle exécrable
Dont ma crainte a pressé l'effet inévitable ;
Et je me vois enfin, par un mélange affreux,
Inceste et parricide, et pourtant vertueux.
Misérable vertu, nom stérile et funeste,
Toi par qui j'ai réglé des jours que je déteste,
A mon noir ascendant tu n'as pu résister :

Je tombais dans le piége en voulant l'éviter.
Un dieu plus fort que toi m'entraînait vers le crime;
Sous mes pas fugitifs il creusait un abîme ; 1340
Et j'étais, malgré moi, dans mon aveuglement,
D'un pouvoir inconnu l'esclave et l'instrument.
Voilà tous mes forfaits ; je n'en connais point d'au-
Impitoyables dieux, mes crimes sont les vôtres,[tres.
Et vous m'en punissez ! Où suis-je ? Quelle nuit
Couvre d'un voile affreux la clarté qui nous luit?
Ces murs sont teints de sang ; je vois les Euménides
Secouer leurs flambeaux, vengeurs des parricides;
Le tonnerre en éclats semble fondre sur moi ;
L'enfer s'ouvre... O Laïus, ô mon père ! est-ce toi?
Je vois, je reconnais la blessure mortelle 1351
Que te fit dans le flanc cette main criminelle.
Punis-moi, venge-toi d'un monstre détesté,
D'un monstre qui souilla les flancs qui l'ont porté.
Approche, entraîne-moi dans les demeures sombres;
J'irai de mon supplice épouvanter les ombres.
Viens, je te suis.

SCÈNE V.

OEDIPE, JOCASTE, ÉGINE, le chœur.

JOCASTE. Seigneur, dissipez mon effroi ;
Vos redoutables cris sont venus jusqu'à moi.
OEDIPE.
Terre, pour m'engloutir entr'ouvre tes abîmes !
JOCASTE.
Quel malheur imprévu vous accable?
OEDIPE. Mes crimes.
JOCASTE.
Seigneur...
OEDIPE. Fuyez, Jocaste.

JOCASTE. Ah! trop cruel époux!
OEDIPE.
Malheureuse! arrêtez; quel nom prononcez-vous?
Moi votre époux! quittez ce titre abominable 1363
Qui nous rend l'un à l'autre un objet exécrable.
JOCASTE.
Qu'entends-je?
OEDIPE. C'en est fait; nos destins sont remplis.
Laïus était mon père, et je suis votre fils.
(*Il sort.*)
PREMIER PERSONNAGE DU CHOEUR.
O crime!
SECOND PERSONNAGE DU CHOEUR.
O jour affreux! jour à jamais terrible!
JOCASTE.
Égine, arrache-moi de ce palais horrible.
ÉGINE.
Hélas!
JOCASTE. Si tant de maux ont de quoi te toucher,
Si ta main, sans frémir, peut encor m'approcher,
Aide-moi, soutiens-moi; prends pitié de ta reine.
PREMIER PERSONNAGE DU CHOEUR.
Dieux! est-ce donc ainsi que finit votre haine? 1372
Reprenez, reprenez vos funestes bienfaits;
Cruels! il valait mieux nous punir à jamais.

SCÈNE VI.

JOCASTE, ÉGINE, LE GRAND PRÊTRE, le choeur.

LE GRAND PRÊTRE.
Peuples, un calme heureux écarte les tempêtes;
Un soleil plus serein se lève sur vos têtes;
Les feux contagieux ne sont plus allumés;
Vos tombeaux, qui s'ouvraient, sont déjà refermés;

La mort fuit, et le dieu du ciel et de la terre
Annonce ses bontés par la voix du tonnerre. 1380

(Ici on entend gronder la foudre, et l'on voit briller les éclairs.)

JOCASTE.

Quels éclats! ciel! où suis-je? et qu'est-ce que j'entends?
Barbares!...

LE GRAND PRÊTRE.
C'en est fait et les dieux sont contents.
Laïus, du sein des morts, cesse de vous poursuivre;
Il vous permet encor de régner et de vivre;
Le sang d'Œdipe enfin suffit à son courroux.

LE CHOEUR.
Dieux!
JOCASTE. O mon fils! hélas! dirai-je mon époux?
O des noms les plus chers assemblage effroyable!
Il est donc mort?
LE GRAND PRÊTRE. Il vit, et le sort qui l'accable
Des morts et des vivants semble le séparer :
Il s'est privé du jour avant que d'expirer. 1390
Je l'ai vu dans ses yeux enfoncer cette épée
Qui du sang de son père avait été trempée;
Il a rempli son sort, et ce moment fatal
Du salut des Thébains est le premier signal.
Tel est l'ordre du ciel, dont la fureur se lasse :
Comme il veut, aux mortels il fait justice ou grâce;
Ses traits sont épuisés sur ce malheureux fils.
Vivez, il vous pardonne.
JOCASTE, *se frappant*. Et moi, je me punis.
Par un pouvoir affreux réservée à l'inceste,
La mort est le seul bien, le seul dieu qui me reste.
Laïus, reçois mon sang, je te suis chez les morts :
J'ai vécu vertueuse, et je meurs sans remords. 1402

LE CHOEUR.
O malheureuse reine! ô destin que j'abhorre!

JOCASTE.
Ne plaignez que mon fils, puisqu'il respire encore.
Prêtres, et vous, Thébains, qui fûtes mes sujets,
Honorez mon bûcher, et songez à jamais
Qu'au milieu des horreurs du destin qui m'opprime,
J'ai fait rougir les dieux qui m'ont forcée au crime!

FIN D'ŒDIPE.

BRUTUS

TRAGÉDIE.

(1730.)

PERSONNAGES. — JUNIUS BRUTUS, VALÉRIUS PUBLICOLA, consuls. — TITUS, fils de Brutus. — TULLIE, fille de Tarquin. — ALGINE, confidente de Tullie. — ARONS, ambassadeur de Porsenna. — MESSALA, ami de Titus. — PROCULUS, tribun militaire. — ALBIN, confident d'Arons. — SÉNATEURS. — LICTEURS.

La scène est à Rome.

ACTE PREMIER.

SCÈNE I.

Le théâtre représente une partie de la maison des consuls sur le mont Tarpéien : le temple du Capitole se voit dans le fond. Les sénateurs sont assemblés entre le temple et la maison, devant l'autel de Mars. Brutus et Valérius Publicola, consuls, président à cette assemblée : les sénateurs sont rangés en demi-cercle. Des licteurs avec leurs faisceaux sont debout derrière les sénateurs.

BRUTUS, VALÉRIUS PUBLICOLA, les sénateurs.

BRUTUS.
Destructeurs des tyrans, vous qui n'avez pour rois
Que les dieux de Numa, vos vertus et nos lois,

[Brutus

Enfin notre ennemi commence à nous connaître.
Ce superbe Toscan qui ne parlait qu'en maître,
Porsenna, de Tarquin ce formidable appui,
Ce tyran, protecteur d'un tyran comme lui,
Qui couvre de son camp les rivages du Tibre,
Respecte le sénat et craint un peuple libre.
Aujourd'hui, devant vous abaissant sa hauteur,
Il demande à traiter par un ambassadeur. 10
Arons, qu'il nous député, en ce moment s'avance ;
Aux sénateurs de Rome il demande audience :
Il attend dans ce temple ; et c'est à vous de voir
S'il le faut refuser, s'il le faut recevoir,

   VALÉRIUS PUBLICOLA.   [attendre,
Quoi qu'il vienne annoncer, quoi qu'on puisse en
Il le faut à son roi renvoyer sans l'entendre :
Tel est mon sentiment. Rome ne traite plus
Avec ses ennemis que quand ils sont vaincus.
Votre fils, il est vrai, vengeur de la patrie,
A deux fois repoussé le tyran d'Étrurie ; 20
Je sais tout ce qu'on doit à ses vaillantes mains ;
Je sais qu'à votre exemple il sauva les Romains :
Mais ce n'est point assez ; Rome, assiégée encore,
Voit dans les champs voisins ces tyrans qu'elle ab-
Que Tarquin satisfasse aux ordres du sénat ; [horre.
Exilé par nos lois, qu'il sorte de l'État ;
De son coupable aspect qu'il purge nos frontières,
Et nous pourrons ensuite écouter ses prières.
Ce nom d'ambassadeur a paru vous frapper ; [per. 30
Tarquin n'a pu nous vaincre, il cherche à nous trom-
L'ambassadeur d'un roi m'est toujours redoutable ;
Ce n'est qu'un ennemi, sous un titre honorable,
Qui vient, rempli d'orgueil ou de dextérité,
Insulter ou trahir avec impunité.
Rome, n'écoute point leur séduisant langage !
Tout art t'est étranger : combattre est ton partage.
Confonds tes ennemis, de ta gloire irrités :

Tombe, ou punis les rois : ce sont là tes traités.
   BRUTUS.
Rome sait à quel point sa liberté m'est chère :
Mais, plein du même esprit, mon sentiment diffère ;
Je vois cette ambassade, au nom des souverains, 41
Comme un premier hommage aux citoyens romains.
Accoutumons des rois la fierté despotique
A traiter en égale avec la république ;
Attendant que, du ciel remplissant les décrets,
Quelque jour avec elle ils traitent en sujets.
Arons vient voir ici Rome encor chancelante,
Découvrir les ressorts de sa grandeur naissante,
Épier son génie, observer son pouvoir :
Romains, c'est pour cela qu'il le faut recevoir. 50
L'ennemi du sénat connaîtra qui nous sommes,
Et l'esclave d'un roi va voir enfin des hommes.
Que dans Rome à loisir il porte ses regards :
Il la verra dans vous ; vous êtes ses remparts.
Qu'il révère en ces lieux le dieu qui nous rassemble ;
Qu'il paraisse au sénat, qu'il écoute et qu'il tremble.
(*Les sénateurs se lèvent, et s'approchent un moment pour donner leurs voix.*)
   VALÉRIUS PUBLICOLA.
Je vois tout le sénat passer à votre avis ;
Rome et vous l'ordonnez : à regret j'y souscris.
Licteurs, qu'on l'introduise ; et puisse sa présence
N'apporter en ces lieux rien dont Rome s'offense ! 60
   (*A Brutus.*)
C'est sur vous seul ici que nos yeux sont ouverts,
C'est vous qui le premier avez rompu nos fers :
De notre liberté soutenez la querelle ;
Brutus en est le père, et doit parler pour elle..

SCÈNE II.

Le sénat, ARONS, ALBIN, suite.

(*Arons entre par le côté du théâtre, précédé de deux licteurs et d'Albin, son confident; il passe devant les consuls et le sénat, qu'il salue, et va s'asseoir sur un siége préparé pour lui sur le devant du théâtre.*)

ARONS.
Consuls, et vous, sénat, qu'il m'est doux d'être admis
Dans ce conseil sacré de sages ennemis !
De voir tous ces héros dont l'équité sévère
N'eut jusques aujourd'hui qu'un reproche à se faire ;
Témoin de leurs exploits, d'admirer leurs vertus ;
D'écouter Rome enfin par la voix de Brutus ! 70
Loin des cris de ce peuple indocile et barbare,
Que la fureur conduit, réunit et sépare,
Aveugle dans sa haine, aveugle en son amour,
Qui menace et qui craint, règne et sert en un jour ;
Dont l'audace...

BRUTUS. Arrêtez, sachez qu'il faut qu'on nomme
Avec plus de respect les citoyens de Rome.
La gloire du sénat est de représenter
Ce peuple vertueux que l'on ose insulter.
Quittez l'art avec nous ; quittez la flatterie :
Ce poison qu'on prépare à la cour d'Étrurie 80
N'est point encor connu dans le sénat romain.
Poursuivez.

ARONS. Moins piqué d'un discours si hautain
Que touché des malheurs où cet État s'expose,
Comme un de ses enfants j'embrasse ici sa cause.
Vous voyez quel orage éclate autour de vous ;

C'est en vain que Titus en détourna les coups :
Je vois avec regret sa valeur et son zèle
N'assurer aux Romains qu'une chute plus belle.
Sa victoire affaiblit vos remparts désolés ;
Du sang qui les inonde ils semblent ébranlés. 90
Ah ! ne refusez plus une paix nécessaire !
Si du peuple romain le sénat est le père.
Porsenna l'est des rois que vous persécutez.
 Mais vous, du nom romain vengeurs si redoutés,
Vous, des droits des mortels éclairés interprètes,
Vous qui jugez les rois, regardez où vous êtes.
Voici ce Capitole et ces mêmes autels
Où jadis, attestant tous les dieux immortels,
J'ai vu chacun de vous, brûlant d'un autre zèle, 99
A Tarquin votre roi jurer d'être fidèle. [rains?
Quels dieux ont donc changé les droits des souve-
Quel pouvoir a rompu des nœuds jadis si saints ?
Qui du front de Tarquin ravit le diadème ?
Qui peut de vos serments vous dégager ?
        BRUTUS. Lui-même.
N'alléguez point ces nœuds que le crime a rompus,
Ces dieux qu'il outragea, ces droits qu'il a perdus.
Nous avons fait, Arons, en lui rendant hommage,
Serment d'obéissance, et non point d'esclavage ;
Et puisqu'il vous souvient d'avoir vu dans ces lieux
Le sénat à ses pieds faisant pour lui des vœux, 110
Songez qu'en ce lieu même, à cet autel auguste,
Devant ces mêmes dieux, il jura d'être juste.
De son peuple et de lui tel était le lien :
Il nous rend nos serments lorsqu'il trahit le sien ;
Et, dès qu'aux lois de Rome il ose être infidèle,
Rome n'est plus sujette, et lui seul est rebelle.
 ARONS.
Ah ! quand il serait vrai que l'absolu pouvoir
Eût entraîné Tarquin par delà son devoir,
Qu'il en eût trop suivi l'amorce enchanteresse,

Quel homme est sans erreur, et quel roi sans fai-
[blesse? 120
Est-ce à vous de prétendre au droit de le punir?
Vous, nés tous ses sujets; vous, faits pour obéir!
Un fils ne s'arme point contre un coupable père;
Il détourne les yeux, le plaint et le révère.
Les droits des souverains sont-ils moins précieux?
Nous sommes leurs enfants; leurs juges sont les dieux.
Si le ciel quelquefois les donne en sa colère,
N'allez pas mériter un présent plus sévère,
Trahir toutes les lois en voulant les venger,
Et renverser l'État au lieu de le changer. 130
Instruit par le malheur, ce grand maître de l'homme,
Tarquin sera plus juste et plus digne de Rome.
Vous pouvez raffermir, par un accord heureux,
Des peuples et des rois les légitimes nœuds,
Et faire encor fleurir la liberté publique
Sous l'ombrage sacré du pouvoir monarchique.

   BRUTUS.

Arons, il n'est plus temps : chaque État a ses lois,
Qu'il tient de sa nature, ou qu'il change à son choix.
Esclaves de leurs rois, et même de leurs prêtres,
Les Toscans semblent nés pour servir sous des
[maîtres, 140
Et, de leur chaîne antique adorateurs heureux,
Voudraient que l'univers fût esclave comme eux.
La Grèce entière est libre, et la molle Ionie
Sous un joug odieux languit assujettie.
Rome eut ses souverains, mais jamais absolus.
Son premier citoyen fut le grand Romulus;
Nous partagions le poids de sa grandeur suprême.
Numa, qui fit nos lois, y fut soumis lui-même.
Rome enfin, je l'avoue, a fait un mauvais choix :
Chez les Toscans, chez vous, elle a choisi ses rois; 150
Ils nous ont apporté du fond de l'Étrurie
Les vices de leur cour, avec la tyrannie.

(*Il se lève.*)
Pardonnez-nous, grands dieux, si le peuple romain
A tardé si longtemps à condamner Tarquin !
Le sang qui regorgea sous ses mains meurtrières
De notre obéissance a rompu les barrières.
Sous un sceptre de fer tout ce peuple abattu
A force de malheurs a repris sa vertu.
Tarquin nous a remis dans nos droits légitimes ;
Le bien public est né de l'excès de ses crimes ; 160
Et nous donnons l'exemple à ces mêmes Toscans,
S'ils pouvaient à leur tour être las des tyrans.
(*Les consuls descendent vers l'autel, et le sénat se lève.*)
O Mars ! dieu des héros, de Rome et des batailles,
Qui combats avec nous, qui défends ses murailles,
Sur ton autel sacré, Mars, reçois nos serments
Pour ce sénat, pour moi, pour tes dignes enfants.
Si dans le sein de Rome il se trouvait un traître
Qui regrettât les rois et qui voulût un maître,
Que le perfide meure au milieu des tourments !
Que sa cendre coupable, abandonnée aux vents, 170
Ne laisse ici qu'un nom plus odieux encore
Que le nom des tyrans que Rome entière abhorre !

ARONS, *avançant vers l'autel.*

Et moi, sur cet autel qu'ainsi vous profanez,
Je jure, au nom du roi que vous abandonnez,
Au nom de Porsenna, vengeur de sa querelle,
A vous, à vos enfants, une guerre immortelle.
(*Les sénateurs font un pas vers le Capitole.*)
Sénateurs, arrêtez ! ne vous séparez pas ;
Je ne me suis pas plaint de tous vos attentats.
La fille de Tarquin, dans vos mains demeurée,
Est-elle une victime à Rome consacrée ? 180
Et donnez-vous des fers à ses royales mains
Pour mieux braver son père et tous les souverains ?
Que dis-je ! tous ces biens, ces trésors, ces richesses,

Que des Tarquins dans Rome épuisaient les largesses,
Sont-ils votre conquête, ou vous sont-ils donnés ?
Est-ce pour les ravir que vous le détrônez ?
Sénat, si vous l'osez, que Brutus les dénie.
    BRUTUS, *se tournant vers Arons.*
Vous connaissez bien mal et Rome et son génie.
Ces pères des Romains, vengeurs de l'équité,
Ont blanchi dans la pourpre et dans la pauvreté. 190
Au-dessus des trésors, que sans peine ils vous cèdent,
Leur gloire est de dompter les rois qui les possèdent.
Prenez cet or, Arons ; il est vil à nos yeux.
Quant au malheureux sang d'un tyran odieux,
Malgré la juste horreur que j'ai pour sa famille,
Le sénat à mes soins a confié sa fille ;
Elle n'a point ici de ces respects flatteurs
Qui des enfants des rois empoisonnent les cœurs ;
Elle n'a point trouvé la pompe et la mollesse
Dont la cour des Tarquins enivra sa jeunesse : 200
Mais je sais ce qu'on doit de bontés et d'honneur
A son sexe, à son âge, et surtout au malheur.
Dès ce jour, en son camp que Tarquin la revoie ;
Mon cœur même en conçoit une secrète joie :
Qu'aux tyrans désormais rien ne reste en ces lieux
Que la haine de Rome et le courroux des dieux.
Pour emporter au camp l'or qu'il faut y conduire,
Rome vous donne un jour ; ce temps doit vous suffire :
Ma maison cependant est votre sûreté ;
Jouissez-y des droits de l'hospitalité. 210
Voilà ce que par moi le sénat vous annonce.
Ce soir, à Porsenna rapportez ma réponse :
Reportez-lui la guerre, et dites à Tarquin
Ce que vous avez vu dans le sénat romain.
    (*Aux sénateurs.*)
Et nous, du Capitole allons orner le faîte
Des lauriers dont mon fils vient de ceindre sa tête ;
Suspendons ces drapeaux et ces dards tout sanglants

Que ses heureuses mains ont ravis aux Toscans.
Ainsi puisse toujours, plein du même courage,
Mon sang, digne de vous, vous servir d'âge en âge ! 220
Dieux, protégez ainsi contre nos ennemis
Le consulat du père et les armes du fils !

SCÈNE III.

ARONS, ALBIN,

(qui sont supposés être entrés de la salle d'audience dans un autre appartement de la maison de Brutus.)

ARONS.

As-tu bien remarqué cet orgueil inflexible,
Cet esprit du sénat qui se croit invincible ?
Il le serait, Albin, si Rome avait le temps
D'affermir cette audace au cœur de ses enfants.
Crois-moi, la liberté, que tout mortel adore,
Que je veux leur ôter, mais que j'admire encore,
Donne à l'homme un courage, inspire une grandeur,
Qu'il n'eût jamais trouvés dans le fond de son cœur. 230
Sous le joug des Tarquins, la cour et l'esclavage
Amollissaient leurs mœurs, énervaient leur courage ;
Leurs rois, trop occupés à dompter leurs sujets,
De nos heureux Toscans ne troublaient point la paix :
Mais si ce fier sénat réveille leur génie,
Si Rome est libre, Albin, c'est fait de l'Italie.
Ces lions, que leur maître avait rendus plus doux,
Vont reprendre leur rage et s'élancer sur nous.
Étouffons dans leur sang la semence féconde
Des maux de l'Italie et des troubles du monde ; 240
Affranchissons la terre, et donnons aux Romains
Ces fers qu'ils destinaient au reste des humains.

Messala viendra-t-il? Pourrai-je ici l'entendre?
Osera-t-il?
  ALBIN. Seigneur, il doit ici se rendre;
A toute heure il y vient : Titus est son appui.
  ARONS.
As-tu pu lui parler? puis-je compter sur lui?
  ALBIN.
Seigneur, ou je me trompe, ou Messala conspire
Pour changer ses destins plus que ceux de l'empire :
Il est ferme, intrépide, autant que si l'honneur
Ou l'amour du pays excitait sa valeur;   250
Maître de son secret, et maître de lui-même,
Impénétrable, et calme en sa fureur extrême.
  ARONS.
Tel autrefois dans Rome il parut à mes yeux,
Lorsque Tarquin régnant me reçut dans ces lieux;
Et ses lettres depuis... Mais je le vois paraître.

SCÈNE IV.

ARONS, MESSALA, ALBIN.

  ARONS.
Généreux Messala, l'appui de votre maître,
Eh bien! l'or de Tarquin, les présents de mon roi,
Des sénateurs romains n'ont pu tenter la foi?
Les plaisirs d'une cour, l'espérance, la crainte,
A ces cœurs endurcis n'ont pu porter d'atteinte? 260
Ces fiers patriciens sont-ils autant de dieux
Jugeant tous les mortels, et ne craignant rien d'eux?
Sont-ils sans passions, sans intérêt, sans vice?
  MESSALA.
Ils osent s'en vanter; mais leur feinte justice,
Leur âpre austérité que rien ne peut gagner,
N'est dans ces cœurs hautains que la soif de régner;

Leur orgueil foule aux pieds l'orgueil du diadème ;
Ils ont brisé le joug pour l'imposer eux-même.
De notre liberté ces illustres vengeurs,
Armés pour la défendre, en sont les oppresseurs. 270
Sous les noms séduisants de patrons et de pères,
Ils affectent des rois les démarches altières.
Rome a changé de fers : et, sous le joug des grands,
Pour un roi qu'elle avait, a trouvé cent tyrans.

ARONS.
Parmi vos citoyens, en est-il d'assez sage
Pour détester tout bas cet indigne esclavage?

MESSALA.
Peu sentent leur état ; leurs esprits égarés
De ce grand changement sont encore enivrés ;
Le plus vil citoyen, dans sa bassesse extrême,
Ayant chassé les rois, pense être roi lui-même. 280
Mais je vous l'ai mandé, seigneur, j'ai des amis
Qui sous ce joug nouveau sont à regret soumis ;
Qui, dédaignant l'erreur des peuples imbéciles,
Dans ce torrent fougueux restent seuls immobiles ;
Des mortels éprouvés, dont la tête et les bras
Sont faits pour ébranler ou changer les États.

ARONS.
De ces braves Romains que faut-il que j'espère?
Serviront-ils leur prince?
     MESSALA. Ils sont prêts à tout faire ;
Tout leur sang est à vous : mais ne prétendez pas
Qu'en aveugles sujets ils servent des ingrats ; 290
Ils ne se piquent point du devoir fanatique
De servir de victime au pouvoir despotique,
Ni du zèle insensé de courir au trépas
Pour venger un tyran qui ne les connaît pas.
Tarquin promet beaucoup ; mais, devenu leur maître,
Il les oubliera tous, ou les craindra peut-être.
Je connais trop les grands : dans le malheur amis,
Ingrats dans la fortune, et bientôt ennemis :

Nous sommes de leur gloire un instrument servile,
Rejeté par dédain dès qu'il est inutile, 300
Et brisé sans pitié s'il devient dangereux.
A des conditions on peut compter sur eux :
Ils demandent un chef digne de leur courage,
Dont le nom seul impose à ce peuple volage ;
Un chef assez puissant pour obliger le roi,
Même après le succès, à nous tenir sa foi ;
Ou, si de nos desseins la trame est découverte,
Un chef assez hardi pour venger notre perte.

ARONS.

Mais vous m'aviez écrit que l'orgueilleux Titus...

MESSALA.

Il est l'appui de Rome, il est fils de Brutus ; 310
Cependant...

ARONS. De quel œil voit-il les injustices
Dont ce sénat superbe a payé ses services?
Lui seul a sauvé Rome, et toute sa valeur
En vain du consulat lui mérita l'honneur ;
Je sais qu'on le refuse.

MESSALA. Et je sais qu'il murmure :
Son cœur altier et prompt est plein de cette injure ;
Pour toute récompense il n'obtient qu'un vain bruit,
Qu'un triomphe frivole, un éclat qui s'enfuit.
J'observe d'assez près son âme impérieuse,
Et de son fier courroux la fougue impétueuse : 320
Dans le champ de la gloire il ne fait que d'entrer ;
Il y marche en aveugle, on l'y peut égarer.
La bouillante jeunesse est facile à séduire :
Mais que de préjugés nous aurions à détruire!
Rome, un consul, un père, et la haine des rois,
Et l'horreur de la honte, et surtout ses exploits.
Connaissez donc Titus ; voyez toute son âme,
Le courroux qui l'aigrit, le poison qui l'enflamme ;
Il brûle pour Tullie.

ARONS. Il l'aimerait?

MESSALA. Seigneur,
A peine ai-je arraché ce secret de son cœur : 330
Il en rougit lui-même, et cette âme inflexible
N'ose avouer qu'elle aime, et craint d'être sensible.
Parmi les passions dont il est agité,
Sa plus grande fureur est pour la liberté.
ARONS.
C'est donc des sentiments et du cœur d'un seul homme
Qu'aujourd'hui, malgré moi, dépend le sort de Rome!
(*A Albin.*)
Ne nous rebutons pas. Préparez-vous, Albin,
A vous rendre sur l'heure aux tentes de Tarquin.
(*A Messala.*)
Entrons chez la princesse. Un peu d'expérience
M'a pu du cœur humain donner quelque science :
Je lirai dans son âme, et peut-être ses mains 341
Vont former l'heureux piége où j'attends les Romains.

ACTE DEUXIÈME.

SCÈNE I.

(*Le théâtre représente ou est supposé représenter un appartement du palais des consuls.*)

TITUS, MESSALA.

MESSALA.
Non; c'est trop offenser ma sensible amitié;
Qui peut de son secret me cacher la moitié
En dit trop et trop peu, m'offense et me soupçonne.

TITUS.
Va, mon cœur à ta foi tout entier s'abandonne ;
Ne me reproche rien.
            MESSALA. Quoi ! vous, dont la douleur
Du sénat avec moi détesta la rigueur,
Qui versiez dans mon sein ce grand secret de Rome,
Ces plaintes d'un héros, ces larmes d'un grand homme,
Comment avez-vous pu dévorer si longtemps   351
Une douleur plus tendre et des maux plus touchants ?
De vos feux devant moi vous étouffiez la flamme.
Quoi donc ! l'ambition qui domine en votre âme
Eteignait-elle en vous de si chers sentiments ?
Le sénat a-t-il fait vos plus cruels tourments ?
Le haïssez-vous plus que vous n'aimez Tullie.
    TITUS.
Ah ! j'aime avec transport, je hais avec furie :
Je suis extrême en tout, je l'avoue, et mon cœur
Voudrait en tout se vaincre, et connaît son erreur.
    MESSALA.
Et pourquoi, de vos mains déchirant vos blessures,
Déguiser votre amour, et non pas vos injures ?   362
    TITUS.
Que veux-tu, Messala ? J'ai, malgré mon courroux,
Prodigué tout mon sang pour ce sénat jaloux :
Tu le sais, ton courage eut part à ma victoire.
Je sentais du plaisir à parler de ma gloire ;
Mon cœur, enorgueilli du succès de mon bras,
Trouvait de la grandeur à venger des ingrats ;
On confie aisément des malheurs qu'on surmonte
Mais qu'il est accablant de parler de sa honte !   370
    MESSALA.
Quelle est donc cette honte et ce grand repentir ?
Et de quels sentiments auriez-vous à rougir ?
    TITUS.
Je rougis de moi-même et d'un feu téméraire,
Inutile, imprudent, à mon devoir contraire.

MESSALA.
Quoi donc ! l'ambition, l'amour et ses fureurs,
Sont-ce des passions indignes des grands cœurs ?
TITUS.
L'ambition, l'amour, le dépit, tout m'accable ;
De ce conseil de rois l'orgueil insupportable
Méprise ma jeunesse, et me refuse un rang
Brigué par ma valeur et payé par mon sang. 380
Au milieu du dépit dont mon âme est saisie,
Je perds tout ce que j'aime, on m'enlève Tullie.
On te l'enlève, hélas ! trop aveugle courroux !
Tu n'osais y prétendre, et ton cœur est jaloux.
Je l'avouerai, ce feu, que j'avais su contraindre,
S'irrite en s'échappant et ne peut plus s'éteindre.
Ami, c'en était fait, elle partait ; mon cœur
De sa funeste flamme allait être vainqueur ;
Je rentrais dans mes droits, je sortais d'esclavage :
Le ciel a-t-il marqué ce terme à mon courage ? 390
Moi, le fils de Brutus ! moi, l'ennemi des rois,
C'est du sang de Tarquin que j'attendrais des lois !
Elle refuse encor de m'en donner, l'ingrate !
Et, partout dédaigné, partout ma honte éclate.
Le dépit, la vengeance, et la honte, et l'amour,
De mes sens soulevés disposent tour à tour.
MESSALA.
Puis-je ici vous parler, mais avec confiance ?
TITUS.
Toujours de tes conseils j'ai chéri la prudence.
Eh bien ! fais-moi rougir de mes égarements.
MESSALA.
J'approuve et votre amour et vos ressentiments. 400
Faudra-t-il donc toujours que Titus autorise
Ce sénat de tyrans dont l'orgueil nous maîtrise ?
Non : s'il vous faut rougir, rougissez en ce jour
De votre patience, et non de votre amour.
Quoi ! pour prix de vos feux et de tant de vaillance,

Citoyen sans pouvoir, amant sans espérance,
Je vous verrais languir victime de l'État,
Oublié de Tullie, et bravé du sénat?
Ah ! peut-être, seigneur, un cœur tel que le vôtre
Aurait pu gagner l'une et se venger de l'autre. 410
   TITUS.
De quoi viens-tu flatter mon esprit éperdu?
Moi, j'aurais pu fléchir sa haine ou sa vertu !
N'en parlons plus : tu vois les fatales barrières
Qu'élèvent entre nous nos devoirs et nos pères :
Sa haine désormais égale mon amour.
Elle va donc partir?
     MESSALA. Oui, seigneur, dès ce jour.
  TITUS.
Je n'en murmure point. Le ciel lui rend justice :
Il la fit pour régner.
     MESSALA. Ah ! ce ciel plus propice
Lui destinait peut-être un empire plus doux ;
Et sans ce fier sénat, sans la guerre, sans vous... 420
Pardonnez : vous savez quel est son héritage ;
Son frère ne vit plus, Rome était son partage.
Je m'emporte, seigneur ; mais si pour vous servir,
Si pour vous rendre heureux il ne faut que périr ;
Si mon sang !...
   TITUS. Non, ami ; mon devoir est le maître;
Non, crois-moi, l'homme est libre au moment qu'il
Je l'avoue, il est vrai, ce dangereux poison [veut l'être.
A pour quelque moment égaré ma raison ;
Mais le cœur d'un soldat sait dompter la mollesse,
Et l'amour n'est puissant que par notre faiblesse. 430
  MESSALA.
Vous voyez des Toscans venir l'ambassadeur ;
Cet honneur qu'il vous rend...
     TITUS. Ah ! quel funeste honneur !
Que me veut-il? C'est lui qui m'enlève Tullie,
C'est lui qui met le comble au malheur de ma vie.

SCÈNE II.

TITUS, ARONS.

ARONS.
Après avoir en vain, près de votre sénat,
Tenté ce que j'ai pu pour sauver cet État,
Souffrez qu'à la vertu rendant un juste hommage,
J'admire en liberté ce généreux courage,
Ce bras qui venge Rome et soutient son pays
Au bord du précipice où le sénat l'a mis. 440
Ah! que vous étiez digne et d'un prix plus auguste,
Et d'un autre adversaire, et d'un parti plus juste!
Et que ce grand courage, ailleurs mieux employé,
D'un plus digne salaire aurait été payé!
Il est, il est des rois, j'ose ici vous le dire,
Qui mettraient en vos mains le sort de leur empire,
Sans craindre ces vertus qu'ils admirent en vous,
Dont j'ai vu Rome éprise et le sénat jaloux.
Je vous plains de servir sous ce maître farouche,
Que le mérite aigrit, qu'aucun bienfait ne touche;
Qui, né pour obéir, se fait un lâche honneur 451
D'appesantir sa main sur son libérateur;
Lui qui, s'il n'usurpait les droits de la couronne,
Devrait prendre de vous les ordres qu'il vous donne.

TITUS.
Je rends grâce à vos soins, seigneur, et mes soupçons
De vos bontés pour moi respectent les raisons.
Je n'examine point si votre politique
Pense armer mes chagrins contre ma république,
Et porter mon dépit, avec un art si doux,
Aux indiscrétions qui suivent le courroux. 460
Perdez moins d'artifice à tromper ma franchise;
Ce cœur est tout ouvert, et n'a rien qu'il déguise.
Outragé du sénat, j'ai droit de le haïr;

Je le hais : mais mon bras est prêt à le servir.
Quand la cause commune au combat nous appelle,
Rome au cœur de ses fils éteint toute querelle ;
Vainqueurs de nos débats, nous marchons réunis,
Et nous ne connaissons que vous pour ennemis.
Voilà ce que je suis, et ce que je veux être.
Soit grandeur, soit vertu, soit préjugé peut-être, 470
Né parmi les Romains, je périrai pour eux :
J'aime encor mieux, seigneur, ce sénat rigoureux,
Tout injuste pour moi, tout jaloux qu'il peut être,
Que l'éclat d'une cour et le sceptre d'un maître :
Je suis fils de Brutus, et je porte en mon cœur
La liberté gravée et les rois en horreur.

ARONS.

Ne vous flattez-vous point d'un charme imaginaire ?
Seigneur, ainsi qu'à vous la liberté m'est chère :
Quoique né sous un roi, j'en goûte les appas ;
Vous vous perdez pour elle, et n'en jouissez pas. 480
Est-il donc, entre nous, rien de plus despotique
Que l'esprit d'un État qui passe en république ?
Vos lois sont vos tyrans ; leur barbare rigueur
Devient sourde au mérite, au sang, à la faveur :
Le sénat vous opprime, et le peuple vous brave ;
Il faut s'en faire craindre, ou ramper leur esclave.
Le citoyen de Rome, insolent ou jaloux,
Ou hait votre grandeur, ou marche égal à vous.
Trop d'éclat l'effarouche ; il voit d'un œil sévère
Dans le bien qu'on lui fait le mal qu'on lui peut faire,
Et d'un bannissement le décret odieux 491
Devient le prix du sang qu'on a versé pour eux.
Je sais bien que la cour, seigneur, a ses naufrages ;
Mais ses jours sont plus beaux, son ciel a moins d'o-
Souvent la liberté, dont on se vante ailleurs, [rages.
Étale auprès d'un roi ses dons les plus flatteurs ;
Il récompense, il aime, il prévient les services :
La gloire auprès de lui ne fuit point les délices.

Aimé du souverain, de ses rayons couvert,
Vous ne servez qu'un maître, et le reste vous sert.
Ébloui d'un éclat qu'il respecte et qu'il aime, 501
Le vulgaire applaudit jusqu'à nos fautes même :
Nous ne redoutons rien d'un sénat trop jaloux ;
Et les sévères lois se taisent devant nous.
Ah ! que, né pour la cour, ainsi que pour les armes,
Des faveurs de Tarquin vous goûteriez les charmes !
Je vous l'ai déjà dit, il vous aimait, seigneur;
Il aurait avec vous partagé sa grandeur :
Du sénat à vos pieds la fierté prosternée
Aurait...

  TITUS. J'ai vu sa cour, et je l'ai dédaignée. 510
Je pourrais, il est vrai, mendier son appui,
Et, son premier esclave, être tyran sous lui.
Grâce au ciel, je n'ai point cette indigne faiblesse ;
Je veux de la grandeur, et la veux sans bassesse,
Je sens que mon destin n'était point d'obéir ;
Je combattrai vos rois : retournez les servir.

  ARONS.
Je ne puis qu'approuver cet excès de constance ;
Mais songez que lui-même éleva votre enfance.
Il s'en souvient toujours : hier encor, seigneur,
En pleurant avec moi son fils et son malheur : 520
Titus, me disait-il, soutiendrait ma famille,
Et lui seul méritait mon empire et ma fille.

  TITUS, *en se détournant.*
Sa fille ! dieux ! Tullie ! O vœux infortunés !

  ARONS, *en regardant Titus.*
Je la ramène au roi que vous abandonnez;
Elle va, loin de vous et loin de sa patrie,
Accepter pour époux le roi de Ligurie.
Vous cependant ici servez votre sénat,
Persécutez son père, opprimez son État.
J'espère que bientôt ces voûtes embrasées,
Ce Capitole en cendre, et ces tours écrasées, 530

Du sénat et du peuple éclairant les tombeaux,
A cet hymen heureux vont servir de flambeaux.

SCÈNE III.

TITUS, MESSALA.

TITUS.
Ah ! mon cher Messala, dans quel trouble il me laisse !
Tarquin me l'eût donnée ? ô douleur qui me presse !
Moi, j'aurais pu... Mais non ; ministre dangereux,
Tu venais épier le secret de mes feux.
Hélas ! en me voyant se peut-il qu'on l'ignore ?
Il a lu dans mes yeux l'ardeur qui me dévore.
Certain de ma faiblesse, il retourne à sa cour
Insulter aux projets d'un téméraire amour. 540
J'aurais pu l'épouser, lui consacrer ma vie !
Le ciel à mes désirs eût destiné Tullie !
Malheureux que je suis !
    MESSALA. Vous pourriez être heureux ;
Arons pourrait servir vos légitimes feux.
Croyez-moi.
    TITUS. Bannissons un espoir si frivole :
Rome entière m'appelle aux murs du Capitole ;
Le peuple, rassemblé sous ces arcs triomphaux
Tout chargés de ma gloire et pleins de mes travaux,
M'attend pour commencer les serments redoutables,
De notre liberté garants inviolables. 550

MESSALA.
Allez servir ces rois.
    TITUS. Oui, je les veux servir ;
Oui, tel est mon devoir, et je le veux remplir.
MESSALA.
Vous gémissez pourtant !
    TITUS. Ma victoire est cruelle.

MESSALA.
Vous l'achetez trop cher.
TITUS. Elle en sera plus belle.
Ne m'abandonne point dans l'état où je suis.
MESSALA.
Allons, suivons ses pas; aigrissons ses ennuis;
Enfonçons dans son cœur le trait qui le déchire.

SCÈNE IV.

BRUTUS, MESSALA.

BRUTUS.
Arrêtez, Messala; j'ai deux mots à vous dire.
MESSALA.
A moi, seigneur?
BRUTUS. A vous. Un funeste poison
Se répand en secret sur toute ma maison.   560
Tibérinus, mon fils, aigri contre son frère,
Laisse éclater déjà sa jalouse colère;
Et Titus, animé d'un autre emportement,
Suit contre le sénat son fier ressentiment.
L'ambassadeur toscan, témoin de leur faiblesse,
En profite avec joie autant qu'avec adresse;
Il leur parle, et je crains les discours séduisants
D'un ministre vieilli dans l'art des courtisans.
Il devait dès demain retourner vers son maître :
Mais un jour quelquefois est beaucoup pour un traître.
Messala, je prétends ne rien craindre de lui;   571
Allez lui commander de partir aujourd'hui :
Je le veux.
MESSALA. C'est agir sans doute avec prudence,
Et vous serez content de mon obéissance.
BRUTUS.
Ce n'est pas tout : mon fils avec vous est lié;

Je sais sur son esprit ce que peut l'amitié.
Comme sans artifice, il est sans défiance :
Sa jeunesse est livrée à votre expérience.
Plus il se fie à vous, plus je dois espérer
Qu'habile à le conduire, et non à l'égarer, 580
Vous ne voudrez jamais, abusant de son âge,
Tirer de ses erreurs un indigne avantage,
Le rendre ambitieux et corrompre son cœur.
    MESSALA.
C'est de quoi dans l'instant je lui parlais, seigneur.
Il sait vous imiter, servir Rome, et lui plaire ;
Il aime aveuglément sa patrie et son père.
    BRUTUS.
Il le doit : mais surtout il doit aimer les lois ;
Il doit en être esclave, en porter tout le poids.
Qui veut les violer n'aime point sa patrie.
    MESSALA.
Nous avons vu tous deux si son bras l'a servie. 590
    BRUTUS.
Il a fait son devoir.
    MESSALA. Et Rome eût fait le sien
En rendant plus d'honneur à ce cher citoyen.
    BRUTUS.
Non, non : le consulat n'est point fait pour son âge ;
J'ai moi-même à mon fils refusé mon suffrage.
Croyez-moi, le succès de son ambition
Serait le premier pas vers la corruption.
Le prix de la vertu serait héréditaire :
Bientôt l'indigne fils du plus vertueux père,
Trop assuré d'un rang d'autant moins mérité,
L'attendrait dans le luxe et dans l'oisiveté : 600
Le dernier des Tarquins en est la preuve insigne.
Qui naquit dans la pourpre en est rarement digne.
Nous préservent les cieux d'un si funeste abus,
Berceau de la mollesse et tombeau des vertus !
Si vous aimez mon fils (je me plais à le croire),

Représentez-lui mieux sa véritable gloire ;
Étouffez dans son cœur un orgueil insensé :
C'est en servant l'État qu'il est récompensé.
De toutes les vertus mon fils doit un exemple :
C'est l'appui des Romains que dans lui je contemple :
Plus il a fait pour eux, plus j'exige aujourd'hui. 611
Connaissez à mes vœux l'amour que j'ai pour lui ;
Tempérez cette ardeur de l'esprit d'un jeune homme :
Le flatter, c'est le perdre, et c'est outrager Rome.

MESSALA.

Je me bornais, seigneur, à le suivre aux combats ;
J'imitais sa valeur, et ne l'instruisais pas.
J'ai peu d'autorité : mais, s'il daigne me croire,
Rome verra bientôt comme il chérit la gloire.

BRUTUS.

Allez donc, et jamais n'encensez ses erreurs :
Si je hais les tyrans, je hais plus les flatteurs. 620

SCÈNE V.

MESSALA.

Il n'est point de tyran plus dur, plus haïssable,
Que la sévérité de ton cœur intraitable.
Va, je verrai peut-être à mes pieds abattu
Cet orgueil insultant de ta fausse vertu.
Colosse, qu'un vil peuple éleva sur nos têtes,
Je pourrai t'écraser, et les foudres sont prêtes.

ACTE TROISIÈME.

SCÈNE I.

ARONS, ALBIN, MESSALA.

ARONS, *une lettre à la main.*
Je commence à goûter une juste espérance ;
Vous m'avez bien servi par tant de diligence ;
Tout succède à mes vœux. Oui, cette lettre, Albin,
Contient le sort de Rome et celui de Tarquin. 630
Avez-vous dans le camp réglé l'heure fatale ?
A-t-on bien observé la porte Quirinale ?
L'assaut sera-t-il prêt, si par nos conjurés
Les remparts cette nuit ne nous sont point livrés ?
Tarquin est-il content ? crois-tu qu'on l'introduise
Ou dans Rome sanglante, ou dans Rome soumise ?
ALBIN.
Tout sera prêt, seigneur, au milieu de la nuit.
Tarquin de vos projets goûte déjà le fruit ;
Il pense de vos mains tenir son diadème ;
Il vous doit, a-t-il dit, plus qu'à Porsenna même. 640
ARONS.
Ou les dieux, ennemis d'un prince malheureux,
Confondront des desseins si grands, si dignes d'eux ;
Ou demain sous ses lois Rome sera rangée,
Rome en cendres peut-être, et dans son sang plongée.
Mais il vaut mieux qu'un roi, sur le trône remis,
Commande à des sujets malheureux et soumis,
Que d'avoir à dompter, au sein de l'abondance,
D'un peuple trop heureux l'indocile arrogance.

(*A Albin.*)
Allez : j'attends ici la princesse en secret.
(*A Messala.*)
Messala, demeurez.

SCÈNE II.

ARONS, MESSALA.

ARONS. Eh bien! qu'avez-vous fait ? 650
Avez-vous de Titus fléchi le fier courage?
Dans le parti des rois pensez-vous qu'il s'engage?
MESSALA.
Je vous l'avais prédit : l'inflexible Titus
Aime trop sa patrie, et tient trop de Brutus.
Il se plaint du sénat, il brûle pour Tullie ;
L'orgueil, l'ambition, l'amour, la jalousie,
Le feu de son jeune âge et de ses passions,
Semblaient ouvrir son âme à mes séductions.
Cependant, qui l'eût cru? la liberté l'emporte;
Son amour est au comble, et Rome est la plus forte.
J'ai tenté par degré d'effacer cette horreur 661
Que pour le nom de roi Rome imprime à son cœur.
En vain j'ai combattu ce préjugé sévère ;
Le seul nom des Tarquins irritait sa colère,
De son entretien même il m'a soudain privé ;
Et je hasardais trop si j'avais achevé.
ARONS.
Ainsi de le fléchir Messala désespère.
MESSALA.
J'ai trouvé moins d'obstacle à vous donner son frère,
Et j'ai du moins séduit un des fils de Brutus.
ARONS.
Quoi! vous auriez déjà gagné Tibérinus? [intrigue?
Par quels ressorts secrets, par quelle heureuse 671

MESSALA.
Son ambition seule a fait toute ma brigue.
Avec un œil jaloux il voit depuis longtemps
De son frère et de lui les honneurs différents :
Ces drapeaux suspendus à ces voûtes fatales,
Ces festons de lauriers, ces pompes triomphales,
Tous les cœurs des Romains et celui de Brutus
Dans ces solennités volant devant Titus,
Sont pour lui des affronts qui, dans son âme aigrie,
Échauffent le poison de sa secrète envie. 680
Et cependant Titus, sans haine et sans courroux,
Trop au-dessus de lui pour en être jaloux,
Lui tend encor la main de son char de victoire
Et semble en l'embrassant l'accabler de sa gloire.
J'ai saisi ces moments ; j'ai su peindre à ses yeux
Dans une cour brillante un rang plus glorieux ;
J'ai pressé, j'ai promis, au nom de Tarquin môme,
Tous les honneurs de Rome après le rang suprême :
Je l'ai vu s'éblouir, je l'ai vu s'ébranler :
Il est à vous, seigneur, et cherche à vous parler. 690
ARONS.
Pourra-t-il nous livrer la porte Quirinale?
MESSALA.
Titus seul y commande, et sa vertu fatale
N'a que trop arrêté le cours de vos destins :
C'est un dieu qui préside au salut des Romains.
Gardez de hasarder cette attaque soudaine,
Sûre avec son appui, sans lui trop incertaine.
ARONS.
Mais si du consulat il a brigué l'honneur,
Pourrait-il dédaigner la suprême grandeur,
Et Tullie, et le trône, offerts à son courage?
MESSALA.
Le trône est un affront à sa vertu sauvage. 700
ARONS.
Mais il aime Tullie.

MESSALA. Il l'adore, seigneur :
Il l'aime d'autant plus qu'il combat son ardeur.
Il brûle pour la fille en détestant le père ;
Il craint de lui parler, il gémit de se taire ;
Il la cherche, il la fuit ; il dévore ses pleurs,
Et de l'amour encore il n'a que les fureurs.
Dans l'agitation d'un si cruel orage,
Un moment quelquefois renverse un grand courage.
Je sais quel est Titus : ardent, impétueux,
S'il se rend, il ira plus loin que je ne veux. 710
La fière ambition qu'il renferme dans l'âme
Au flambeau de l'amour peut rallumer sa flamme.
Avec plaisir sans doute il verrait à ses pieds
Des sénateurs tremblants les fronts humiliés :
Mais je vous tromperais si j'osais vous promettre
Qu'à cet amour fatal il veuille se soumettre.
Je peux parler encore, et je vais aujourd'hui...
　　ARONS.
Puisqu'il est amoureux, je compte encor sur lui.
Un regard de Tullie, un seul mot de sa bouche,
Peut plus, pour amollir cette vertu farouche, 720
Que les subtils détours et tout l'art séducteur
D'un chef de conjurés et d'un ambassadeur.
N'espérons des humains rien que par leur faiblesse.
L'ambition de l'un, de l'autre la tendresse,
Voilà les conjurés qui serviront mon roi. [moi.
C'est d'eux que j'attends tout : ils sont plus forts que
　　　　(*Tullie entre. Messala se retire.*)

SCÈNE III.

TULLIE, ARONS, ALGINE.

　　ARONS.
Madame, en ce moment je reçois cette lettre
Qu'en vos augustes mains mon ordre est de remettre,

Et que jusqu'en la mienne a fait passer Tarquin.
TULLIE.
Dieux, protégez mon père et changez son destin ! 730
(Elle lit.)
« Le trône des Romains peut sortir de sa cendre,
« Le vainqueur de son roi peut en être l'appui :
« Titus est un héros ; c'est à lui de défendre
« Un sceptre que je veux partager avec lui.
« Vous, songez que Tarquin vous a donné la vie ;
« Songez que mon destin va dépendre de vous.
« Vous pourriez refuser le roi de Ligurie :
« Si Titus vous est cher, il sera votre époux. » [ble ?
Ai-je bien lu ?... Titus ?... Seigneur... est-il possi-
Tarquin, dans ses malheurs jusqu'alors inflexible, 740
Pourrait... Mais d'où sait-il... et comment... Ah !
[seigneur !
Ne veut-on qu'arracher les secrets de mon cœur?
Épargnez les chagrins d'une triste princesse ;
Ne tendez point de piège à ma faible jeunesse.
ARONS.
Non, madame ; à Tarquin je ne sais qu'obéir,
Écouter mon devoir, me taire, et vous servir ;
Il ne m'appartient point de chercher à comprendre
Des secrets qu'en mon sein vous craignez de répan-
Je ne veux point lever un œil présomptueux [dre.
Vers le voile sacré que vous jetez sur eux ; 750
Mon devoir seulement m'ordonne de vous dire
Que le ciel veut par vous relever cet empire,
Que ce trône est un prix qu'il met à vos vertus.
TULLIE.
Je servirais mon père, et serais à Titus !
Seigneur, il se pourrait...
ARONS. N'en doutez point, princesse.
Pour le sang de ses rois ce héros s'intéresse ;
De ces républicains la triste austérité
De son cœur généreux révolte la fierté ;

Les refus du sénat ont aigri son courage :
Il penche vers son prince : achevez cet ouvrage. 760
Je n'ai point dans son cœur prétendu pénétrer ;
Mais puisqu'il vous connaît, il vous doit adorer.
Quel œil, sans s'éblouir, peut voir un diadème
Présenté par vos mains, embelli par vous-même ?
Parlez-lui seulement, vous pourrez tout sur lui ;
De l'ennemi des rois triomphez aujourd'hui ;
Arrachez au sénat, rendez à votre père
Ce grand appui de Rome et son dieu tutélaire ;
Et méritez l'honneur d'avoir entre vos mains
Et la cause d'un père et le sort des Romains. 770

SCÈNE IV.

TULLIE, ALGINE.

TULLIE.

Ciel ! que je dois d'encens à ta bonté propice !
Mes pleurs t'ont désarmé ; tout change ; et ta justice,
Aux feux dont j'ai rougi rendant leur pureté,
En les récompensant, les met en liberté.
   (*A Algine.*)
Va-le chercher, va, cours. Dieux ! il m'évite encore.
Faut-il qu'il soit heureux, hélas ! et qu'il l'ignore ?
Mais n'écouté-je point un espoir trop flatteur ?
Titus pour le sénat a-t-il donc tant d'horreur ?
Que dis-je ? hélas ! devrais-je au dépit qui le presse
Ce que j'aurais voulu devoir à sa tendresse ? 780

ALGINE.

Je sais que le sénat alluma son courroux,
Qu'il est ambitieux, et qu'il brûle pour vous.

TULLIE.

Il fera tout pour moi, n'en doute point ; il m'aime.
   (*Algine sort.*)
Va, dis-je... Cependant ce changement extrême...

Ce billet!... De quels soins mon cœur est combattu!
Éclatez, mon amour, ainsi que ma vertu!
　La gloire, la raison, le devoir, tout l'ordonne.
Quoi! mon père à mes feux va devoir sa couronne!
De Titus et de lui je serais le lien!
Le bonheur de l'État va donc naître du mien! 790
Toi que je peux aimer, quand pourrai-je t'apprendre
Ce changement du sort où nous n'osions prétendre?
Quand pourrai-je, Titus, dans mes justes transports,
T'entendre sans regrets, te parler sans remords?
Tous mes maux sont finis : Rome, je te pardonne;
Rome, tu vas servir, si Titus t'abandonne;
Sénat, tu vas tomber, si Titus est à moi :
Ton héros m'aime; tremble, et reconnais ton roi.

SCÈNE V.

TITUS, TULLIE.

TITUS.
Madame, est-il bien vrai? daignez-vous voir encore
Cet odieux Romain que votre cœur abhorre, 800
Si justement haï, si coupable envers vous?
Cet ennemi...
　　　TULLIE. Seigneur, tout est changé pour nous.
Le destin me permet... Titus, il faut me dire
Si j'avais sur votre âme un véritable empire.
　TITUS.
Eh! pouvez-vous douter de ce fatal pouvoir,
De mes feux, de mon crime, et de mon désespoir?
Vous ne l'avez que trop cet empire funeste;
L'amour vous a soumis mes jours, que je déteste.
Commandez, épuisez votre juste courroux;
Mon sort est en vos mains.
　　　　TULLIE. Le mien dépend de vous. 810

TITUS.
De moi ! Titus tremblant ne vous en croit qu'à peine ;
Moi, je ne serais plus l'objet de votre haine !
Ah ! princesse, achevez ! quel espoir enchanteur
M'élève en un moment au faîte du bonheur !
  TULLIE, *en donnant la lettre.*
Lisez, rendez heureux, vous, Tullie, et mon père.
 (*Tandis qu'il lit.*)
Je puis donc me flatter... Mais quel regard sévère !
D'où vient ce morne accueil et ce front consterné ?
Dieux !...
  TITUS. Je suis des mortels le plus infortuné ;
Le sort, dont la rigueur à m'accabler s'attache,
M'a montré mon bonheur, et soudain me l'arrache ; 820
Et, pour combler les maux que mon cœur a soufferts,
Je puis vous posséder, je vous aime, et vous perds.
  TULLIE.
Vous, Titus ?
  TITUS. Ce moment a condamné ma vie
Au comble des horreurs ou de l'ignominie,
A trahir Rome ou vous ; et je n'ai désormais
Que le choix des malheurs ou celui des forfaits.
  TULLIE.
Que dis-tu ? quand ma main te donne un diadème,
Quand tu peux m'obtenir, quand tu vois que je t'aime !
Je ne m'en cache plus ; un trop juste pouvoir,
Autorisant mes vœux, m'en a fait un devoir.   830
Hélas ! j'ai cru ce jour le plus beau de ma vie ;
Et le premier moment où mon âme ravie
Peut de ses sentiments s'expliquer sans rougir,
Ingrat, est le moment qu'il m'en faut repentir !
Que m'oses-tu parler de malheur et de crime ?
Ah ! servir des ingrats contre un roi légitime,
M'opprimer, me chérir, détester mes bienfaits,
Ce sont là mes malheurs, et voilà tes forfaits.
Ouvre les yeux, Titus, et mets dans la balance

Les refus du sénat et la toute-puissance. 840
Choisis de recevoir ou de donner la loi,
D'un vil peuple ou d'un trône, et de Rome ou de moi.
Inspirez-lui, grands dieux, le parti qu'il doit prendre!
    TITUS, *en lui rendant la lettre.*
Mon choix est fait.
    TULLIE. Eh bien! crains-tu de me l'apprendre?
Parle : ose mériter ta grâce ou mon courroux.
Quel sera ton destin?...
    TITUS. D'être digne de vous,
Digne encor de moi-même, à Rome encor fidèle;
Brûlant d'amour pour vous, de combattre pour elle;
D'adorer vos vertus, mais de les imiter;
De vous perdre, madame, et de vous mériter. 850
    TULLIE.
Ainsi donc pour jamais...
    TITUS. Ah! pardonnez, princesse!
Oubliez ma fureur, épargnez ma faiblesse;
Ayez pitié d'un cœur de soi-même ennemi,
Moins malheureux cent fois quand vous l'avez haï.
Pardonnez, je ne puis vous quitter ni vous suivre :
Ni pour vous, ni sans vous, Titus ne saurait vivre;
Et je mourrai plutôt qu'un autre ait votre foi.
    TULLIE.
Je te pardonne tout, elle est encore à toi.
    TITUS.
Eh bien! si vous m'aimez, ayez l'âme romaine,
Aimez ma république, et soyez plus que reine; 860
Apportez-moi pour dot, au lieu du rang des rois,
L'amour de mon pays et l'amour de mes lois.
Acceptez aujourd'hui Rome pour votre mère,
Son vengeur pour époux, Brutus pour votre père;
Que les Romains, vaincus en générosité,
A la fille des rois doivent leur liberté.
    TULLIE.
Qui? moi, j'irais trahir...

TITUS. Mon désespoir m'égare.
Non, toute trahison est indigne et barbare.
Je sais ce qu'est un père, et ses droits absolus ;
Je sais... que je vous aime... et ne me connais plus ! 870
    TULLIE.
Écoute au moins ce sang qui m'a donné la vie.
    TITUS.
Eh ! dois-je écouter moins mon sang et ma patrie?
    TULLIE.
Ta patrie ! ah ! barbare, en est-il donc sans moi?
    TITUS.
Nous sommes ennemis... La nature, la loi
Nous impose à tous deux un devoir si farouche.
    TULLIE.
Nous ennemis ! ce nom peut sortir de ta bouche !
    TITUS.
Tout mon cœur la dément.
              TULLIE. Ose donc me servir ;
Tu m'aimes, venge-moi.

SCÈNE VI.

BRUTUS, ARONS, TITUS, TULLIE, MESSALA, ALBIN, PROCULUS, licteurs.

    BRUTUS, *à Tullie.*
              Madame, il faut partir.
Dans les premiers éclats des tempêtes publiques,
Rome n'a pu vous rendre à vos dieux domestiques ; 880
Tarquin même en ce temps, prompt à vous oublier,
Et du soin de nous perdre occupé tout entier,
Dans nos calamités confondant sa famille,
N'a pas même aux Romains redemandé sa fille.
Souffrez que je rappelle un triste souvenir :

Je vous privai d'un père, et dus vous en servir.
Allez, et que du trône, où le ciel vous appelle,
L'inflexible équité soit la garde éternelle :
Pour qu'on vous obéisse, obéissez aux lois ;
Tremblez en contemplant tout le devoir des rois ; 890
Et si de vos flatteurs la funeste malice
Jamais de votre cœur ébranlait la justice,
Prête alors d'abuser du pouvoir souverain,
Souvenez-vous de Rome, et songez à Tarquin ;
Et que ce grand exemple, où mon espoir se fonde,
Soit la leçon des rois et le bonheur du monde.
(*A Arons.*)
Le sénat vous la rend, seigneur ; et c'est à vous
De la remettre aux mains d'un père et d'un époux.
Proculus va vous suivre à la porte Sacrée.
TITUS, *éloigné.*
O de ma passion fureur désespérée ! 900
[*Il va vers Arons.*)
Je ne souffrirai point, non... Permettez, seigneur...
(*Brutus et Tullie sortent avec leur suite : Arons
et Messala restent.*)
Dieux ! ne mourrai-je point de honte et de douleur!
(*A Arons.*)
Pourrai-je vous parler?
ARONS. Seigneur, le temps me presse.
Il me faut suivre ici Brutus et la princesse ;
Je puis d'une heure encor retarder mon départ :
Craignez, seigneur, craignez de me parler trop tard.
Dans son appartement nous pouvons l'un et l'autre
Parler de ses destins, et peut-être du vôtre.
(*Il sort.*)

SCÈNE VII.

TITUS, MESSALA.

TITUS.

Sort qui nous as rejoints, et qui nous désunis,
Sort, ne nous as-tu faits que pour être ennemis ? 910
Ah ! cache, si tu peux, ta fureur et tes larmes.

MESSALA.

Je plains tant de vertus, tant d'amour et de charmes ;
Un cœur tel que le sien méritait d'être à vous.

TITUS.

Non, c'en est fait ; Titus n'en sera point l'époux.

MESSALA.

Pourquoi ? quel vain scrupule à vos désirs s'oppose ?

TITUS.

Abominables lois que la cruelle impose !
Tyrans que j'ai vaincus, je pourrais vous servir !
Peuples que j'ai sauvés, je pourrais vous trahir !
L'amour, dont j'ai six mois vaincu la violence,
L'amour aurait sur moi cette affreuse puissance ! 920
J'exposerais mon père à ses tyrans cruels !
Et quel père ? un héros, l'exemple des mortels,
L'appui de son pays, qui m'instruisit à l'être,
Que j'imitai, qu'un jour j'eusse égalé peut-être.
Après tant de vertus, quel horrible destin !

MESSALA.

Vous eûtes les vertus d'un citoyen romain ;
Il ne tiendra qu'à vous d'avoir celles d'un maître :
Seigneur, vous serez roi dès que vous voudrez l'être.
Le ciel met dans vos mains, en ce moment heureux,
La vengeance, l'empire, et l'objet de vos feux. 930
Que dis-je ? ce consul, ce héros que l'on nomme
Le père, le soutien, le fondateur de Rome,
Qui s'enivre à vos yeux de l'encens des humains

Sur les débris d'un trône écrasé par vos mains,
S'il eût mal soutenu cette grande querelle,
S'il n'eût vaincu par vous, il n'était qu'un rebelle.
Seigneur, embellissez ce grand nom de vainqueur
Du nom plus glorieux de pacificateur ;
Daignez nous ramener ces jours où nos ancêtres, 939
Heureux, mais gouvernés, libres, mais sous des maî-
Pesaient dans la balance, avec un même poids, [tres,
Les intérêts du peuple et la grandeur des rois.
Rome n'a point pour eux une haine immortelle ;
Rome va les aimer, si vous régnez sur elle.
Ce pouvoir souverain que j'ai vu tour à tour
Attirer de ce peuple et la haine et l'amour,
Qu'on craint en des États, et qu'ailleurs on désire,
Est des gouvernements le meilleur ou le pire :
Affreux sous un tyran, divin sous un bon roi.

  TITUS.
Messala, songez-vous que vous parlez à moi? 950
Que désormais en vous je ne vois plus qu'un traître,
Et qu'en vous épargnant je commence de l'être?

  MESSALA.
Eh bien! apprenez donc que l'on va vous ravir
L'inestimable honneur dont vous n'osez jouir ;
Qu'un autre accomplira ce que vous pouviez faire.

  TITUS.
Un autre! arrête ; dieux! parle... qui?
         MESSALA. Votre frère.

  TITUS.
Mon frère?
  MESSALA. A Tarquin même il a donné sa foi.
  TITUS.
Mon frère trahit Rome?
      MESSALA. Il sert Rome et son roi ;
Et Tarquin, malgré vous, n'acceptera pour gendre
Que celui des Romains qui l'aura pu défendre. 960

TITUS.
Ciel!... perfide!... Écoutez: mon cœur longtemps sé-
A méconnu l'abîme où vous m'avez conduit. [duit
Vous pensez me réduire au malheur nécessaire
D'être ou le délateur ou complice d'un frère.
Mais plutôt votre sang...
                MESSALA. Vous pouvez m'en punir;
Frappez, je le mérite en voulant vous servir.
Du sang de votre ami, que cette main fumante
Y joigne encor le sang d'un frère et d'une amante;
Et, leur tête à la main, demandez au sénat,
Pour prix de vos vertus, l'honneur du consulat; 970
Ou moi-même à l'instant, déclarant les complices,
Je m'en vais commencer ces affreux sacrifices.
    TITUS.
Demeure, malheureux, ou crains mon désespoir.

SCÈNE VIII.

TITUS, MESSALA, ALBIN.

ALBIN.
L'ambassadeur toscan peut maintenant vous voir;
Il est chez la princesse.
                    TITUS. Oui, je vais chez Tullie...
J'y cours. Ô dieux de Rome, ô dieux de ma patrie!
Frappez, percez ce cœur de sa honte alarmé,
Qui serait vertueux s'il n'avait point aimé.
C'est donc à vous, sénat, que tant d'amour s'immole?
                    (*A Messala.*)
A vous, ingrats!... Allons... Tu vois ce Capitole 980
Tout plein des monuments de ma fidélité!
    MESSALA.
Songez qu'il est rempli d'un sénat détesté.
    TITUS.
Je le sais. Mais... du ciel qui tonne sur ma tête

J'entends la voix qui crie : Arrête, ingrat, arrête!
Tu trahis ton pays... Non, Rome! non, Brutus!
Dieux qui me secourez, je suis encor Titus.
La gloire a de mes jours accompagné la course;
Je n'ai point de mon sang déshonoré la source;
Votre victime est pure; et s'il faut qu'aujourd'hui
Titus soit aux forfaits entraîné malgré lui, 990
S'il faut que je succombe au destin qui m'opprime,
Dieux, sauvez les Romains; frappez avant le crime!

ACTE QUATRIÈME.

SCÈNE I.

TITUS, ARONS, MESSALA.

TITUS.

Oui, j'y suis résolu, partez; c'est trop attendre:
Honteux, désespéré, je ne veux rien entendre;
Laissez-moi ma vertu, laissez-moi mes malheurs.
Fort contre vos raisons, faible contre ses pleurs,
Je ne la verrai plus. Ma fermeté trahie
Craint moins tous vos tyrans qu'un regard de Tullie.
Je ne la verrai plus! oui, qu'elle parte... Ah! dieux!
ARONS.
Pour vos intérêts seuls arrêté dans ces lieux, 1000
J'ai bientôt passé l'heure avec peine accordée
Que vous-même, seigneur, vous m'aviez demandée.
TITUS.
Moi, je l'ai demandée!
ARONS. Hélas! que pour vous deux
J'attendais en secret un destin plus heureux!

J'espérais couronner des ardeurs si parfaites :
Il n'y faut plus penser.
    TITUS. Ah! cruel que vous êtes,
Vous avez vu ma honte et mon abaissement;
Vous avez vu Titus balancer un moment.
Allez, adroit témoin de mes lâches tendresses,
Allez à vos deux rois annoncer mes faiblesses;   1010
Contez à ces tyrans terrassés par mes coups
Que le fils de Brutus a pleuré devant vous.
Mais ajoutez au moins que, parmi tant de larmes,
Malgré vous et Tullie, et ses pleurs et ses charmes,
Vainqueur encor de moi, libre, et toujours Romain,
Je ne suis point soumis par le sang de Tarquin;
Que rien ne me surmonte et que je jure encore
Une guerre éternelle à ce sang que j'adore.
    ARONS.
J'excuse la douleur où vos sens sont plongés;
Je respecte en partant vos tristes préjugés.   1020
Loin de vous accabler, avec vous je soupire;
Elle en mourra, c'est tout ce que je peux vous dire.
Adieu, seigneur.
    MESSALA. O ciel!

SCÈNE II.

TITUS, MESSALA.

    TITUS. Non, je ne puis souffrir
Que des remparts de Rome on la laisse sortir :
Je veux la retenir au péril de ma vie.
    MESSALA.
Vous voulez...
    TITUS. Je suis loin de trahir ma patrie!
Rome l'emportera, je le sais; mais enfin
Je ne puis séparer Tullie et mon destin.

Je respire, je vis, je périrai pour elle.
Prends pitié de mes maux, courons, et que ton zèle
Soulève nos amis, rassemble nos soldats : 1031
En dépit du sénat, je retiendrai ses pas ;
Je prétends que dans Rome elle reste en otage :
Je le veux.
  MESSALA. Dans quels soins votre amour vous engage!
Et que prétendez-vous par ce coup dangereux,
Que d'avouer sans fruit un amour malheureux ?
  TITUS.
Eh bien ! c'est au sénat qu'il faut que je m'adresse.
Va de ces rois de Rome adoucir la rudesse ;
Dis-leur que l'intérêt de l'État, de Brutus...
Hélas ! que je m'emporte en desseins superflus ! 1040
  MESSALA.
Dans la juste douleur où votre âme est en proie,
Il faut, pour vous servir...
      TITUS. Il faut que je la voie,
Il faut que je lui parle. Elle passe en ces lieux :
Elle entendra du moins mes éternels adieux.
  MESSALA.
Parlez-lui, croyez-moi.
    TITUS. Je suis perdu, c'est elle !

SCÈNE III.

TITUS, MESSALA, TULLIE, ALGINE.

  ALGINE.
On vous attend, madame.
    TULLIE. Ah ! sentence cruelle !
L'ingrat me touche encore, et Brutus à mes yeux
Paraît un dieu terrible armé contre nous deux.
J'aime, je crains, je pleure, et tout mon cœur s'é-
Allons.   [gare.

TITUS. Non; demeurez.
TULLIE. Que me veux-tu, barbare?
Me tromper, me braver?
TITUS. Ah! dans ce jour affreux
Je sais ce que je dois, et non ce que je veux;
Je n'ai plus de raison, vous me l'avez ravie.
Eh bien! guidez mes pas, gouvernez ma furie;
Régnez donc en tyran sur mes sens éperdus;
Dictez, si vous l'osez, les crimes de Titus.
Non, plutôt que je livre aux flammes, au carnage,
Ces murs, ces citoyens qu'a sauvés mon courage;
Qu'un père abandonné par un fils furieux,
Sous le fer de Tarquin...
TULLIE. M'en préservent les dieux!
La nature te parle, et sa voix m'est trop chère;
Tu m'as trop bien appris à trembler pour un père.
Rassure-toi : Brutus est désormais le mien;
Tout mon sang est à toi, qui te répond du sien;
Notre amour, mon hymen, mes jours, en sont le gage :
Je serai dans tes mains sa fille, ton otage.
Peux-tu délibérer? Penses-tu qu'en secret
Brutus te vît au trône avec tant de regret?
Il n'a point sur son front placé le diadème;
Mais, sous un autre nom, n'est-il pas roi lui-même?
Son règne est d'une année, et bientôt... Mais, hélas!
Que de faibles raisons, si tu ne m'aimes pas!
Je ne dis plus qu'un mot. Je pars... et je t'adore.
Tu pleures, tu frémis; il en est temps encore :
Achève, parle, ingrat! que te faut-il de plus?
TITUS.
Votre haine; elle manque au malheur de Titus.
TULLIE.
Ah! c'est trop essuyer tes indignes murmures,
Tes vains engagements, tes plaintes, tes injures;
Je te rends ton amour, dont le mien est confus,
Et tes trompeurs serments, pires que tes refus.

Je n'irai point chercher au fond de l'Italie
Ces fatales grandeurs que je te sacrifie,
Et pleurer loin de Rome, entre les bras d'un roi,
Cet amour malheureux que j'ai senti pour toi.
J'ai réglé mon destin. Romain dont la rudesse
N'affecte de vertu que contre ta maîtresse,
Héros pour m'accabler, timide à me servir;
Incertain dans tes vœux, apprends à les remplir.
Tu verras qu'une femme, à tes yeux méprisable,
Dans ses projets au moins était inébranlable; 1090
Et par la fermeté dont ce cœur est armé,
Titus, tu connaîtras comme il t'aurait aimé.
Au pied de ces murs même où régnaient nos ancêtres,
De ces murs que ta main défend contre leurs maîtres,
Où tu m'oses trahir et m'outrager comme eux,
Où ma foi fut séduite, où tu trompas mes feux,
Je jure à tous les dieux qui vengent les parjures
Que mon bras, dans mon sang effaçant mes injures,
Plus juste que le tien, mais moins irrésolu,
Ingrat, va me punir de t'avoir mal connu; 1100
Et je vais...

   TITUS, *l'arrêtant.*
      Non, madame, il faut vous satisfaire :
Je le veux, j'en frémis, et j'y cours pour vous plaire;
D'autant plus malheureux que, dans ma passion,
Mon cœur n'a pour excuse aucune illusion;
Que je ne goûte point, dans mon désordre extrême,
Le triste et vain plaisir de me tromper moi-même;
Que l'amour aux forfaits me force de voler;
Que vous m'avez vaincu sans pouvoir m'aveugler;
Et qu'encore indigné de l'ardeur qui m'anime,
Je chéris la vertu, mais j'embrasse le crime. 1110
Haïssez-moi, fuyez, quittez un malheureux
Qui meurt d'amour pour vous et déteste ses feux;
Qui va s'unir à vous sous ces affreux augures,
Parmi les attentats, le meurtre et les parjures.

TULLIE.

Vous insultez, Titus, à ma funeste ardeur;
Vous sentez à quel point vous régnez dans mon cœur.
Oui, je vis pour toi seul, oui, je te le confesse;
Mais malgré ton amour, mais malgré ma faiblesse,
Sois sûr que le trépas m'inspire moins d'effroi
Que la main d'un époux qui craindrait d'être à moi,
Qui se repentirait d'avoir servi son maître,
Que je fais souverain, et qui rougit de l'être.
Voici l'instant affreux qui va nous éloigner.
Souviens-toi que je t'aime et que tu peux régner.
L'ambassadeur m'attend; consulte, délibère :
Dans une heure avec moi tu reverras mon père.
Je pars, et je reviens sous ces murs odieux
Pour y rentrer en reine ou périr à tes yeux.

TITUS.

Vous ne périrez point. Je vais...

TULLIE. Titus, arrête;
En me suivant plus loin, tu hasardes ta tête;
On peut te soupçonner; demeure : adieu; résous
D'être mon meurtrier ou d'être mon époux.

SCÈNE IV.

TITUS.

Tu l'emportes, cruelle, et Rome est asservie;
Reviens régner sur elle ainsi que sur ma vie;
Reviens : je vais me perdre, ou vais te couronner :
Le plus grand des forfaits est de t'abandonner.
Qu'on cherche Messala; ma fougueuse imprudence
A de son amitié lassé la patience.
Maîtresse, amis, Romains, je perds tout en un jour.

Voltaire.   5

SCÈNE V.

TITUS, MESSALA.

TITUS.
Sers ma fureur enfin, sers mon fatal amour ;   1140
Viens, suis-moi...
MESSALA. Commandez ; tout est prêt ; mes cohortes
Sont au mont Quirinal et livreront les portes.
Tous nos braves amis vont jurer avec moi
De reconnaître en vous l'héritier de leur roi.
Ne perdez point de temps ; déjà la nuit plus sombre
Voile nos grands desseins du secret de son ombre.
TITUS.
L'heure approche ; Tullie en compte les moments...
Et Tarquin, après tout, eut mes premiers serments.
(Le fond du théâtre s'ouvre.)
Le sort en est jeté. Que vois-je ? c'est mon père !

SCÈNE VI.

BRUTUS, TITUS, MESSALA, LICTEURS.

BRUTUS.
Viens, Rome est en danger ; c'est en toi que j'espère.
Par un avis secret le sénat est instruit   1151
Qu'on doit attaquer Rome au milieu de la nuit.
J'ai brigué pour mon sang, pour le héros que j'aime,
L'honneur de commander dans ce péril extrême :
Le sénat te l'accorde ; arme-toi, mon cher fils ;
Une seconde fois va sauver ton pays ;
Pour notre liberté va prodiguer ta vie !
Va, mort ou triomphant, tu feras mon envie.

TITUS.
Ciel!...
BRUTUS. Mon fils!...
TITUS. Remettez, seigneur, en d'autres mains
Les faveurs du sénat et le sort des Romains. 1160
MESSALA.
Ah! quel désordre affreux de son âme s'empare!
BRUTUS.
Vous pourriez refuser l'honneur qu'on vous prépare?
TITUS.
Qui? moi, seigneur!
BRUTUS. Eh quoi! votre cœur égaré
Des refus du sénat est encore ulcéré!
De vos prétentions je vois les injustices.
Ah! mon fils, est-il temps d'écouter vos caprices?
Vous avez sauvé Rome, et n'êtes pas heureux?
Cet immortel honneur n'a pas comblé vos vœux?
Mon fils au consulat a-t-il osé prétendre
Avant l'âge où les lois permettent de l'attendre? 1170
Va, cesse de briguer une injuste faveur;
La place où je t'envoie est ton poste d'honneur.
Va, ce n'est qu'aux tyrans que tu dois ta colère :
De l'État et de toi je sens que je suis père.
Donne ton sang à Rome, et n'en exige rien;
Sois toujours un héros; sois plus, sois citoyen.
Je touche, mon cher fils, au bout de ma carrière;
Tes triomphantes mains vont fermer ma paupière :
Mais, soutenu du tien, mon nom ne mourra plus;
Je renaîtrai pour Rome, et vivrai dans Titus. 1180
Que dis-je? je te suis. Dans mon âge débile
Les dieux ne m'ont donné qu'un courage inutile;
Mais je te verrai vaincre, ou mourrai, comme toi,
Vengeur du nom romain, libre encore, et sans roi.
TITUS.
Ah, Messala!

SCÈNE VII.

BRUTUS, VALÉRIUS, TITUS, MESSALA.

VALÉRIUS. Seigneur, faites qu'on se retire.
BRUTUS, *à son fils.*
Cours, vole...
(*Titus et Messala sortent.*)
VALÉRIUS. On trahit Rome.
BRUTUS. Ah! qu'entends-je?
VALÉRIUS. On conspire,
Je n'en saurais douter; on nous trahit, seigneur.
De cet affreux complot j'ignore encor l'auteur;
Mais le nom de Tarquin vient de se faire entendre,
Et d'indignes Romains ont parlé de se rendre. 1190
BRUTUS.
Des citoyens romains ont demandé des fers!
VALERIUS.
Les perfides m'ont fui par des chemins divers;
On les suit. Je soupçonne et Ménas et Lélie,
Ces partisans des rois et de la tyrannie,
Ces secrets ennemis du bonheur de l'État,
Ardents à désunir le peuple et le sénat.
Messala les protége; et, dans ce trouble extrême,
J'oserais soupçonner jusqu'à Messala même,
Sans l'étroite amitié dont l'honore Titus.
BRUTUS.
Observons tous leurs pas; je ne puis rien de plus. 1200
La liberté, la loi, dont nous sommes les pères,
Nous défend des rigueurs peut-être nécessaires :
Arrêter un Romain sur de simples soupçons,
C'est agir en tyrans, nous qui les punissons.
Allons parler au peuple, enhardir les timides,
Encourager les bons, étouffer les perfides.

Que les pères de Rome et de la liberté
Viennent rendre aux Romains leur intrépidité;
Quels cœurs en nous voyant ne reprendront courage?
Dieux! donnez-nous la mort plutôt que l'esclavage!
Que le sénat nous suive!

SCÈNE VIII.

BRUTUS, VALÉRIUS, PROCULUS.

PROCULUS. Un esclave, seigneur, 1211
D'un entretien secret implore la faveur.
BRUTUS.
Dans la nuit, à cette heure?
PROCULUS. Oui, d'un avis fidèle
Il apporte, dit-il, la pressante nouvelle.
BRUTUS.
Peut-être des Romains le salut en dépend :
Allons, c'est le trahir que tarder un moment.
(*A Proculus.*)
Vous, allez vers mon fils; qu'à cette heure fatale
Il défende surtout la porte Quirinale,
Et que la terre avoue, au bruit de ses exploits,
Que le sort de mon sang est de vaincre les rois. 1220

ACTE CINQUIÈME.

SCÈNE I.

BRUTUS, les sénateurs, PROCULUS, licteurs,
l'esclave VINDEX.

BRUTUS.
Oui, Rome n'était plus ; oui, sous la tyrannie
L'auguste liberté tombait anéantie ;
Vos tombeaux se rouvraient ; c'en était fait : Tarquin
Rentrait dès cette nuit, la vengeance à la main.
C'est cet ambassadeur, c'est lui dont l'artifice
Sous les pas des Romains creusait ce précipice.
Enfin, le croirez-vous ? Rome avait des enfants
Qui conspiraient contre elle et servaient les tyrans ;
Messala conduisait leur aveugle furie,
A ce perfide Arons il vendait sa patrie : 1230
Mais le ciel a veillé sur Rome et sur vos jours ;
  (*En montrant l'esclave.*)
Cet esclave a d'Arons écouté les discours ;
Il a prévu le crime, et son avis fidèle
A réveillé ma crainte, a ranimé mon zèle.
Messala, par mon ordre arrêté cette nuit,
Devant vous à l'instant allait être conduit ;
J'attendais que du moins l'appareil des supplices
De sa bouche infidèle arrachât ses complices,
Mes licteurs l'entouraient, quand Messala soudain,
Saisissant un poignard qu'il cachait dans son sein, 1240
Et qu'à vous, sénateurs, il destinait peut-être :
« Mes secrets, a-t-il dit, que l'on cherche à connaître,
« C'est dans ce cœur sanglant qu'il faut les découvrir ;

« Et qui sait conspirer sait se taire et mourir. »
On s'écrie, on s'avance : il se frappe, et le traître
Meurt encore en Romain, quoique indigne de l'être.
Déjà des murs de Rome Arons était parti :
Assez loin vers le camp nos gardes l'ont suivi,
On arrête à l'instant Arons avec Tullie.
Bientôt, n'en doutez point, de ce complot impie 1250
Le ciel va découvrir toutes les profondeurs;
Publicola partout en cherche les auteurs.
Mais quand nous connaîtrons le nom des parricides,
Prenez garde, Romains, point de grâce aux perfides;
Fussent-ils nos amis, nos frères, nos enfants,
Ne voyez que leur crime et gardez vos serments.
Rome, la liberté, demandent leur supplice :
Et qui pardonne au crime en devient le complice.
(*A l'esclave.*)
Et toi, dont la naissance et l'aveugle destin
N'avait fait qu'un esclave et dut faire un Romain, 1260
Par qui le sénat vit, par qui Rome est sauvée,
Reçois la liberté que tu m'as conservée;
Et, prenant désormais des sentiments plus grands,
Sois l'égal de mes fils et l'effroi des tyrans.
Mais qu'est-ce que j'entends? quelle rumeur soudaine...

PROCULUS.
Arons est arrêté, seigneur, et je l'amène.

BRUTUS.
De quel front pourra-t-il...

SCÈNE II.

BRUTUS, les sénateurs, ARONS, licteurs.

ARONS. Jusques à quand, Romains,
Voulez-vous profaner tous les droits des humains?
D'un peuple révolté conseils vraiment sinistres,

Pensez-vous abaisser les rois dans leurs ministres?
Vos licteurs insolents viennent de m'arrêter :   1271
Est-ce mon maître ou moi que l'on veut insulter?
Et chez les nations ce rang inviolable...
    BRUTUS.
Plus ton rang est sacré, plus il te rend coupable ;
Cesse ici d'attester des titres superflus.
    ARONS.
L'ambassadeur d'un roi !...
                BRUTUS. Traître, tu ne l'es plus ;
Tu n'es qu'un conjuré paré d'un nom sublime,
Que l'impunité seule enhardissait au crime.
Les vrais ambassadeurs, interprètes des lois,
Sans les déshonorer savent servir leurs rois !   1280
De la foi des humains discrets dépositaires,
La paix seule est le fruit de leurs saints ministères ;
Des souverains du monde ils sont les nœuds sacrés,
Et, partout bienfaisants, sont partout révérés.
A ces traits, si tu peux, ose te reconnaître :
Mais si tu veux au moins rendre compte à ton maître
Des ressorts, des vertus, des lois de cet État,
Comprends l'esprit de Rome et connais le sénat.
Ce peuple auguste et saint sait respecter encore
Les lois des nations, que ta main déshonore :   1290
Plus tu les méconnais, plus nous les protégeons ;
Et le seul châtiment qu'ici nous t'imposons,
C'est de voir expirer les citoyens perfides
Qui liaient avec toi leurs complots parricides.
Tout couvert de leur sang répandu devant toi,
Va d'un crime inutile entretenir ton roi ;
Et montre en ta personne, aux peuples d'Italie,
La sainteté de Rome et ton ignominie.
Qu'on l'emmène, licteurs.

SCÈNE III.

Les sénateurs, BRUTUS, VALÉRIUS, PROCULUS.

BRUTUS. Eh bien ! Valérius, 1299
Ils sont saisis sans doute? ils sont au moins connus?
Quel sombre et noir chagrin, couvrant votre visage,
De maux encor plus grands semble être le présage?
Vous frémissez.
    VALÉRIUS. Songez que vous êtes Brutus.
    BRUTUS.
Expliquez-vous...
    VALÉRIUS. Je tremble à vous en dire plus.
(Il lui donne des tablettes.)
Voyez, seigneur; lisez, connaissez les coupables.
    BRUTUS, *prenant les tablettes.*
Me trompez-vous, mes yeux ? O jours abominables!
O père infortuné ! Tibérinus? mon fils !
Sénateurs, pardonnez... Le perfide est-il pris?
    VALÉRIUS.
Avec deux conjurés il s'est osé défendre ;
Ils ont choisi la mort plutôt que de se rendre ; 1310
Percé de coups, seigneur, il est tombé près d'eux.
Mais il reste à vous dire un malheur plus affreux,
Pour vous, pour Rome entière, et pour moi plus sen-
    BRUTUS. [sible.
Qu'entends-je?
    VALÉRIUS. Reprenez cette liste terrible
Que chez Messala même a saisie Proculus.
    BRUTUS.
Lisons donc... Je frémis, je tremble. Ciel ! Titus!
(Il se laisse tomber entre les bras de Proculus.)
    VALÉRIUS.
Assez près de ces lieux je l'ai trouvé sans armes,

5.

Errant, désespéré, plein d'horreur et d'alarmes.
Peut-être il détestait cet horrible attentat.
    BRUTUS.
Allez, pères conscrits, retournez au sénat ;   1320
Il ne m'appartient plus d'oser y prendre place :
Allez, exterminez ma criminelle race ;
Punissez-en le père, et jusque dans mon flanc
Recherchez sans pitié la source de leur sang.
Je ne vous suivrai point, de peur que ma présence
Ne suspendît de Rome ou fléchît la vengeance.

SCÈNE IV.

BRUTUS.

Grands dieux, à vos décrets tous mes vœux sont sou-[mis !
Dieux vengeurs de nos lois, vengeurs de mon pays,
C'est vous qui par mes mains fondiez sur la justice
De notre liberté l'éternel édifice :   1330
Voulez-vous renverser ces sacrés fondements ?
Et contre votre ouvrage armez-vous mes enfants ?
Ah ! que Tibérinus, en sa lâche furie,
Ait servi nos tyrans, ait trahi se patrie,
Le coup en est affreux, le traître était mon fils !
Mais Titus ! un héros, l'amour de son pays !
Qui dans ce même jour, heureux et plein de gloire,
A vu par un triomphe honorer sa victoire !
Titus, qu'au Capitole ont couronné mes mains !
L'espoir de ma vieillesse, et celui des Romains !   1340
Titus ! dieux !

SCÈNE V.

BRUTUS, VALÉRIUS, suite, licteurs.

VALÉRIUS. Du sénat la volonté suprême
Est que sur votre fils vous prononciez vous-même.
BRUTUS.
Moi ?
VALÉRIUS. Vous seul.
BRUTUS. Et du reste en a-t-il ordonné ?
VALÉRIUS.
Des conjurés, seigneur, le reste est condamné ;
Au moment où je parle, ils ont vécu peut-être.
BRUTUS.
Et du sort de mon fils le sénat me rend maître ?
VALÉRIUS.
Il croit à vos vertus devoir ce rare honneur.
BRUTUS.
O patrie !
VALÉRIUS. Au sénat que dirai-je, seigneur ?
BRUTUS.
Que Brutus voit le prix de cette grâce insigne,
Qu'il ne la cherchait pas... mais qu'il s'en rendra
digne... 1350
Mais mon fils s'est rendu sans daigner résister,
Il pourrait... Pardonnez si je cherche à douter ;
C'était l'appui de Rome, et je sens que je l'aime.
VALÉRIUS.
Seigneur, Tullie...
BRUTUS. Eh bien ?...
VALÉRIUS. Tullie, au moment même,
N'a que trop confirmé ces soupçons odieux.
BRUTUS.
Comment, seigneur ?

VALÉRIUS. A peine elle a revu ces lieux,
A peine elle aperçoit l'appareil des supplices,
Que, sa main consommant ces tristes sacrifices,
Elle tombe, elle expire, elle immole à nos lois
Ce reste infortuné de nos indignes rois.   1360
Si l'on nous trahissait, seigneur, c'était pour elle.
Je respecte en Brutus la douleur paternelle;
Mais, tournant vers ces lieux ses yeux appesantis,
Tullie en expirant a nommé votre fils.
    BRUTUS.
Justes dieux!
    VALÉRIUS. C'est à vous à juger de son crime.
Condamnez, épargnez ou frappez la victime;
Rome doit approuver ce qu'aura fait Brutus.
    BRUTUS.
Licteurs, que devant moi l'on amène Titus!
    VALÉRIUS.
Plein de votre vertu, seigneur, je me retire :
Mon esprit étonné vous plaint et vous admire;   1370
Et je vais au sénat apprendre avec terreur
La grandeur de votre âme et de votre douleur.

SCÈNE VI.

BRUTUS, PROCULUS.

    BRUTUS.
Non, plus j'y pense encore, et moins je m'imagine
Que mon fils des Romains ait tramé la ruine :
Pour son père et pour Rome il avait trop d'amour;
On ne peut à ce point s'oublier en un jour.
Je ne le puis penser, mon fils n'est point coupable.
    PROCULUS.
Messala, qui forma ce complot détestable,
Sous ce grand nom peut-être a voulu se couvrir;

Peut-être on hait sa gloire, on cherche à la flétrir. 1380
    BRUTUS.
Plût au ciel !
    PROCULUS. De vos fils c'est le seul qui vous reste.
Qu'il soit coupable ou non de ce complot funeste,
Le sénat indulgent vous remet ses destins :
Ses jours sont assurés, puisqu'ils sont dans vos mains.
Vous saurez à l'État conserver ce grand homme ;
Vous êtes père enfin.
    BRUTUS. Je suis consul de Rome.

SCÈNE VII.

BRUTUS, PROCULUS, TITUS, *dans le fond du théâtre, avec des licteurs.*

    PROCULUS.
Le voici.
    TITUS. C'est Brutus ! O douloureux moments !
O terre, entr'ouvre-toi sous mes pas chancelants.
Seigneur, souffrez qu'un fils...
    BRUTUS. Arrête, téméraire !
De deux fils que j'aimais les dieux m'avaient fait père ; 1390
J'ai perdu l'un : que dis-je ? ah ! malheureux Titus,
Parle : ai-je encore un fils ?
    TITUS. Non, vous n'en avez [plus.
    BRUTUS.
Réponds donc à ton juge, opprobre de ma vie !
    (*Il s'assied.*)
Avais-tu résolu d'opprimer ta patrie ?
D'abandonner ton père au pouvoir absolu ?
De trahir tes serments ?
    TITUS. Je n'ai rien résolu.
Plein d'un mortel poison dont l'horreur me dévore,

Je m'ignorais moi-même, et je me cherche encore.
Mon cœur, encor surpris de mon égarement,
Emporté loin de soi, fut coupable un moment; 1400
Ce moment m'a couvert d'une honte éternelle.
A mon pays que j'aime il m'a fait infidèle :
Mais, ce moment passé, mes remords infinis
Ont égalé mon crime et vengé mon pays.
Prononcez mon arrêt. Rome, qui vous contemple,
A besoin de ma perte et veut un grand exemple;
Par mon juste supplice il faut épouvanter
Les Romains, s'il en est qui puissent m'imiter.
Ma mort servira Rome autant qu'eût fait ma vie :
Et ce sang, en tout temps utile à sa patrie, 1410
Dont je n'ai qu'aujourd'hui souillé la pureté,
N'aura coulé jamais que pour la liberté.
    BRUTUS.
Quoi! tant de perfidie avec tant de courage!
De crimes, de vertus, quel horrible assemblage!
Quoi! sous ces lauriers même, et parmi ces drapeaux,
Que son sang à mes yeux rendait encor plus beaux!
Quel démon t'inspira cette horrible inconstance?
    TITUS.
Toutes les passions : la soif de la vengeance,
L'ambition, la haine, un instant de fureur....
    BRUTUS.
Achève, malheureux!
                TITUS. Une plus grande erreur, 1420
Un feu qui de mes sens est même encor le maître,
Qui fit tout mon forfait, qui l'augmente peut-être.
C'est trop vous offenser par cet aveu honteux,
Inutile pour Rome, indigne de nous deux.
Mon malheur est au comble, ainsi que ma furie :
Terminez mes forfaits, mon désespoir, ma vie,
Votre opprobre et le mien. Mais si dans les combats
J'avais suivi la trace où m'ont conduit vos pas,
Si je vous imitai, si j'aimai ma patrie,

D'un remords assez grand si ma faute est suivie, 1430
(*Il se jette à genoux.*)
A cet infortuné daignez ouvrir les bras;
Dites du moins : Mon fils, Brutus ne te hait pas!
Ce mot seul, me rendant mes vertus et ma gloire,
De la honte où je suis défendra ma mémoire :
On dira que Titus, descendant chez les morts,
Eut un regard de vous pour prix de ses remords,
Que vous l'aimiez encore, et que, malgré son crime,
Votre fils dans la tombe emporta votre estime.

BRUTUS.

Son remords me l'arrache. O Rome! ô mon pays!
Proculus... à la mort que l'on mène mon fils.   1440
Lève-toi, triste objet d'horreur et de tendresse;
Lève-toi, cher appui qu'espérait ma vieillesse;
Viens embrasser ton père : il t'a dû condamner;
Mais, s'il n'était Brutus, il t'allait pardonner.
Mes pleurs, en te parlant, inondent ton visage :
Va, porte à ton supplice un plus mâle courage;
Va, ne t'attendris point, sois plus Romain que moi,
Et que Rome t'admire en se vengeant de toi.

TITUS.

Adieu : je vais périr digne encor de mon père.
(*On l'emmène.*)

SCÈNE VIII.

BRUTUS, PROCULUS.

PROCULUS.

Seigneur, tout le sénat, dans sa douleur sincère, 1450
En frémissant du coup qui doit vous accabler...

BRUTUS.

Vous connaissez Brutus, et l'osez consoler!
Songez qu'on nous prépare une attaque nouvelle :

Rome seule a mes soins; mon cœur ne connaît qu'elle.
Allons, que les Romains, dans ces moments affreux,
Me tiennent lieu du fils que j'ai perdu pour eux;
Que je finisse au moins ma déplorable vie
Comme il eût dû mourir, en vengeant la patrie.

SCÈNE IX.

BRUTUS, PROCULUS, un sénateur.

LE SÉNATEUR.
Seigneur...
BRUTUS. Mon fils n'est plus?
LE SÉNATEUR. C'en est fait.. et mes yeux...
BRUTUS.
Rome est libre : il suffit... Rendons grâces aux dieux!
[1460

FIN DE BRUTUS.

ZAÏRE

TRAGÉDIE.

(1732.)

PERSONNAGES.—Orosmane, soudan de Jérusalem. — Lusignan, prince du sang des rois de Jérusalem. — Zaïre, Fatime, esclaves du soudan. — Nérestan, Chatillon, chevaliers français. — Corasmin, Mélédor, officiers du soudan. — Un Esclave. — Suite.

La scène est au sérail de Jérusalem.

ACTE PREMIER.

SCÈNE I.

ZAÏRE, FATIME.

FATIME.
Je ne m'attendais pas, jeune et belle Zaïre,
Aux nouveaux sentiments que ce lieu vous inspire.
Quel espoir si flatteur, ou quels heureux destins,
De vos jours ténébreux ont fait des jours sereins ?
La paix de votre cœur augmente avec vos charmes.
Cet éclat de vos yeux n'est plus terni de larmes :
Vous ne les tournez plus vers ces heureux climats
Où ce brave Français devait guider vos pas ;
Vous ne me parlez plus de ces belles contrées
Où d'un peuple poli les femmes adorées
Reçoivent cet encens que l'on doit à vos yeux :

Compagnes d'un époux et reines en tous lieux,
Libres sans déshonneur et sages sans contrainte,
Et ne devant jamais leurs vertus à la crainte!
Ne soupirez-vous plus pour cette liberté?
Le sérail d'un soudan, sa triste austérité,
Ce nom d'esclave enfin, n'ont-ils rien qui vous gêne?
Préférez-vous Solyme aux rives de la Seine?
   ZAÏRE.
On ne peut désirer ce qu'on ne connaît pas.
Sur les bords du Jourdain le ciel fixa nos pas. 20
Au sérail des soudans dès l'enfance enfermée,
Chaque jour ma raison s'y voit accoutumée.
Le reste de la terre, anéanti pour moi,
M'abandonne au soudan qui nous tient sous sa loi;
Je ne connais que lui, sa gloire, sa puissance:
Vivre sous Orosmane est ma seule espérance:
Le reste est un vain songe.
   FATIME. Avez-vous oublié
Ce généreux Français dont la tendre amitié
Nous promit si souvent de rompre notre chaîne?
Combien nous admirions son audace hautaine! 30
Quelle gloire il acquit dans ces tristes combats
Perdus par les chrétiens sous les murs de Damas!
Orosmane vainqueur, admirant son courage,
Le laissa sur sa foi partir de ce rivage.
Nous l'attendons encor : sa générosité
Devait payer le prix de notre liberté :
N'en aurions-nous conçu qu'une vaine espérance?
   ZAÏRE.
Peut-être sa promesse a passé sa puissance.
Depuis plus de deux ans il n'est point revenu.
Un étranger, Fatime, un captif inconnu, 40
Promet beaucoup, tient peu, permet à son courage
Des serments indiscrets pour sortir d'esclavage.
Il devait délivrer dix chevaliers chrétiens,
Venir rompre leurs fers ou reprendre les siens;

Acte I.]

J'admirai trop en lui cet inutile zèle;
Il n'y faut plus penser.
    FATIME. Mais s'il était fidèle,
S'il revenait enfin dégager ses serments,
Ne voudriez-vous pas...
    ZAÏRE. Fatime, il n'est plus temps.
Tout est changé...
  FATIME. Comment? que prétendez-vous dire?
 ZAÏRE.
Va, c'est trop te celer le destin de Zaïre;   50
Le secret du soudan doit encor se cacher;
Mais mon cœur dans le tien se plaît à s'épancher.
Depuis plus de trois mois qu'avec d'autres captives
On te fit du Jourdain abandonner les rives,
Le ciel, pour terminer les malheurs de nos jours,
D'une main plus puissante a choisi le secours.
Ce superbe Orosmane...
  FATIME. Eh bien?
    ZAÏRE. Ce soudan même,
Ce vainqueur des chrétiens... chère Fatime.... il
[m'aime.
Tu rougis....je t'entends... Garde-toi de penser
Qu'à briguer ses soupirs je puisse m'abaisser; 60
Que d'un maître absolu la superbe tendresse
M'offre l'honneur honteux du rang de sa maîtresse,
Et que j'essuie enfin l'outrage et le danger
Du malheureux éclat d'un amour passager.
Cette fierté qu'en nous soutient la modestie,
Dans mon cœur à ce point ne s'est pas démentie.
Plutôt que jusque-là j'abaisse mon orgueil,
Je verrais sans pâlir les fers et le cercueil.
Je m'en vais t'étonner : son superbe courage
A mes faibles appas présente un pur hommage : 70
Parmi tous ces objets à lui plaire empressés,
J'ai fixé ses regards, à moi seul adressés :
Et l'hymen, confondant leurs intrigues fatales,

Me soumettra bientôt son cœur et mes rivales.
  FATIME.
Vos appas, vos vertus, sont dignes de ce prix;
Mon cœur en est flatté plus qu'il n'en est surpris.
Que vos félicités, s'il se peut, soient parfaites!
Je me vois avec joie au rang de vos sujettes.
  ZAÏRE.
Sois toujours mon égale, et goûte mon bonheur :
Avec toi partagé, je sens mieux sa douceur.   80
  FATIME.
Hélas! puisse le ciel souffrir cet hyménée!
Puisse cette grandeur qui vous est destinée,
Qu'on nomme si souvent du faux nom de bonheur,
Ne point laisser de trouble au fond de votre cœur!
N'est-il point en secret de frein qui vous retienne?
Ne vous souvient-il plus que vous êtes chrétienne?
  ZAÏRE.
Ah! que dis-tu? pourquoi rappeler mes ennuis?
Chère Fatime, hélas! sais-je ce que je suis?
Le ciel m'a-t-il jamais permis de me connaître?
Ne m'a-t-il pas caché le sang qui m'a fait naître? 90
  FATIME.
Nérestan, qui naquit non loin de ce séjour,
Vous dit que d'un chrétien vous reçûtes le jour.
Que dis-je? cette croix qui sur vous fut trouvée,
Parure de l'enfance avec soin conservée,
Ce signe des chrétiens, que l'art dérobe aux yeux
Sous le brillant éclat d'un travail précieux ;
Cette croix, dont cent fois mes soins vous ont parée,
Peut-être entre vos mains est-elle demeurée
Comme un gage secret de la fidélité
Que vous deviez au Dieu que vous avez quitté.   100
  ZAÏRE.
Je n'ai point d'autre preuve; et mon cœur qui s'ignore
Peut-il admettre un dieu que mon amant abhorre?
La coutume, la loi, plia mes premiers ans

À la religion des heureux musulmans.
Je le vois trop : les soins qu'on prend de notre enfance
Forment nos sentiments, nos mœurs, notre croyance.
J'eusse été près du Gange esclave des faux dieux,
Chrétienne dans Paris, musulmane en ces lieux.
L'instruction fait tout ; et la main de nos pères 109
Grave en nos faibles cœurs ces premiers caractères
Que l'exemple et le temps nous viennent retracer,
Et que peut-être en nous Dieu seul peut effacer.
Prisonnière en ces lieux, tu n'y fus renfermée
Que lorsque ta raison, par l'âge confirmée,
Pour éclairer ta foi te prêtait son flambeau :
Pour moi, des Sarrasins esclave en mon berceau,
La foi de nos chrétiens me fut trop tard connue.
Contre elle, cependant, loin d'être prévenue,
Cette croix, je l'avoue, a souvent malgré moi
Saisi mon cœur surpris de respect et d'effroi : 120
J'osais l'invoquer même avant qu'en ma pensée
D'Orosmane en secret l'image fût tracée.
J'honore, je chéris ces charitables lois
Dont ici Nérestan me parla tant de fois ;
Ces lois qui, de la terre écartant les misères,
Des humains attendris font un peuple de frères :
Obligés de s'aimer, sans doute ils sont heureux.

FATIME.
Pourquoi donc aujourd'hui vous déclarer contre eux ?
A la loi musulmane à jamais asservie,
Vous allez des chrétiens devenir l'ennemie ; 130
Vous allez épouser leur superbe vainqueur.

ZAÏRE.
Qui lui refuserait le présent de son cœur ?
De toute ma faiblesse il faut que je convienne ;
Peut-être sans l'amour j'aurais été chrétienne ;
Peut-être qu'à ta loi j'aurais sacrifié :
Mais Orosmane m'aime, et j'ai tout oublié.
Je ne vois qu'Orosmane, et mon âme enivrée

Se remplit du bonheur de s'en voir adorée.
Mets-toi devant les yeux sa grâce, ses exploits ;
Songe à ce bras puissant, vainqueur de tant de rois ;
A cet aimable front que la gloire environne :
Je ne te parle point du sceptre qu'il me donne ;
Non, la reconnaissance est un faible retour,
Un tribut offensant, trop peu fait pour l'amour.
Mon cœur aime Orosmane, et non son diadème ;
Chère Fatime, en lui je n'aime que lui-même.
Peut-être j'en crois trop un penchant si flatteur ;
Mais si le ciel, sur lui déployant sa rigueur,
Aux fers que j'ai portés eût condamné sa vie,
Si le ciel sous mes lois eût rangé la Syrie, 150
Ou mon amour me trompe, ou Zaïre aujourd'hui
Pour l'élever à soi descendrait jusqu'à lui.

  FATIME.
On marche vers ces lieux ; sans doute c'est lui-même.
  ZAÏRE.
Mon cœur, qui le prévient, m'annonce ce que j'aime.
Depuis deux jours, Fatime, absent de ce palais,
Enfin son tendre amour le rend à mes souhaits.

SCÈNE II.

OROSMANE, ZAÏRE, FATIME.

  OROSMANE.
Vertueuse Zaïre, avant que l'hyménée
Joigne à jamais nos cœurs et notre destinée,
J'ai cru, sur mes projets, sur vous, sur mon amour,
Devoir en musulman vous parler sans détour. 160
Les soudans, qu'à genoux cet univers contemple,
Leurs usages, leurs droits, ne sont point mon exem-
Je sais que notre loi, favorable aux plaisirs, [ple ;
Ouvre un champ sans limite à nos vastes désirs ;

Que je puis à mon gré, prodiguant mes tendresses,
Recevoir à mes pieds l'encens de mes maîtresses,
Et, tranquille au sérail, dictant mes volontés,
Gouverner mon pays du sein des voluptés.
Mais la mollesse est douce, et sa suite est cruelle :
Je vois autour de moi cent rois vaincus par elle ; 170
Je vois de Mahomet ces lâches successeurs,
Ces califes tremblants dans leurs tristes grandeurs,
Couchés sur les débris de l'autel et du trône,
Sous un nom sans pouvoir languir dans Babylone :
Eux qui seraient encore, ainsi que leurs aïeux,
Maîtres du monde entier, s'ils l'avaient été d'eux.
Bouillon leur arracha Solyme et la Syrie ;
Mais bientôt, pour punir une secte ennemie,
Dieu suscita le bras du puissant Saladin ;
Mon père, après sa mort, asservit le Jourdain ; 180
Et moi, faible héritier de sa grandeur nouvelle,
Maître encore incertain d'un État qui chancelle,
Je vois ces fiers chrétiens, de rapine altérés,
Des bords de l'Occident vers nos bords attirés ;
Et, lorsque la trompette et la voix de la guerre
Du Nil au Pont-Euxin font retentir la terre,
Je n'irai point, en proie à de lâches amours,
Aux langueurs d'un sérail abandonner mes jours.
J'atteste ici la gloire, et Zaïre, et ma flamme,
De ne choisir que vous pour maîtresse et pour femme,
De vivre votre ami, votre amant, votre époux, 191
De partager mon cœur entre la guerre et vous.
Ne croyez pas non plus que mon honneur confie
La vertu d'une épouse à ces monstres d'Asie,
Du sérail des soudans gardes injurieux,
Et des plaisirs d'un maître esclaves odieux :
Je sais vous estimer autant que je vous aime,
Et sur votre vertu me fier à vous-même.
Après un tel aveu, vous connaissez mon cœur ;
Vous sentez qu'en vous seule il a mis son bonheur. 200

[Zaïre

Vous comprenez assez quelle amertume affreuse
Corromprait de mes jours la durée odieuse,
Si vous ne receviez les dons que je vous fais
Qu'avec ces sentiments que l'on doit aux bienfaits.
Je vous aime, Zaïre, et j'attends de votre âme
Un amour qui réponde à ma brûlante flamme.
Je l'avouerai, mon cœur ne veut rien qu'ardemment;
Je me croirais haï d'être aimé faiblement.
De tous mes sentiments tel est le caractère.
Je veux avec excès vous aimer et vous plaire. 210
Si d'un égal amour votre cœur est épris,
Je viens vous épouser, mais c'est à ce seul prix;
Et du nœud de l'hymen l'étreinte dangereuse
Me rend infortuné, s'il ne vous rend heureuse.

ZAÏRE.

Vous, seigneur, malheureux! Ah! si votre grand cœur
A sur mes sentiments pu fonder son bonheur,
S'il dépend en effet de mes flammes secrètes,
Quel mortel fut jamais plus heureux que vous l'êtes!
Ces noms chers et sacrés et d'amants et d'époux,
Ces noms nous sont communs: et j'ai par-dessus
[vous 220
Ce plaisir, si flatteur à ma tendresse extrême,
De tenir tout, seigneur, du bienfaiteur que j'aime;
De voir que ses bontés font seules mes destins;
D'être l'ouvrage heureux de ses augustes mains;
De révérer, d'aimer un héros que j'admire.
Oui, si parmi les cœurs soumis à votre empire
Vos yeux ont discerné les hommages du mien,
Si votre auguste choix...

SCÈNE III.

OROSMANE, ZAÏRE, FATIME, CORASMIN.

CORASMIN. Cet esclave chrétien
Qui sur sa foi, seigneur, a passé dans la France,
Revient au moment même et demande audience. 230
FATIME.
O ciel !
OROSMANE. Il peut entrer. Pourquoi ne vient-il pas ?
CORASMIN.
Dans la première enceinte il arrête ses pas. [maître
Seigneur, je n'ai pas cru qu'aux regards de son
Dans ces augustes lieux un chrétien pût paraître.
OROSMANE. [pect,
Qu'il paraisse. En tous lieux, sans manquer de res-
Chacun peut désormais jouir de mon aspect.
Je vois avec mépris ces maximes terribles
Qui font de tant de rois des tyrans invisibles.

SCÈNE IV.

OROSMANE, ZAÏRE, FATIME, CORASMIN, NÉRESTAN.

NÉRESTAN.
Respectable ennemi qu'estiment les chrétiens,
Je reviens dégager mes serments et les tiens ; 240
J'ai satisfait à tout, c'est à toi d'y souscrire ;
Je te fais apporter la rançon de Zaïre,
Et celle de Fatime, et de dix chevaliers
Dans les murs de Solyme illustres prisonniers.
Leur liberté, par moi trop longtemps retardée,
Quand je reparaîtrais leur dut être accordée :

Sultan, tiens ta parole; ils ne sont plus à toi,
Et dès ce moment même ils sont libres par moi.
Mais, grâces à mes soins, quand leur chaîne est brisée,
A t'en payer le prix ma fortune épuisée, 250
Je ne le cèle pas, m'ôte l'espoir heureux
De faire ici pour moi ce que je fais pour eux.
Une pauvreté noble est tout ce qui me reste.
J'arrache des chrétiens à leur prison funeste;
Je remplis mes serments, mon honneur, mon devoir;
Il me suffit : je viens me mettre en ton pouvoir ;
Je me rends prisonnier, et demeure en otage.
    OROSMANE.
Chrétien, je suis content de ton noble courage :
Mais ton orgueil ici se serait-il flatté
D'effacer Orosmane en générosité? 260
Reprends ta liberté, remporte tes richesses,
A l'or de ces rançons joins mes justes largesses;
Au lieu de dix chrétiens que je dus t'accorder,
Je t'en veux donner cent; tu les peux demander.
Qu'ils aillent sur tes pas apprendre à ta patrie
Qu'il est quelques vertus au fond de la Syrie;
Qu'ils jugent en partant qui méritait le mieux,
Des Français ou de moi, l'empire de ces lieux.
Mais, parmi ces chrétiens que ma bonté délivre,
Lusignan ne fut point réservé pour te suivre : 270
De ceux qu'on peut te rendre il est seul excepté;
Son nom serait suspect à mon autorité :
Il est du sang français qui régnait à Solyme ;
On sait son droit au trône, et ce droit est un crime :
Du destin qui fait tout tel est l'arrêt cruel :
Si j'eusse été vaincu, je serais criminel.
Lusignan dans les fers finira sa carrière,
Et jamais du soleil ne verra la lumière.
Je le plains ; mais pardonne à la nécessité
Ce reste de vengeance et de sévérité. 280
Pour Zaïre, crois-moi, sans que ton cœur s'offense,

Elle n'est pas d'un prix qui soit en ta puissance ;
Tes chevaliers français, et tous leurs souverains,
S'uniraient vainement pour l'ôter de mes mains.
Tu peux partir.
    NÉRESTAN. Qu'entends-je? Elle naquit chrétienne.
J'ai pour la délivrer ta parole et la sienne ;
Et quant à Lusignan, ce vieillard malheureux
Pourrait-il...
    OROSMANE Je t'ai dit, chrétien, que je le veux.
J'honore ta vertu ; mais cette humeur altière,
Se faisant estimer, commence à me déplaire :   290
Sors, et que le soleil levé sur mes États
Demain près du Jourdain ne te retrouve pas.
                      (Nérestan sort.)
    FATIME.
O Dieu, secourez-nous !
              OROSMANE. Et vous, allez, Zaïre ;
Prenez dans le sérail un souverain empire ;
Commandez en sultane ; et je vais ordonner
La pompe d'un hymen qui vous doit couronner.

SCÈNE V.

OROSMANE, CORASMIN.

    OROSMANE.
Corasmin, que veut donc cet esclave infidèle?
Il soupirait... ses yeux se sont tournés vers elle ;
Les as-tu remarqués?
              CORASMIN. Que dites-vous, seigneur ?
De ce soupçon jaloux écoutez-vous l'erreur ?   300
    OROSMANE.
Moi jaloux! qu'à ce point ma fierté s'avilisse !
Que j'éprouve l'horreur de ce honteux supplice !
Moi, que je puisse aimer comme l'on sait haïr !
Quiconque est soupçonneux invite à le trahir.

Je vois à l'amour seul ma maîtresse asservie ;
Cher Corasmin, je l'aime avec idolâtrie :
Mon amour est plus fort, plus grand que mes bienfaits.
Je ne suis point jaloux... Si je l'étais jamais...
Si mon cœur... Ah ! chassons cette importune idée ;
D'un plaisir pur et doux mon âme est possédée. 310
Va, fais tout préparer pour ces moments heureux
Qui vont joindre ma vie à l'objet de mes vœux.
Je vais donner une heure aux soins de mon empire,
Et le reste du jour sera tout à Zaïre.

ACTE SECOND.

SCÈNE I.

NÉRESTAN, CHATILLON.

CHATILLON.
O brave Nérestan, chevalier généreux,
Vous qui brisez les fers de tant de malheureux,
Vous, sauveur des chrétiens, qu'un Dieu sauveur envoie,
Paraissez, montrez-vous ! goûtez la douce joie
De voir nos compagnons pleurant à vos genoux,
Baiser l'heureuse main qui nous délivre tous. 320
Aux portes du sérail en foule ils vous demandent ;
Ne privez point leurs yeux du héros qu'ils attendent,
Et qu'unis à jamais sous notre bienfaiteur...
NÉRESTAN.
Illustre Châtillon, modérez cet honneur ;
J'ai rempli d'un Français le devoir ordinaire ;
J'ai fait ce qu'à ma place on vous aurait vu faire.

CHATILLON.
Sans doute ; et tout chrétien, tout digne chevalier,
Pour sa religion se doit sacrifier ;
Et la félicité des cœurs tels que les nôtres
Consiste à tout quitter pour le bonheur des autres. 330
Heureux à qui le ciel a donné le pouvoir
De remplir comme vous un si noble devoir !
Pour nous, tristes jouets du sort qui nous opprime,
Nous, malheureux Français, esclaves dans Solyme,
Oubliés dans les fers, où longtemps, sans secours,
Le père d'Orosmane abandonna nos jours,
Jamais nos yeux sans vous ne reverraient la France.

NÉRESTAN.
Dieu s'est servi de moi, seigneur : sa providence
De ce jeune Orosmane a fléchi la rigueur.
Mais quel triste mélange altère ce bonheur ! 340
Que de ce fier soudan la clémence odieuse
Répand sur ses bienfaits une amertume affreuse !
Dieu me voit et m'entend ; il sait si dans mon cœur
J'avais d'autres projets que ceux de sa grandeur.
Je faisais tout pour lui : j'espérais de lui rendre
Une jeune beauté qu'à l'âge le plus tendre
Le cruel Noradin fit esclave avec moi
Lorsque les ennemis de notre auguste foi,
Baignant de notre sang la Syrie enivrée,
Surprirent Lusignan vaincu dans Césarée. 350
Du sérail des sultans sauvé par des chrétiens,
Remis depuis trois ans dans mes premiers liens,
Renvoyé dans Paris sur ma seule parole,
Seigneur, je me flattais (espérance frivole !)
De ramener Zaïre à cette heureuse cour
Où Louis des vertus a fixé le séjour.
Déjà même la reine, à mon zèle propice,
Lui tendait de son trône une main protectrice.
Enfin, lorsqu'elle touche au moment souhaité
Qui la tirait du sein de la captivité, 360

On la retient... Que dis-je?... Ah! Zaïre elle-même,
Oubliant les chrétiens pour ce soudan qui l'aime...
N'y pensons plus... Seigneur, un refus plus cruel
Vient m'accabler encor d'un déplaisir mortel;
Des chrétiens malheureux l'espérance est trahie.

CHATILLON.

Je vous offre pour eux ma liberté, ma vie;
Disposez-en, seigneur, elle vous appartient.

NÉRESTAN.

Seigneur, ce Lusignan qu'à Solyme on retient,
Ce dernier d'une race en héros si féconde,
Ce guerrier dont la gloire avait rempli le monde, 370
Ce héros malheureux, de Bouillon descendu,
Aux soupirs des chrétiens ne sera point rendu.

CHATILLON.

Seigneur, s'il est ainsi, votre faveur est vaine :
Quel indigne soldat voudrait briser sa chaîne,
Alors que dans les fers son chef est retenu?
Lusignan, comme à moi, ne vous est pas connu.
Seigneur, remerciez le ciel, dont la clémence
A pour votre bonheur placé votre naissance
Longtemps après ces jours à jamais détestés,
Après ces jours de sang et de calamités, 380
Où je vis sous le joug de nos barbares maîtres
Tomber ces murs sacrés conquis par nos ancêtres.
Ciel! si vous aviez vu ce temple abandonné,
Du Dieu que nous servons le tombeau profané;
Nos pères, nos enfants, nos filles et nos femmes
Au pied de nos autels expirant dans les flammes,
Et notre dernier roi, courbé du faix des ans,
Massacré sans pitié sur ses fils expirants!
Lusignan, le dernier de cette auguste race,
Dans ces moments affreux ranimant notre audace, 390
Au milieu des débris des temples renversés,
Des vainqueurs, des vaincus, et des morts entassés,
Terrible, et d'une main reprenant son épée

Dans le sang infidèle à tout moment trempée,
Et de l'autre à nos yeux montrant avec fierté
De notre sainte foi le signe redouté,
Criant à haute voix : « Français, soyez fidèles... »
Sans doute en ce moment, le couvrant de ses ailes,
La vertu du Très-Haut, qui nous sauve aujourd'hui,
Aplanissait sa route et marchait devant lui ; 400
Et des tristes chrétiens la foule délivrée
Vint porter avec nous ses pas dans Césarée.
Là, par nos chevaliers, d'une commune voix,
Lusignan fut choisi pour nous donner des lois.
O mon cher Nérestan, Dieu, qui nous humilie,
N'a pas voulu sans doute, en cette courte vie,
Nous accorder le prix qu'il doit à la vertu ;
Vainement pour son nom nous avons combattu.
Ressouvenir affreux, dont l'horreur me dévore !
Jérusalem en cendre, hélas ! fumait encore 410
Lorsque dans notre asile attaqués et trahis,
Et livrés par un Grec à nos fiers ennemis,
La flamme dont brûla Sion désespérée
S'étendit en fureur aux murs de Césarée :
Ce fut là le dernier de trente ans de revers ;
Là, je vis Lusignan chargé d'indignes fers :
Insensible à sa chute et grand dans ses misères,
Il n'était attendri que des maux de ses frères.
Seigneur, depuis ce temps ce père des chrétiens,
Resserré loin de nous, blanchi dans ses liens, 420
Gémit dans un cachot, privé de la lumière,
Oublié de l'Asie et de l'Europe entière.
Tel est son sort affreux : qui pourrait aujourd'hui,
Quand il souffre pour nous, se voir heureux sans lui ?

NÉRESTAN.

Ce bonheur, il est vrai, serait d'un cœur barbare.
Que je hais le destin qui de lui nous sépare !
Que vers lui vos discours m'ont sans peine entraîné !
Je connais ses malheurs, avec eux je suis né :

Sans un trouble nouveau je n'ai pu les entendre ;
Votre prison, la sienne, et Césarée en cendre, 430
Sont les premiers objets, sont les premiers revers
Qui frappèrent mes yeux à peine encore ouverts.
Je sortais du berceau ; ces images sanglantes
Dans vos tristes récits me sont encor présentes.
Au milieu des chrétiens dans un temple immolés,
Quelques enfants, seigneur, avec moi rassemblés,
Arrachés par des mains de carnage fumantes
Aux bras ensanglantés de nos mères tremblantes,
Nous fûmes transportés dans ce palais des rois,
Dans ce même sérail, seigneur, où je vous vois. 440
Noradin m'éleva près de cette Zaïre,
Qui depuis... (pardonnez si mon cœur en soupire),
Qui depuis, égarée en ce funeste lieu,
Pour un maître barbare abandonna son Dieu.

CHATILLON.
Telle est des musulmans la funeste prudence.
De leurs chrétiens captifs ils séduisent l'enfance ;
Et je bénis le ciel, propice à nos desseins,
Qui dans vos premiers ans vous sauva de leurs mains.
Mais, seigneur, après tout, cette Zaïre même,
Qui renonce aux chrétiens pour le soudan qui l'aime,
De son crédit au moins nous pourrait secourir : 451
Qu'importe de quel bras Dieu daigne se servir ?
M'en croirez-vous ? Le juste, aussi bien que le sage,
Du crime et du malheur sait tirer avantage.
Vous pourriez de Zaïre employer la faveur
A fléchir Orosmane, à toucher son grand cœur,
A nous rendre un héros que lui-même a dû plaindre,
Que sans doute il admire, et qui n'est plus à craindre.

NÉRESTAN.
Mais ce même héros, pour briser ses liens,
Voudra-t-il qu'on s'abaisse à ces honteux moyens ? 460
Et quand il le voudrait, est-il en ma puissance
D'obtenir de Zaïre un moment d'audience ?

Croyez-vous qu'Orosmane y daigne consentir?
Le sérail à ma voix pourra-t-il se rouvrir?
Quand je pourrais enfin paraître devant elle,
Que faut-il espérer d'une femme infidèle,
A qui mon seul aspect doit tenir lieu d'affront,
Et qui lira sa honte écrite sur mon front?
Seigneur, il est bien dur, pour un cœur magnanime,
D'attendre des secours de ceux qu'on mésestime : 470
Leurs refus sont affreux, leurs bienfaits font rougir.
CHATILLON.
Songez à Lusignan, songez à le servir.
NÉRESTAN.
Eh bien!... Mais quels chemins jusqu'à cette infidèle
Pourront... On vient à nous. Que vois-je? O ciel! c'est
[elle.

SCÈNE II.

ZAÏRE, CHATILLON, NÉRESTAN.

ZAÏRE, *à Nérestan.*
C'est vous, digne Français, à qui je viens parler.
Le soudan le permet, cessez de vous troubler;
Et rassurant mon cœur, qui tremble à votre approche,
Chassez de vos regards la plainte et le reproche. [deux;
Seigneur, nous nous craignons, nous rougissons tous
Je souhaite et je crains de rencontrer vos yeux. 480
L'un à l'autre attachés depuis notre naissance,
Une affreuse prison renferma notre enfance;
Le sort nous accabla du poids des mêmes fers,
Que la tendre amitié nous rendait plus légers.
Il me fallut depuis gémir de votre absence;
Le ciel porta vos pas aux rives de la France :
Prisonnier dans Solyme, enfin je vous revis;
Un entretien plus libre alors m'était permis.

Esclave dans la foule où j'étais confondue,
Aux regards du soudan je vivais inconnue; 490
Vous daignâtes bientôt, soit grandeur, soit pitié,
Soit plutôt digne effet d'une pure amitié,
Revoyant des Français le glorieux empire,
Y chercher la rançon de la triste Zaïre.
Vous l'apportez : le ciel a trompé vos bienfaits;
Loin de vous, dans Solyme, il m'arrête à jamais.
Mais, quoi que ma fortune ait d'éclat et de charmes,
Je ne puis vous quitter sans répandre des larmes;
Toujours de vos bontés je vais m'entretenir,
Chérir de vos vertus le tendre souvenir, 500
Comme vous des humains soulager la misère,
Protéger les chrétiens, leur tenir lieu de mère.
Vous me les rendez chers, et ces infortunés...

NÉRESTAN.

Vous, les protéger! vous, qui les abandonnez!
Vous, qui des Lusignans foulant aux pieds la cendre...

ZAÏRE.

Je la viens honorer, seigneur; je viens vous rendre
Le dernier de ce sang, votre amour, votre espoir :
Oui, Lusignan est libre, et vous l'allez revoir.

CHATILLON.

O ciel! nous reverrions notre appui, notre père!

NÉRESTAN.

Les chrétiens vous devraient une tête si chère! 510

ZAÏRE.

J'avais sans espérance osé la demander :
Le généreux soudan veut bien nous l'accorder :
On l'amène en ces lieux.

NÉRESTAN. Que mon âme est émue!

ZAÏRE.

Mes larmes, malgré moi, me dérobent sa vue;
Ainsi que ce vieillard, j'ai langui dans les fers:

Qui ne sait compatir aux maux qu'on a soufferts!
NÉRESTAN.
Grand Dieu! que de vertu dans une âme infidèle!

SCÈNE III.

ZAÏRE, LUSIGNAN, CHATILLON, NÉRESTAN,
plusieurs esclaves chrétiens.

LUSIGNAN.
Du séjour du trépas quelle voix me rappelle? [blants.
Suis-je avec des chrétiens?... Guidez mes pas trem-
Mes maux m'ont affaibli plus encor que mes ans. 520
(*En s'asseyant.*)
Suis-je libre en effet?
     ZAÏRE. Oui, seigneur, oui, vous l'êtes.
CHATILLON.
Vous vivez, vous calmez nos douleurs inquiètes.
Tous nos tristes chrétiens...
     LUSIGNAN. O jour! ô douce voix!
Châtillon, c'est donc vous? c'est vous que je revois!
Martyr, ainsi que moi, de la foi de nos pères,
Le Dieu que nous servons finit-il nos misères?
En quels lieux sommes-nous? Aidez mes faibles yeux.
CHATILLON.
C'est ici le palais qu'ont bâti vos aïeux;
Du fils de Noradin c'est le séjour profane.
ZAÏRE.
Le maître de ces lieux, le puissant Orosmane, 530
Sait connaître, seigneur, et chérir la vertu.
(*En montrant Nérestan.*)
Ce généreux Français, qui vous est inconnu,
Par la gloire amené des rives de la France,
Venait de dix chrétiens payer la délivrance:

Le soudan, comme lui gouverné par l'honneur,
Croit, en vous délivrant, égaler son grand cœur.
   LUSIGNAN.
Des chevaliers français tel est le caractère;
Leur noblesse en tout temps me fut utile et chère.
Trop digne chevalier, quoi! vous passez les mers
Pour soulager nos maux et pour briser nos fers? 540
Ah! parlez, à qui dois-je un service si rare?
   NÉRESTAN.
Mon nom est Nérestan; le sort longtemps barbare,
Qui dans les fers ici me mit presque en naissant,
Me fit quitter bientôt l'empire du Croissant.
A la cour de Louis, guidé par son courage,
De la guerre sous lui j'ai fait l'apprentissage;
Ma fortune et mon rang sont un don de ce roi,
Si grand par sa valeur, et plus grand par sa foi.
Je le suivis, seigneur, aux bords de la Charente,
Lorsque du fier Anglais la valeur menaçante,   550
Cédant à nos efforts trop longtemps captivés,
Satisfit en tombant aux lis qu'ils ont bravés.
Venez, prince, et montrez au plus grand des monar-
De vos fers glorieux les vénérables marques : [ques
Paris va révérer le martyr de la croix,
Et la cour de Louis est l'asile des rois.
   LUSIGNAN.
Hélas! de cette cour j'ai vu jadis la gloire.
Quand Philippe à Bovine enchaînait la victoire,
Je combattais, seigneur, avec Montmorency,
Melun, d'Estaing, de Nesle, et ce fameux Coucy. 560
Mais à revoir Paris je ne dois plus prétendre :
Vous voyez qu'au tombeau je suis prêt à descendre :
Je vais au roi des rois demander aujourd'hui
Le prix de tous les maux que j'ai soufferts pour lui.
Vous, généreux témoins de mon heure dernière,
Tandis qu'il en est temps, écoutez ma prière :
Nérestan, Châtillon, et vous... de qui les pleurs

Dans ces moments si chers honorent mes malheurs,
Madame, ayez pitié du plus malheureux père
Qui jamais ait du ciel éprouvé la colère, 570
Qui répand devant vous des larmes que le temps
Ne peut encor tarir dans mes yeux expirants.
Une fille, trois fils, ma superbe espérance,
Me furent arrachés dès leur plus tendre enfance :
O mon cher Châtillon, tu dois t'en souvenir !
CHATILLON.
De vos malheurs encor vous me voyez frémir.
LUSIGNAN.
Prisonnier avec moi dans Césarée en flamme,
Tes yeux virent périr mes deux fils et ma femme.
CHATILLON.
Mon bras, chargé de fers, ne les put secourir.
LUSIGNAN.
Hélas ! et j'étais père, et je ne pus mourir ! 580
Veillez du haut des cieux, chers enfants que j'implore,
Sur mes autres enfants, s'ils sont vivants encore :
Mon dernier fils, ma fille, aux chaînes réservés,
Par de barbares mains pour servir conservés,
Loin d'un père accablé, furent portés ensemble
Dans ce même sérail où le ciel nous rassemble.
CHATILLON.
Il est vrai, dans l'horreur de ce péril nouveau,
Je tenais votre fille à peine en son berceau :
Ne pouvant la sauver, seigneur, j'allais moi-même
Répandre sur son front l'eau sainte du baptême, 590
Lorsque les Sarrasins, de carnage fumants,
Revinrent l'arracher à mes bras tout sanglants.
Votre plus jeune fils, à qui les destinées
Avaient à peine encore accordé quatre années,
Trop capable déjà de sentir son malheur,
Fut dans Jérusalem conduit avec sa sœur.
NÉRESTAN.
De quel ressouvenir mon âme est déchirée !

A cet âge fatal j'étais dans Césarée;
Et, tout couvert de sang et chargé de liens,
Je suivis en ces lieux la foule des chrétiens.   600
    LUSIGNAN.
Vous, seigneur!... Ce sérail éleva votre enfance?...
    (*En les regardant.*)
Hélas! de mes enfants auriez-vous connaissance?
Ils seraient de votre âge, et peut-être mes yeux...
Quel ornement, madame, étranger en ces lieux!
Depuis quand l'avez-vous?
              ZAÏRE. Depuis que je respire,
Seigneur... Eh quoi! d'où vient que votre âme sou-
    (*Elle lui donne la croix.*)   [pire?
    LUSIGNAN.
Ah! daignez confier à mes tremblantes mains...
    ZAÏRE.
De quel trouble nouveau tous mes sens sont atteints!
    (*Il l'approche de sa bouche en pleurant.*)
Seigneur, que faites-vous?
              LUSIGNAN. O ciel! ô Providence!
Mes yeux, ne trompez point ma timide espérance! 610
Serait-il bien possible? Oui, c'est elle... je voi
Ce présent qu'une épouse avait reçu de moi,
Et qui de mes enfants ornait toujours la tête,
Lorsque de leur naissance on célébrait la fête.
Je revois... je succombe à mon saisissement.
    ZAÏRE.
Qu'entends-je? et quel soupçon m'agite en ce mo-
Ah, seigneur!...   [ment?
LUSIGNAN. Dans l'espoir dont j'entrevois les charmes,
Ne m'abandonnez pas, Dieu qui voyez mes larmes!
Dieu mort sur cette croix, et qui revis pour nous,
Parle, achève, ô mon Dieu! ce sont là de tes coups. 620
Quoi! madame, en vos mains elle était demeurée?
Quoi! tous les deux captifs, et pris dans Césarée?

ZAÏRE.
Oui, seigneur.
NÉRESTAN. Se peut-il?
LUSIGNAN. Leur parole, leurs traits,
De leur mère en effet sont les vivants portraits.
Oui, grand Dieu! tu le veux, tu permets que je voie...
Dieu, ranime mes sens trop faibles pour ma joie!
Madame... Nérestan... soutiens-moi, Châtillon...
Nérestan, si je dois vous nommer de ce nom,
Avez-vous dans le sein la cicatrice heureuse
Du fer dont à mes yeux une main furieuse... 630
NÉRESTAN.
Oui, seigneur, il est vrai.
LUSIGNAN. Dieu juste! heureux moments!
NÉRESTAN, *se jetant à genoux.*
Ah, seigneur! ah, Zaïre!
LUSIGNAN. Approchez, mes enfants.
NÉRESTAN.
Moi, votre fils!
ZAÏRE. Seigneur!
LUSIGNAN. Heureux jour qui m'éclaire!
Ma fille, mon cher fils, embrassez votre père.
CHATILLON.
Que d'un bonheur si grand mon cœur se sent tou-
LUSIGNAN. [cher!
De vos bras, mes enfants, je ne puis m'arracher.
Je vous revois enfin, chère et triste famille,
Mon fils, digne héritier... vous... hélas! vous, ma
Dissipez mes soupçons, ôtez-moi cette horreur, [fille!
Ce trouble qui m'accable au comble du bonheur. 640
Toi qui seul as conduit sa fortune et la mienne,
Mon Dieu qui me la rends, me la rends-tu chrétienne?
Tu pleures, malheureuse, et tu baisses les yeux!
Tu te tais! Je t'entends! O crime! ô justes cieux!
ZAÏRE.
Je ne puis vous tromper: sous les lois d'Orosmane...

Punissez votre fille... elle était musulmane.
LUSIGNAN.
Que la foudre en éclats ne tombe que sur moi!
Ah! mon fils, à ces mots j'eusse expiré sans toi.
Mon Dieu! j'ai combattu soixante ans pour ta gloire;
J'ai vu tomber ton temple et périr ta mémoire; 650
Dans un cachot affreux abandonné vingt ans,
Mes larmes t'imploraient pour mes tristes enfants :
Et lorsque ma famille est par toi réunie,
Quand je trouve une fille, elle est ton ennemie !
Je suis bien malheureux... C'est ton père, c'est moi,
C'est ma seule prison qui t'a ravi ta foi.
Ma fille, tendre objet de mes dernières peines,
Songe au moins, songe au sang qui coule dans tes
[veines!
C'est le sang de vingt rois, tous chrétiens comme moi;
C'est le sang des héros, défenseurs de ma loi ; 660
C'est le sang des martyrs... O fille encor trop chère,
Connais-tu ton destin? sais-tu quelle est ta mère?
Sais-tu bien qu'à l'instant que son flanc mit au jour
Ce triste et dernier fruit d'un malheureux amour,
Je la vis massacrer par la main forcenée,
Par la main des brigands à qui tu t'es donnée !
Tes frères, ces martyrs égorgés à mes yeux, [cieux.
T'ouvrent leurs bras sanglants, tendus du haut des
Ton Dieu que tu trahis, ton Dieu que tu blasphèmes,
Pour toi, pour l'univers, est mort en ces lieux mêmes;
En ces lieux où mon bras le servit tant de fois, 671
En ces lieux où son sang te parle par ma voix.
Vois ces murs, vois ce temple envahi par tes maîtres:
Tout annonce le Dieu qu'ont vengé tes ancêtres.
Tourne les yeux, sa tombe est près de ce palais;
C'est ici la montagne où, lavant nos forfaits,
Il voulut expirer sous les coups de l'impie;
C'est là que de sa tombe il rappela sa vie.
Tu ne saurais marcher dans cet auguste lieu,

Acte II.]

Tu n'y peux faire un pas, sans y trouver ton Dieu ;
Et tu n'y peux rester sans renier ton père, 681
Ton honneur qui te parle, et ton Dieu qui t'éclaire.
Je te vois dans mes bras et pleurer et frémir ;
Sur ton front pâlissant Dieu met le repentir :
Je vois la vérité dans ton cœur descendue ;
Je retrouve ma fille après l'avoir perdue ;
Et je reprends ma gloire et ma félicité
En dérobant mon sang à l'infidélité.

NÉRESTAN.

Je revois donc ma sœur ?... et son âme...

ZAÏRE. Ah ! mon père,
Cher auteur de mes jours, parlez, que dois-je faire ? 690

LUSIGNAN.

M'ôter, par un seul mot, ma honte et mes ennuis ;
Dire : Je suis chrétienne.

ZAÏRE. Oui... seigneur... je le suis.

LUSIGNAN.

Dieu, reçois son aveu du sein de ton empire !

SCÈNE IV.

ZAÏRE, LUSIGNAN, CHATILLON, NÉRESTAN, CORASMIN.

CORASMIN.

Madame, le soudan m'ordonne de vous dire
Qu'à l'instant de ces lieux il faut vous retirer,
Et de ces vils chrétiens surtout vous séparer.
Vous, Français, suivez-moi ; de vous je dois répondre.

CHATILLON.

Où sommes-nous, grand Dieu ? Quel coup vient nous

LUSIGNAN.   [confondre !

Notre courage, amis, doit ici s'animer.

ZAÏRE.

Hélas ! seigneur !

LUSIGNAN. O vous que je n'ose nommer, 700
Jurez-moi de garder un secret si funeste.
ZAÏRE.
Je vous le jure.
LUSIGNAN. Allez, le ciel fera le reste.

ACTE TROISIÈME.

SCÈNE I.

OROSMANE, CORASMIN.

OROSMANE.
Vous étiez, Corasmin, trompé par vos alarmes :
Non, Louis contre moi ne tourne point ses armes;
Les Français sont lassés de chercher désormais
Des climats que pour eux le destin n'a point faits;
Ils n'abandonnent point leur fertile patrie
Pour languir aux déserts de l'aride Arabie,
Et venir arroser de leur sang odieux 709
Ces palmes que pour nous Dieu fit croître en ces
Ils couvrent de vaisseaux la mer de la Syrie : [lieux.
Louis, des bords de Chypre, épouvante l'Asie.
Mais j'apprends que ce roi s'éloigne de nos ports;
De la féconde Égypte il menace les bords :
J'en reçois à l'instant la première nouvelle;
Contre les mameluks son courage l'appelle :
Il cherche Méledin, mon secret ennemi;
Sur leurs divisions mon trône est affermi.
Je ne crains plus enfin l'Égypte ni la France.
Nos communs ennemis cimentent ma puissance, 720
Et, prodigues d'un sang qu'ils devraient ménager,

Prennent, en s'immolant, le soin de me venger.
Relâche ces chrétiens, ami, je les délivre; [vivre:
Je veux plaire à leur maître, et leur permets de
Je veux que sur la mer on les mène à leur roi,
Que Louis me connaisse et respecte ma foi.
Mène-lui Lusignan : dis-lui que je lui donne
Celui que la naissance allie à sa couronne;
Celui que par deux fois mon père avait vaincu,
Et qu'il tint enchaîné tandis qu'il a vécu.   730

CORASMIN.
Son nom, cher aux chrétiens...
             OROSMANE. Son nom n'est point à craindre.
CORASMIN.
Mais, seigneur, si Louis...
             OROSMANE. Il n'est plus temps de feindre.
Zaïre l'a voulu; c'est assez : et mon cœur,
En donnant Lusignan, le donne à mon vainqueur.
Louis est peu pour moi; je fais tout pour Zaïre;
Nul autre sur mon cœur n'aurait pris cet empire.
Je viens de l'affliger; c'est à moi d'adoucir
Le déplaisir mortel qu'elle a dû ressentir,
Quand, sur les faux avis des desseins de la France,
J'ai fait à ces chrétiens un peu de violence.   740
Que dis-je? ces moments, perdus dans mon conseil,
Ont de ce grand hymen suspendu l'appareil :
D'une heure encore, ami, mon bonheur se diffère;
Mais j'emploierai du moins ce temps à lui complaire.
Zaïre ici demande un secret entretien
Avec ce Nérestan, ce généreux chrétien...

CORASMIN.
Et vous avez encor seigneur, cette indulgence?
             OROSMANE.
Ils ont été tous deux esclaves dans l'enfance;
Ils ont porté mes fers, ils ne se verront plus;
Zaïre enfin de moi n'aura point un refus.   [elle 751
Je ne m'en défends point; je foule aux pieds pour

Des rigueurs du sérail la contrainte cruelle.
J'ai méprisé ces lois dont l'âpre austérité
Fait d'une vertu triste une nécessité.
Je ne suis point formé du sang asiatique :
Né parmi les rochers, au sein de la Taurique,
Des Scythes mes aïeux je garde la fierté,
Leurs mœurs, leurs passions, leur générosité :
Je consens qu'en partant Nérestan la revoie; 759
Je veux que tous les cœurs soient heureux de ma
Après ce peu d'instants volés à mon amour, [joie.
Tous ses moments, ami, sont à moi sans retour.
Va, ce chrétien attend, et tu peux l'introduire;
Presse son entretien, obéis à Zaïre.

SCÈNE II.

CORASMIN, NÉRESTAN.

CORASMIN.
En ces lieux, un moment, tu peux encor rester.
Zaïre à tes regards viendra se présenter. (*Il sort.*)
NÉRESTAN.
En quel état, ô ciel! en quels lieux je la laisse!
O ma religion! ô mon père! ô tendresse!
Mais je la vois.

SCÈNE III.

ZAÏRE, NÉRESTAN.

NÉRESTAN. Ma sœur, je puis donc vous parler.
Ah! dans quel temps le ciel nous voulut rassembler!
Vous ne reverrez plus un trop malheureux père. 771
ZAÏRE.
Dieu! Lusignan?...

NÉRESTAN. Il touche à son heure dernière.
Sa joie, en nous voyant, par de trop grands efforts
De ses sens affaiblis a rompu les ressorts;
Et cette émotion dont son âme est remplie
A bientôt épuisé les sources de sa vie.
Mais, pour comble d'horreur, à ses derniers mo-
Il doute de sa fille et de ses sentiments;   [ments
Il meurt dans l'amertume, et son âme incertaine
Demande en soupirant si vous êtes chrétienne.   780
  ZAÏRE.
Quoi! je suis votre sœur, et vous pouvez penser
Qu'à mon sang, à ma loi j'aille ici renoncer?
  NÉRESTAN.
Ah! ma sœur, cette loi n'est pas la vôtre encore;
Le jour qui vous éclaire est pour vous à l'aurore:
Vous n'avez point reçu ce gage précieux
Qui nous lave du crime et nous ouvre les cieux.
Jurez par nos malheurs et par votre famille,
Par ces martyrs sacrés de qui vous êtes fille,
Que vous voulez ici recevoir aujourd'hui
Le sceau du Dieu vivant qui nous attache à lui.   790
  ZAÏRE.
Oui, je jure en vos mains, par ce Dieu que j'adore,
Par sa loi que je cherche et que mon cœur ignore,
De vivre désormais sous cette sainte loi...
Mais, mon cher frère... hélas! que veut-elle de moi?
Que faut-il?
  NÉRESTAN. Détester l'empire de vos maîtres,
Servir, aimer ce Dieu qu'ont aimé nos ancêtres,
Qui, né près de ces murs, est mort ici pour nous,
Qui nous a rassemblés, qui m'a conduit vers vous.
Est-ce à moi d'en parler? Moins instruit que fidèle,
Je ne suis qu'un soldat, et je n'ai que du zèle.   800
Un pontife sacré viendra jusqu'en ces lieux
Vous apporter la vie et dessiller vos yeux.
Songez à vos serments, et que l'eau du baptême

Ne vous apporte point la mort et l'anathème.
Obtenez qu'avec lui je puisse revenir.
Mais à quel titre, ô ciel! faut-il donc l'obtenir?
A qui le demander dans ce sérail profane?
Vous, le sang de vingt rois, esclave d'Orosmane!
Parente de Louis, fille de Lusignan,
Vous, chrétienne et ma sœur, esclave d'un soudan!
Vous m'entendez... je n'ose en dire davantage : 811
Dieu, nous réserviez-vous à ce dernier outrage?

ZAÏRE.

Ah! cruel! poursuivez; vous ne connaissez pas
Mon secret, mes tourments, mes vœux, mes atten-
Mon frère, ayez pitié d'une sœur égarée,   [tats.
Qui brûle, qui gémit, qui meurt désespérée.
Je suis chrétienne, hélas!... j'attends avec ardeur
Cette eau sainte, cette eau qui peut guérir mon cœur.
Non, je ne serai point indigne de mon frère,
De mes aïeux, de moi, de mon malheureux père. 820
Mais parlez à Zaïre, et ne lui cachez rien :
Dites... quelle est la loi de l'empire chrétien?...
Quel est le châtiment pour une infortunée
Qui, loin de ses parents, aux fers abandonnée,
Trouvant chez un barbare un généreux appui,
Aurait touché son âme et s'unirait à lui?

NÉRESTAN.

O ciel! que dites-vous? Ah! la mort la plus prompte
Devrait...

    ZAÏRE. C'en est assez; frappe, et préviens ta honte.

NÉRESTAN.

Qui? vous? ma sœur!

        ZAÏRE. C'est moi que je viens d'accuser.
Orosmane m'adore... et j'allais l'épouser.   830

NÉRESTAN.

L'épouser! Est-il vrai, ma sœur? est-ce vous-même?
Vous, la fille des rois?

        ZAÏRE. Frappe, dis-je; je l'aime.

NÉRESTAN.
Opprobre malheureux du sang dont vous sortez,
Vous demandez la mort, et vous la méritez :
Et si je n'écoutais que ta honte et ma gloire,
L'honneur de ma maison, mon père, sa mémoire ;
Si la loi de ton Dieu, que tu ne connais pas,
Si ma religion ne retenait mon bras,
J'irais dans ce palais, j'irais, au moment même,
Immoler de ce fer un barbare qui t'aime,   840
De son indigne flanc le plonger dans le tien,
Et ne l'en retirer que pour percer le mien.
Ciel ! tandis que Louis, l'exemple de la terre,
Au Nil épouvanté ne va porter la guerre
Que pour venir bientôt, frappant des coups plus sûrs,
Délivrer ton Dieu même et lui rendre ces murs ;
Zaïre cependant, ma sœur, son alliée,
Au tyran d'un sérail par l'hymen est liée !
Et je vais donc apprendre à Lusignan trahi
Qu'un Tartare est le dieu que sa fille a choisi !   850
Dans ce moment affreux, hélas ! ton père expire,
En demandant à Dieu le salut de Zaïre.
        ZAÏRE.
Arrête, mon cher frère... arrête, connais-moi ;
Peut-être que Zaïre est digne encor de toi.
Mon frère, épargne-moi cet horrible langage ;
Ton courroux, ton reproche est un plus grand outrage,
Plus sensible pour moi, plus dur que ce trépas
Que je te demandais, et que je n'obtiens pas.
L'état où tu me vois accable ton courage ;
Tu souffres, je le vois ; je souffre davantage.   860
Je voudrais que du ciel le barbare secours
De mon sang, dans mon cœur, eût arrêté le cours,
Le jour qu'empoisonné d'une flamme profane,
Ce pur sang des chrétiens brûla pour Orosmane,
Le jour que de ta sœur Orosmane charmé...
Pardonnez-moi, chrétiens : qui ne l'aurait aimé ?

Il faisait tout pour moi ; son cœur m'avait choisie ;
Je voyais sa fierté pour moi seule adoucie.
C'est lui qui des chrétiens a ranimé l'espoir ;
C'est à lui que je dois le bonheur de te voir. 870
Pardonne ; ton courroux, mon père, ma tendresse,
Mes serments, mon devoir, mes remords, ma faiblesse,
Me servent de supplice, et ta sœur en ce jour
Meurt de son repentir plus que de son amour.

NÉRESTAN.

Je te blâme et te plains ; crois-moi, la Providence
Ne te laissera point périr sans innocence :
Je te pardonne, hélas ! ces combats odieux ;
Dieu ne t'a point prêté son bras victorieux.
Ce bras, qui rend la force aux plus faibles courages,
Soutiendra ce roseau plié par les orages. 880
Il ne souffrira pas qu'à son culte engagé,
Entre un barbare et lui ton cœur soit partagé.
Le baptême éteindra ces feux dont il soupire,
Et tu vivras fidèle ou périras martyre.
Achève donc ici ton serment commencé :
Achève, et dans l'horreur dont ton cœur est pressé,
Promets au roi Louis, à l'Europe, à ton père,
Au Dieu qui déjà parle à ce cœur si sincère,
De ne point accomplir cet hymen odieux
Avant que le pontife ait éclairé tes yeux, 890
Avant qu'en ma présence il te fasse chrétienne,
Et que Dieu par ses mains t'adopte et te soutienne.
Le promets-tu, Zaïre ?...

ZAÏRE. Oui, je te le promets :
Rends-moi chrétienne et libre ; à tout je me soumets.
Va d'un père expirant, va fermer la paupière ;
Va, je voudrais te suivre, et mourir la première.

NÉRESTAN.

Je pars ; adieu, ma sœur, adieu : puisque mes vœux
Ne peuvent t'arracher à ce palais honteux,

Je reviendrai bientôt, par un heureux baptême,
T'arracher aux enfers et te rendre à toi-même. 900

SCÈNE IV.

ZAÏRE.

Me voilà seule, ô Dieu ! que vais-je devenir ?
Dieu, commande à mon cœur de ne te point trahir !
Hélas ! suis-je en effet Française ou musulmane ?
Fille de Lusignan ou femme d'Orosmane ?
Suis-je amante ou chrétienne ? O serments que j'ai faits !
Mon père, mon pays, vous serez satisfaits !
Fatime ne vient point. Quoi ! dans ce trouble extrême,
L'univers m'abandonne ! on me laisse à moi-même !
Mon cœur peut-il porter, seul et privé d'appui,
Le fardeau des devoirs qu'on m'impose aujourd'hui ? 910
A ta loi, Dieu puissant, oui, mon âme est rendue :
Mais fais que mon amant s'éloigne de ma vue.
Cher amant, ce matin l'aurais-je pu prévoir,
Que je dusse aujourd'hui redouter de te voir,
Moi qui, de tant de feux justement possédée,
N'avais d'autre bonheur, d'autre soin, d'autre idée,
Que de t'entretenir, d'écouter ton amour,
Te voir, te souhaiter, attendre ton retour ?
Hélas ! et je t'adore, et t'aimer est un crime !

SCÈNE V.

ZAÏRE, OROSMANE.

OROSMANE.
Paraissez, tout est prêt, et l'ardeur qui m'anime 920
Ne souffre plus, madame, aucun retardement ;
Les flambeaux de l'hymen brillent pour votre amant :
Les parfums de l'encens remplissent la mosquée ;

Du dieu de Mahomet la puissance invoquée
Confirme mes serments et préside à mes feux.
Mon peuple prosterné pour vous offre ses vœux,
Tout tombe à vos genoux : vos superbes rivales,
Qui disputaient mon cœur et marchaient vos égales,
Heureuses de vous suivre et de vous obéir,
Devant vos volontés vont apprendre à fléchir. 930
Le trône, les festins, et la cérémonie,
Tout est prêt : commencez le bonheur de ma vie.
ZAÏRE.
Où suis-je, malheureuse? ô tendresse! ô douleur!
OROSMANE.
Venez.
ZAÏRE. Où me cacher?
OROSMANE. Que dites-vous?
ZAÏRE. Seigneur!
OROSMANE.
Donnez-moi votre main ; daignez, belle Zaïre...
ZAÏRE.
Dieu de mon père, hélas! que pourrai-je lui dire?
OROSMANE.
Que j'aime à triompher de ce tendre embarras!
Qu'il redouble ma flamme et mon bonheur!
ZAÏRE. Hélas!
OROSMANE.
Ce trouble à mes désirs vous rend encor plus chère;
D'une vertu modeste il est le caractère. 940
Digne et charmant objet de ma constante foi,
Venez, ne tardez plus.
ZAÏRE. Fatime, soutiens-moi...
Seigneur...
OROSMANE. Oh ciel! eh quoi!
ZAÏRE. Seigneur, cet hymé-
Était un bien suprême à mon âme étonnée. [née
Je n'ai point recherché le trône et la grandeur.
Qu'un sentiment plus juste occupait tout mon cœur!

Hélas! j'aurais voulu qu'à vos vertus unie,
Et méprisant pour vous les trônes de l'Asie,
Seule et dans un désert, auprès de mon époux,
J'eusse pu sous mes pieds les fouler avec vous. 950
Mais... seigneur... ces chrétiens...
>OROSMANE. Ces chrétiens... Quoi! madame,
Qu'auraient donc de commun cette secte et ma flamme?
>ZAÏRE.
Lusignan, ce vieillard accablé de douleur,
Termine en ces moments sa vie et ses malheurs.
>OROSMANE.
Eh bien! quel intérêt si pressant et si tendre
A ce vieillard chrétien votre cœur peut-il prendre?
Vous n'êtes point chrétienne; élevée en ces lieux,
Vous suivez dès longtemps la foi de mes aïeux.
Un vieillard qui succombe au poids de ses années
Peut-il troubler ici vos belles destinées? 960
Cette aimable pitié, qu'il s'attire de vous,
Doit se perdre avec moi dans des moments si doux.
>ZAÏRE.
Seigneur, si vous m'aimez, si je vous étais chère...
>OROSMANE.
Si vous l'êtes, ah! Dieu!
>ZAÏRE. Souffrez que l'on diffère...
Permettez que ces nœuds, par vos mains assemblés...
>OROSMANE.
Que dites-vous? ô ciel! est-ce vous qui parlez?
Zaïre!
>ZAÏRE. Je ne puis soutenir sa colère.
>OROSMANE.
Zaïre!
>ZAÏRE. Il m'est affreux, seigneur, de vous déplaire;
Excusez ma douleur... Non, j'oublie à la fois
Et tout ce que je suis, et tout ce que je dois. 970
Je ne puis soutenir cet aspect qui me tue.
Je ne puis... Ah! souffrez que, loin de votre vue,

Seigneur, j'aille cacher mes larmes, mes ennuis,
Mes vœux, mon désespoir, et l'horreur où je suis.
(*Elle sort.*)

SCÈNE VI.

OROSMANE, CORASMIN.

OROSMANE.
Je demeure immobile, et ma langue glacée
Se refuse aux transports de mon âme offensée.
Est-ce à moi que l'on parle? Ai-je bien entendu?
Est-ce moi qu'elle fuit? O ciel! et qu'ai-je vu?
Corasmin, quel est donc ce changement extrême?
Je la laisse échapper! je m'ignore moi-même. 980
CORASMIN.
Vous seul causez son trouble, et vous vous en plai-
[gnez!
Vous accusez, seigneur, un cœur où vous régnez!
OROSMANE.
Mais pourquoi donc ces pleurs, ces regrets, cette fuite,
Cette douleur si sombre en ses regards écrite?
Si c'était ce Français!... Quel soupçon! quelle horreur!
Quelle lumière affreuse a passé dans mon cœur!
Hélas! je repoussais ma juste défiance :
Un barbare, un esclave aurait cette insolence!
Cher ami, je verrais un cœur comme le mien
Réduit à redouter un esclave chrétien! 990
Mais parle; tu pouvais observer son visage,
Tu pouvais de ses yeux entendre le langage;
Ne me déguise rien, mes feux sont-ils trahis?
Apprends-moi mon malheur... Tu trembles... tu fré-
C'en est assez. [mis...
CORASMIN. Je crains d'irriter vos alarmes.
Il est vrai que ses yeux ont versé quelques larmes;

Mais, seigneur, après tout, je n'ai rien observé
Qui doive...
OROSMANE. A cet affront je serais réservé !
Non, si Zaïre, ami, m'avait fait cette offense,
Elle eût avec plus d'art trompé ma confiance. 1000
Le déplaisir secret de son cœur agité,
Si ce cœur est perfide, aurait-il éclaté ?
Écoute, garde-toi de soupçonner Zaïre.
Mais, dis-tu, ce Français gémit, pleure, soupire :
Que m'importe, après tout, le sujet de ses pleurs ?
Qui sait si l'amour même entre dans ses douleurs ?
Et qu'ai-je à redouter d'un esclave infidèle,
Qui demain pour jamais se va séparer d'elle ?

   CORASMIN.
N'avez-vous pas, seigneur, permis, malgré nos lois,
Qu'il jouît de sa vue une seconde fois ? 1010
Qu'il revînt en ces lieux ?
     OROSMANE. Qu'il revînt, lui, ce traître ?
Qu'aux yeux de ma maîtresse il osât reparaître ?
Oui, je le lui rendrais, mais mourant, mais puni,
Mais versant à ses yeux le sang qui m'a trahi,
Déchiré devant elle ; et ma main dégouttante
Confondrait dans son sang le sang de son amante...
Excuse les transports de ce cœur offensé ;
Il est né violent, il aime, il est blessé.
Je connais mes fureurs, et je crains ma faiblesse ;
A des troubles honteux je sens que je m'abaisse. 1020
Non, c'est trop sur Zaïre arrêter un soupçon ;
Non, son cœur n'est point fait pour une trahison.
Mais ne crois pas non plus que le mien s'avilisse
A souffrir des rigueurs, à gémir d'un caprice,
A me plaindre, à reprendre, à redonner ma foi :
Les éclaircissements sont indignes de moi.
Il vaut mieux sur mes sens reprendre un juste empire,
Il vaut mieux oublier jusqu'au nom de Zaïre.
Allons, que le sérail soit fermé pour jamais ;

Que la terreur habite aux portes du palais ; 1030
Que tout ressente ici le frein de l'esclavage.
Des rois de l'Orient suivons l'antique usage.
On peut, pour son esclave oubliant sa fierté,
Laisser tomber sur elle un regard de bonté ;
Mais il est trop honteux de craindre une maîtresse :
Aux mœurs de l'Occident laissons cette bassesse.
Ce sexe dangereux, qui veut tout asservir,
S'il règne dans l'Europe, ici doit obéir.

ACTE QUATRIÈME.

SCÈNE I.

ZAÏRE, FATIME.

FATIME.
Que je vous plains, madame, et que je vous admire !
C'est le dieu des chrétiens, c'est Dieu qui vous inspire !
Il donnera la force à vos bras languissants 1041
De briser des liens si chers et si puissants.
ZAÏRE.
Eh ! pourrai-je achever ce fatal sacrifice ?
FATIME.
Vous demandez sa grâce, il vous doit sa justice :
De votre cœur docile il doit prendre le soin.
ZAÏRE.
Jamais de son appui je n'eus tant de besoin.
FATIME.
Si vous ne voyez plus votre auguste famille,
Le Dieu que vous servez vous adopte pour fille,
Vous êtes dans ses bras, il parle à votre cœur ;

Et quand ce saint pontife, organe du Seigneur, 1050
Ne pourrait aborder dans ce palais profane...
ZAÏRE.
Ah! j'ai porté la mort dans le sein d'Orosmane.
J'ai pu désespérer le cœur de mon amant!
Quel outrage, Fatime, et quel affreux moment!
Mon Dieu, vous l'ordonnez; j'eusse été trop heureuse.
FATIME.
Quoi! regretter encor cette chaîne honteuse!
Hasarder la victoire, ayant tant combattu!
ZAÏRE.
Victoire infortunée! inhumaine vertu!
Non, tu ne connais pas ce que je sacrifie.
Cet amour si puissant, ce charme de ma vie, 1060
Dont j'espérais, hélas! tant de félicité,
Dans toute son ardeur n'avait point éclaté.
Fatime, j'offre à Dieu mes blessures cruelles;
Je mouille devant lui de larmes criminelles
Ces lieux où tu m'as dit qu'il choisit son séjour;
Je lui crie en pleurant : Ote-moi mon amour,
Arrache-moi mes vœux, remplis-moi de toi-même!
Mais, Fatime, à l'instant les traits de ce que j'aime,
Ces traits chers et charmants, que toujours je revoi,
Se montrent dans mon âme entre le ciel et moi. 1070
Eh bien! race des rois, dont le ciel me fit naître,
Père, mère, chrétiens, vous, mon Dieu, vous, mon
[maitre,
Vous qui de mon amant me privez aujourd'hui,
Terminez donc mes jours, qui ne sont plus pour lui!
Que j'expire innocente, et qu'une main si chère
De ces yeux qu'il aimait ferme au moins la paupière!
Ah! que fait Orosmane? il ne s'informe pas
Si j'attends loin de lui la vie ou le trépas;
Il me fuit, il me laisse, et je n'y peux survivre.
FATIME.
Quoi! vous, fille des rois, que vous prétendez suivre,

Vous, dans les bras d'un Dieu, votre éternel appui...
 ZAÏRE.
Eh! pourquoi mon amant n'est-il pas né pour lui?
Orosmane est-il fait pour être sa victime?   1083
Dieu pourrait-il haïr un cœur si magnanime?
Généreux, bienfaisant, juste, plein de vertus,
S'il était né chrétien, que serait-il de plus?
Et plût à Dieu du moins que ce saint interprète,
Ce ministre sacré que mon âme souhaite,
Du trouble où tu me vois vînt bientôt me tirer!
Je ne sais, mais enfin j'ose encore espérer   1090
Que ce Dieu, dont cent fois on m'a peint la clémence,
Ne réprouverait point une telle alliance :
Peut-être, de Zaïre en secret adoré,
Il pardonne aux combats de ce cœur déchiré ;
Peut-être, en me laissant au trône de Syrie,
Il soutiendrait par moi les chrétiens de l'Asie.
Fatime, tu le sais, ce puissant Saladin,
Qui ravit à mon sang l'empire du Jourdain,
Qui fit comme Orosmane admirer sa clémence,
Au sein d'une chrétienne il avait pris naissance. 1100
 FATIME.
Ah! ne voyez-vous pas que pour vous consoler..,
 ZAÏRE.
Laisse-moi, je vois tout ; je meurs sans m'aveugler :
Je vois que mon pays, mon sang, tout me condamne ;
Que je suis Lusignan, que j'adore Orosmane ;
Que mes vœux, que mes jours à ses jours sont liés.
Je voudrais quelquefois me jeter à ses pieds,
De tout ce que je suis faire un aveu sincère.
 FATIME.
Songez que cet aveu peut perdre votre frère,
Expose les chrétiens qui n'ont que vous d'appui,
Et va trahir le Dieu qui vous rappelle à lui.   1110
 ZAÏRE.
Ah! si tu connaissais le grand cœur d'Orosmane!

FATIME.
Il est le protecteur de la loi musulmane,
Et plus il vous adore, et moins il peut souffrir
Qu'on vous ose annoncer un Dieu qu'il doit haïr.
Le pontife à vos yeux en secret va se rendre,
Et vous avez promis...
                    ZAÏRE. Eh bien ! il faut l'attendre.
J'ai promis, j'ai juré de garder ce secret :
Hélas ! qu'à mon amant je le tais à regret !
Et pour comble d'horreur, je ne suis plus aimée.

SCÈNE II.

OROSMANE, ZAÏRE.

OROSMANE.
Madame, il fut un temps où mon âme charmée, 1120
Écoutant sans rougir des sentiments trop chers,
Se fit une vertu de languir dans vos fers.
Je croyais être aimé, madame ; et votre maître,
Soupirant à vos pieds, devait s'attendre à l'être :
Vous ne m'entendrez point, amant faible et jaloux,
En reproches honteux éclater contre vous ;
Cruellement blessé, mais trop fier pour me plaindre,
Trop généreux, trop grand pour m'abaisser à feindre,
Je viens vous déclarer que le plus froid mépris
De vos caprices vains sera le digne prix. 1130
Ne vous préparez point à tromper ma tendresse,
A chercher des raisons dont la flatteuse adresse,
A mes yeux éblouis colorant vos refus,
Vous ramène un amant qui ne vous connaît plus,
Et qui, craignant surtout qu'à rougir on l'expose,
D'un refus outrageant veut ignorer la cause.
Madame, c'en est fait, une autre va monter
Au rang que mon amour vous daignait présenter ;

7.

Une autre aura des yeux, et va du moins connaître
De quel prix mon amour et ma main devaient être. 1140
Il pourra m'en coûter, mais mon cœur s'y résout.
Apprenez qu'Orosmane est capable de tout,
Que j'aime mieux vous perdre, et, loin de votre vue,
Mourir désespéré de vous avoir perdue,
Que de vous posséder, s'il faut qu'à votre foi
Il en coûte un soupir qui ne soit pas pour moi.
Allez ; mes yeux jamais ne reverront vos charmes !
ZAÏRE.
Tu m'as donc tout ravi, Dieu témoin de mes larmes !
Tu veux commander seul à mes sens éperdus...
Eh bien ! puisqu'il est vrai que vous ne m'aimez
Seigneur... [plus, 1150
OROSMANE. Il est trop vrai que l'honneur me l'or-
Que je vous adorai, que je vous abandonne, [donne,
Que je renonce à vous, que vous le désirez,
Que sous une autre loi... Zaïre, vous pleurez ?
ZAÏRE.
Ah ! seigneur ! ah ! du moins, gardez de jamais croire
Que du rang d'un soudan je regrette la gloire ;
Je sais qu'il faut vous perdre, et mon sort l'a voulu :
Mais, seigneur, mais mon cœur ne vous est pas connu.
Me punisse à jamais ce ciel qui me condamne,
Si je regrette rien que le cœur d'Orosmane ! 1160
OROSMANE.
Zaïre, vous m'aimez !
   ZAÏRE. Dieu ! si je l'aime, hélas !
OROSMANE.
Quel caprice étonnant, que je ne conçois pas !
Vous m'aimez ! eh ! pourquoi vous forcez-vous, cruelle,
A déchirer le cœur d'un amant si fidèle ?
Je me connaissais mal ; oui, dans mon désespoir,
J'avais cru sur moi-même avoir plus de pouvoir.
Va, mon cœur est bien loin d'un pouvoir si funeste.
Zaïre, que jamais la vengeance céleste

Ne donne à ton amant, enchaîné sous ta loi,
La force d'oublier l'amour qu'il a pour toi ! 1170
Qui ? moi ? que sur mon trône une autre fût placée !
Non, je n'en eus jamais la fatale pensée.
Pardonne à mon courroux, à mes sens interdits,
Ces dédains affectés, et si bien démentis ;
C'est le seul déplaisir que jamais, dans ta vie,
Le ciel aura voulu que ta tendresse essuie.
Je t'aimerai toujours... Mais d'où vient que ton cœur,
En partageant mes feux, différait mon bonheur ?
Parle. Était-ce un caprice ? est-ce crainte d'un maître,
D'un soudan, qui pour toi veut renoncer à l'être ? 1180
Serait-ce un artifice ? Épargne-toi ce soin ;
L'art n'est pas fait pour toi, tu n'en as pas besoin ;
Qu'il ne souille jamais le saint nœud qui nous lie !
L'art le plus innocent tient de la perfidie.
Je n'en connus jamais, et mes sens déchirés,
Pleins d'un amour si vrai...

ZAÏRE. Vous me désespérez.
Vous m'êtes cher, sans doute ; et ma tendresse extrême
Est le comble des maux pour ce cœur qui vous aime.

OROSMANE.
O ciel ! expliquez-vous. Quoi ! toujours me troubler !
Se peut-il ?...

ZAÏRE. Dieu puissant, que ne puis-je parler !

OROSMANE.
Quel étrange secret me cachez-vous, Zaïre ? 1191
Est-il quelque chrétien qui contre moi conspire ?
Me trahit-on ? parlez.

ZAÏRE. Eh ! peut-on vous trahir ?
Seigneur, entre eux et vous vous me verriez courir.
On ne vous trahit point, pour vous rien n'est à crain-
[dre ;
Mon malheur est pour moi ; je suis la seule à plaindre.

OROSMANE.
Vous, à plaindre ! grand Dieu !

ZAÏRE. Souffrez qu'à vos genoux
Je demande en tremblant une grâce de vous.
    OROSMANE.
Une grâce! ordonnez et demandez ma vie.
    ZAÏRE.
Plût au ciel qu'à vos jours la mienne fût unie! 1200
Orosmane... Seigneur... permettez qu'aujourd'hui,
Seule, loin de vous-même, et toute à mon ennui,
D'un œil plus recueilli contemplant ma fortune,
Je cache à votre oreille une plainte importune!...
Demain, tous mes secrets vous seront révélés.
    OROSMANE.
De quelle inquiétude, ô ciel, vous m'accablez :
Pouvez-vous...
    ZAÏRE. Si pour moi l'amour vous parle encore,
Ne me refusez pas la grâce que j'implore.
    OROSMANE.
Eh bien! il faut vouloir tout ce que vous voulez;
J'y consens; il en coûte à mes sens désolés. 1210
Allez, souvenez-vous que je vous sacrifie
Les moments les plus beaux, les plus chers de ma vie.
    ZAÏRE.
En me parlant ainsi, vous me percez le cœur.
    OROSMANE.
Eh bien! vous me quittez, Zaïre?
    ZAÏRE. Hélas! seigneur.

SCÈNE III.

OROSMANE, CORASMIN.

    OROSMANE.
Ah! c'est trop tôt chercher ce solitaire asile,
C'est trop tôt abuser de ma bonté facile;
Et plus j'y pense, ami, moins je puis concevoir
Le sujet si caché de tant de désespoir.

Quoi donc! par ma tendresse élevée à l'empire,
Dans le sein du bonheur que son âme désire, 1220
Près d'un amant qu'elle aime, et qui brûle à ses pieds,
Ses yeux, remplis d'amour, de larmes sont noyés!
Je suis bien indigné de voir tant de caprices.
Mais moi-même, après tout, eus-je moins d'injus-
Ai-je été moins coupable à ses yeux offensés? [tices?
Est-ce à moi de me plaindre? on m'aime, c'est assez.
Il me faut expier, par un peu d'indulgence,
De mes transports jaloux l'injurieuse offense.
Je me rends : je le vois, son cœur est sans détours;
La nature naïve anime ses discours. 1230
Elle est dans l'âge heureux où règne l'innocence;
A sa sincérité je dois ma confiance.
Elle m'aime sans doute; oui, j'ai lu devant toi,
Dans ses yeux attendris, l'amour qu'elle a pour moi;
Et son âme, éprouvant cette ardeur qui me touche,
Vingt fois pour me le dire a volé sur sa bouche.
Qui peut avoir un cœur assez traître, assez bas,
Pour montrer tant d'amour, et ne le sentir pas?

SCÈNE IV.

OROSMANE, CORASMIN, MÉLÉDOR.

MÉLÉDOR.
Cette lettre, seigneur, à Zaïre adressée,
Par vos gardes saisie, et dans mes mains laissée... 1240
    OROSMANE.
Donne... Qui la portait?... Donne.
                              MÉLÉDOR. Un de ces chrétiens
Dont vos bontés, seigneur, ont brisé les liens :
Au sérail, en secret, il allait s'introduire;
On l'a mis dans les fers.
                    OROSMANE. Hélas! que vais-je lire?
Laisse-nous... Je frémis.

SCÈNE V.

OROSMANE, CORASMIN.

CORASMIN. Cette lettre, seigneur,
Pourra vous éclaircir et calmer votre cœur.
OROSMANE.
Ah! lisons; ma main tremble, et mon âme étonnée
Prévoit que ce billet contient ma destinée.
Lisons... « Chère Zaïre, il est temps de nous voir :
« Il est vers la mosquée une secrète issue,   1250
« Où vous pouvez sans bruit, et sans être aperçue,
« Tromper vos surveillants et remplir notre espoir :
« Il faut tout hasarder ; vous connaissez mon zèle :
« Je vous attends : je meurs, si vous n'êtes fidèle. »
Eh bien ! cher Corasmin, que dis-tu ?
       CORASMIN. Moi, seigneur?
Je suis épouvanté de ce comble d'horreur.
OROSMANE.
Tu vois comme on me traite.
     CORASMIN. O trahison horrible !
Seigneur, à cet affront vous êtes insensible,
Vous dont le cœur tantôt, sur un simple soupçon,
D'une douleur si vive a reçu le poison ?   1260
Ah ! sans doute l'horreur d'une action si noire
Vous guérit d'un amour qui blessait votre gloire.
OROSMANE.
Cours chez elle à l'instant, va, vole, Corasmin :
Montre-lui cet écrit... Qu'elle tremble... et soudain
De cent coups de poignard que l'infidèle meure.
Mais, avant de frapper... Ah ! cher ami, demeure,
Demeure, il n'est pas temps. Je veux que ce chrétien
Devant elle amené... Non... je ne veux plus rien...
Je me meurs... je succombe à l'excès de ma rage.

[Acte IV.]

CORASMIN.
On ne reçut jamais un si sanglant outrage. 1270
OROSMANE.
Le voilà donc connu ce secret plein d'horreur,
Ce secret qui pesait à son infâme cœur !
Sous le voile emprunté d'une crainte ingénue,
Elle veut quelque temps se soustraire à ma vue.
Je me fais cet effort, je la laisse sortir ;
Elle part en pleurant... et c'est pour me trahir.
Quoi ! Zaïre !
CORASMIN. Tout sert à redoubler son crime.
Seigneur, n'en soyez pas l'innocente victime,
Et de vos sentiments rappelant la grandeur...
OROSMANE.
C'est là ce Nérestan, ce héros plein d'honneur, 1280
Ce chrétien si vanté, qui remplissait Solyme
De ce faste imposant de sa vertu sublime !
Je l'admirais moi-même, et mon cœur combattu
S'indignait qu'un chrétien m'égalât en vertu.
Ah ! qu'il va me payer sa fourbe abominable !
Mais Zaïre ; Zaïre est cent fois plus coupable !
Une esclave chrétienne, et que j'ai pu laisser
Dans les plus vils emplois languir sans l'abaisser ?
Une esclave ! elle sait ce que j'ai fait pour elle !
Ah ! malheureux !
CORASMIN. Seigneur, si vous souffrez mon zèle,
Si, parmi les horreurs qui doivent vous troubler, 1291
Vous vouliez...
OROSMANE. Oui, je veux la voir et lui parler.
Allez, volez, esclave, et m'amenez Zaïre.
CORASMIN.
Hélas ! en cet état, que pourrez-vous lui dire ?
OROSMANE.
Je ne sais, cher ami ; mais je prétends la voir.
CORASMIN.
Ah ! seigneur, vous allez, dans votre désespoir,

Vous plaindre, menacer, faire couler ses larmes.
Vos bontés contre vous lui donneront des armes ;
Et votre cœur séduit, malgré tous vos soupçons,
Pour la justifier cherchera des raisons. 1300
M'en croirez-vous ? cachez cette lettre à sa vue,
Prenez pour la lui rendre une main inconnue :
Par là, malgré la fraude et les déguisements,
Vos yeux démêleront ses secrets sentiments
Et des plis de son cœur verront tout l'artifice.

OROSMANE.

Penses-tu qu'en effet Zaïre me trahisse ?...
Allons, quoi qu'il en soit, je vais tenter mon sort,
Et pousser la vertu jusqu'au dernier effort.
Je veux voir à quel point une femme hardie
Saura de son côté pousser la perfidie. 1310

CORASMIN.

Seigneur, je crains pour vous ce funeste entretien :
Un cœur tel que le vôtre...

OROSMANE. Ah ! n'en redoute rien.
A son exemple, hélas ! ce cœur ne saurait feindre.
Mais j'ai la fermeté de savoir me contraindre :
Oui, puisqu'elle m'abaisse à connaître un rival...
Tiens, reçois ce billet à tous trois si fatal :
Va, choisis pour le rendre un esclave fidèle ;
Mets en de sûres mains cette lettre cruelle ;
Va, cours... Je ferai plus, j'éviterai ses yeux ;
Qu'elle n'approche pas... C'est elle, justes cieux ! 1320

SCÈNE VI.

OROSMANE, ZAÏRE.

ZAÏRE.

Seigneur, vous m'étonnez ! quelle raison soudaine
Quel ordre si pressant près de vous me ramène ?

OROSMANE.

Eh bien! madame, il faut que vous m'éclaircissiez :
Cet ordre est important plus que vous ne croyez.
Je me suis consulté... Malheureux l'un par l'autre,
Il faut régler d'un mot et mon sort et le vôtre.
Peut-être qu'en effet ce que j'ai fait pour vous,
Mon orgueil oublié, mon sceptre à vos genoux,
Mes bienfaits, mon respect, mes soins, ma confiance,
Ont arraché de vous quelque reconnaissance. 1330
Votre cœur, par un maître attaqué chaque jour,
Vaincu par mes bienfaits, crut l'être par l'amour.
Dans votre âme, avec vous, il est temps que je lise ;
Il faut que ses replis s'ouvrent à ma franchise ;
Jugez-vous : répondez avec la vérité
Que vous devez au moins à ma sincérité.
Si de quelque autre amour l'invincible puissance
L'emporte sur mes soins, ou même les balance,
Il faut me l'avouer, et dans ce même instant
Ta grâce est dans mon cœur : prononce, elle t'attend.
Sacrifie à ma foi l'insolent qui t'adore : 1341
Songe que je te vois, que je te parle encore,
Que ma foudre à ta voix pourra se détourner,
Que c'est le seul moment où je peux pardonner.

ZAÏRE.

Vous, seigneur! vous osez me tenir ce langage!
Vous! cruel! Apprenez que ce cœur qu'on outrage,
Et que par tant d'horreurs le ciel veut éprouver,
S'il ne vous aimait pas, est né pour vous braver.
Je ne crains rien ici que ma funeste flamme ;
N'imputez qu'à ce feu qui brûle encor mon âme, 1350
N'imputez qu'à l'amour, que je dois oublier,
La honte où je descends de me justifier.
J'ignore si le ciel, qui m'a toujours trahie,
A destiné pour vous ma malheureuse vie.
Quoi qu'il puisse arriver, je jure par l'honneur,
Qui, non moins que l'amour, est gravé dans mon cœur,

Je jure que Zaïre, à soi-même rendue,
Des rois les plus puissants détesterait la vue;
Que tout autre, après vous, me serait odieux.
Voulez-vous plus savoir et me connaître mieux? 1360
Voulez-vous que ce cœur, à l'amertume en proie,
Ce cœur désespéré devant vous se déploie?
Sachez donc qu'en secret il pensait malgré lui
Tout ce que devant vous il déclare aujourd'hui;
Qu'il soupirait pour vous, avant que vos tendresses
Vinssent justifier mes naissantes faiblesses;
Qu'il prévint vos bienfaits, qu'il brûlait à vos pieds,
Qu'il vous aimait enfin, lorsque vous m'ignoriez;
Qu'il n'eut jamais que vous, n'aura que vous pour maî-
J'en atteste le ciel, que j'offense peut-être; [tre. 1370
Et si j'ai mérité son éternel courroux,
Si mon cœur fut coupable, ingrat, c'était pour vous.

OROSMANE.

Quoi! des plus tendres feux sa bouche encor m'assure!
Quel excès de noirceur! Zaïre!.... Ah! la parjure!
Quand de sa trahison j'ai la preuve en ma main!

ZAÏRE.

Que dites-vous? Quel trouble agite votre sein?

OROSMANE.

Je ne suis point troublé. Vous m'aimez?

ZAÏRE. Votre bouche
Peut-elle me parler avec ce ton farouche
D'un feu si tendrement déclaré chaque jour?
Vous me glacez de crainte en me parlant d'amour.

OROSMANE. 1381
Vous m'aimez?

ZAÏRE. Vous pouvez douter de ma tendresse!
Mais, encore une fois, quelle fureur vous presse?
Quels regards effrayants vous me lancez! Hélas!
Vous doutez de mon cœur?

OROSMANE. Non, je n'en doute pas.
Allez, rentrez, madame.

SCÈNE VII.

OROSMANE, CORASMIN.

OROSMANE. Ami, sa perfidie
Au comble de l'horreur ne s'est pas démentie ;
Tranquille dans le crime et fausse avec douceur,
Elle a jusques au bout soutenu sa noirceur.
As-tu trouvé l'esclave? as-tu servi ma rage ? 1390
Connaîtrai-je à la fois son crime et mon outrage?
CORASMIN.
Oui, je viens d'obéir ; mais vous ne pouvez pas
Soupirer désormais pour ces traîtres appas :
Vous la verrez sans doute avec indifférence,
Sans que le repentir succède à la vengeance,
Sans que l'amour sur vous en repousse les traits.
OROSMANE.
Corasmin, je l'adore encor plus que jamais.
CORASMIN.
Vous? ô ciel! vous?
OROSMANE. Je vois un rayon d'espérance.
Cet odieux chrétien, l'élève de la France,
Est jeune, impatient, léger, présomptueux ;
Il peut croire aisément ses téméraires vœux. 1400
Son amour indiscret, et plein de confiance,
Aura de ses soupirs hasardé l'insolence ;
Un regard de Zaïre aura pu l'aveugler :
Sans doute il est aisé de s'en laisser troubler.
Il croit qu'il est aimé, c'est lui seul qui m'offense ;
Peut-être ils ne sont point tous deux d'intelligence.
Zaïre n'a point vu ce billet criminel,
Et j'en croyais trop tôt mon déplaisir mortel.
Corasmin, écoutez... Dès que la nuit plus sombre

Aux crimes des mortels viendra prêter son ombre,
Sitôt que ce chrétien chargé de mes bienfaits,   1411
Nérestan, paraîtra sous les murs du palais,
Ayez soin qu'à l'instant ma garde le saisisse :
Qu'on prépare pour lui le plus honteux supplice,
Et que chargé de fers il me soit présenté.
Laissez surtout, laissez Zaïre en liberté.
Tu vois mon cœur, tu vois à quel excès je l'aime ;
Ma fureur est plus grande, et j'en tremble moi-même.
J'ai honte des douleurs où je me suis plongé :
Mais malheur aux ingrats qui m'auront outragé !   1420

ACTE CINQUIÈME.

SCÈNE I.

OROSMANE, CORASMIN, un esclave.

OROSMANE.

On l'a fait avertir, l'ingrate va paraître.
Songe que dans tes mains est le sort de ton maître :
Donne-lui le billet de ce traître chrétien ;
Rends-moi compte de tout, examine-la bien :
Porte-moi sa réponse. On approche.... C'est elle.
    (*A Corasmin.*)
Viens, d'un malheureux prince ami tendre et fidèle,
Viens m'aider à cacher ma rage et mes ennuis.

SCÈNE II.

ZAÏRE, FATIME, l'esclave.

ZAÏRE.
Eh! qui peut me parler dans l'état où je suis?
A tant d'horreurs, hélas! qui pourra me soustraire?
Le sérail est fermé! Dieu! si c'était mon frère! 1430
Si la main de ce Dieu, pour soutenir ma foi,
Par des chemins cachés le conduisait vers moi!
Quel esclave inconnu se présente à ma vue?
L'ESCLAVE.
Cette lettre, en secret dans mes mains parvenue,
Pourra vous assurer de ma fidélité.
ZAÏRE.
Donne.
(Elle lit.)
FATIME, à part, pendant que Zaïre lit.
Dieu tout-puissant, éclate en ta bonté;
Fais descendre ta grâce en ce séjour profane;
Arrache ma princesse au barbare Orosmane!
ZAÏRE, à Fatime.
Je voudrais te parler.
FATIME, à l'esclave. Allez, retirez-vous;
On vous rappellera, soyez prêt; laissez-nous. 1440

SCÈNE III.

ZAÏRE, FATIME.

ZAÏRE.
Lis ce billet : hélas! dis-moi ce qu'il faut faire;
Je voudrais obéir aux ordres de mon frère.

FATIME.
Dites plutôt, madame, aux ordres éternels
D'un Dieu qui vous demande au pied de ses autels.
Ce n'est point Nérestan, c'est Dieu qui vous appelle.
ZAÏRE.
Je le sais; à sa voix je ne suis point rebelle,
J'en ai fait le serment : mais puis-je m'engager,
Moi, les chrétiens, mon frère, en un si grand danger?
FATIME.
Ce n'est point leur danger dont vous êtes troublée;
Votre amour parle seul à votre âme ébranlée. 1450
Je connais votre cœur; il penserait comme eux,
Il hasarderait tout, s'il n'était amoureux.
Ah! connaissez du moins l'erreur qui vous engage.
Vous tremblez d'offenser l'amant qui vous outrage :
Quoi! ne voyez-vous pas toutes ses cruautés,
Et l'âme d'un Tartare, à travers ses bontés?
Ce tigre, encor farouche au sein de sa tendresse,
Même en vous abordant, menaçait sa maîtresse....
Et votre cœur encor ne s'en peut détacher?
Vous soupirez pour lui?
    ZAÏRE. Qu'ai-je à lui reprocher? 1460
C'est moi qui l'offensais, moi qu'en cette journée
Il a vu souhaiter ce fatal hyménée;
Le trône était tout prêt, le temple était paré,
Mon amant m'adorait, et j'ai tout différé.
Moi, qui devais ici trembler sous sa puissance,
J'ai de ses sentiments bravé la violence;
J'ai soumis son amour, il fait ce que je veux,
Il m'a sacrifié ses transports amoureux.
FATIME.
Ce malheureux amour, dont votre âme est blessée
Peut-il en ce moment remplir votre pensée? 1470
ZAÏRE.
Ah! Fatime, tout sert à me désespérer :
Je sais que du sérail rien ne peut me tirer :

Je voudrais des chrétiens voir l'heureuse contrée,
Quitter ce lieu funeste à mon âme égarée ;
Et je sens qu'à l'instant, prompte à me démentir,
Je fais des vœux secrets pour n'en jamais sortir.
Quel état ! quel tourment ! Non, mon âme inquiète
Ne sait ce qu'elle doit, ni ce qu'elle souhaite ;
Une terreur affreuse est tout ce que je sens.
Dieu ! détourne de moi ces noirs pressentiments ; 1480
Prends soin de nos chrétiens, et veille sur mon frère ;
Prends soin, du haut des cieux, d'une tête si chère.
Oui, je le vais trouver, je lui vais obéir :
Mais dès que de Solyme il aura pu partir,
Par son absence alors à parler enhardie,
J'apprends à mon amant le secret de ma vie :
Je lui dirai le culte où mon cœur est lié :
Il lira dans ce cœur, il en aura pitié.
Mais dussé-je au supplice être ici condamnée,
Je ne trahirai point le sang dont je suis née. 1490
Va, tu peux amener mon frère dans ces lieux.
Rappelle cet esclave.

SCÈNE IV.

ZAÏRE.

O Dieu de mes aïeux,
Dieu de tous mes parents, de mon malheureux père,
Que ta main me conduise et que ton œil m'éclaire !

SCÈNE V.

ZAÏRE, l'esclave.

ZAÏRE.
Allez dire au chrétien qui marche sur vos pas
Que mon cœur aujourd'hui ne le trahira pas ;

Que Fatime en ces lieux va bientôt l'introduire.
   (*A part.*)
Allons, rassure-toi, malheureuse Zaïre !

SCÈNE VI.

OROSMANE, CORASMIN, l'esclave.

OROSMANE.
Que ces moments, grand Dieu, sont lents pour ma
   (*A l'esclave.*)   [fureur !
Eh bien ! que t'a-t-on dit ? Réponds, parle.
                         L'ESCLAVE. Seigneur, 1500
On n'a jamais senti de si vives alarmes.
Elle a pâli, tremblé ; ses yeux versaient des larmes ;
Elle m'a fait sortir, elle m'a rappelé ;
Et d'une voix tremblante, et d'un cœur tout troublé,
Près de ces lieux, seigneur, elle a promis d'attendre
Celui qui cette nuit à ses yeux doit se rendre.
   OROSMANE.
   (*A l'esclave.*)   (*A Corasmin.*)
Allez, il me suffit.... Ote-toi de mes yeux,
Laisse-moi : tout mortel me devient odieux.
Laisse-moi seul, te dis-je, à ma fureur extrême :
Je hais le monde entier, je m'abhorre moi-même. 1510

SCÈNE VII.

OROSMANE.

Où suis-je ? ô ciel ! où suis-je ? où porté-je mes vœux ?
Zaïre, Nérestan.... couple ingrat, couple affreux !
Traîtres, arrachez-moi ce jour que je respire,
Ce jour souillé par vous !.... Misérable Zaïre,
Tu ne jouiras pas... Corasmin, revenez.

SCÈNE VIII.

OROSMANE, CORASMIN.

OROSMANE.
Ah! trop cruel ami, quoi! vous m'abandonnez!
Venez. A-t-il paru, ce rival, ce coupable?
CORASMIN.
Rien ne paraît encore.
    OROSMANE. O nuit, nuit effroyable,
Peux-tu prêter ton voile à de pareils forfaits?
Zaïre!.... l'infidèle!.... après tant de bienfaits! 1520
J'aurais d'un œil serein, d'un front inaltérable,
Contemplé de mon rang la chute épouvantable :
J'aurais su, dans l'horreur de la captivité,
Conserver mon courage et ma tranquillité :
Mais me voir à ce point trompé par ce que j'aime!
CORASMIN.
Eh! que prétendez-vous dans cette horreur extrême?
Quel est votre dessein?
    OROSMANE. N'entends-tu pas des cris?
CORASMIN.
Seigneur....
 OROSMANE. Un bruit affreux a frappé mes esprits.
On vient.
CORASMIN. Non, jusqu'ici nul mortel ne s'avance;
Le sérail est plongé dans un profond silence; 1530
Tout dort, tout est tranquille; et l'ombre de la nuit...
OROSMANE.
Hélas! le crime veille, et son horreur me suit.
A ce coupable excès porter sa hardiesse!
Tu ne connaissais pas mon cœur et ma tendresse!
Combien je t'adorais! quels feux! Ah! Corasmin,
Un seul de ses regards aurait fait mon destin :

Je ne puis être heureux, ni souffrir, que par elle.
Prends pitié de ma rage. Oui, cours.... Ah! la cruelle!
  CORASMIN.
Est-ce vous qui pleurez? vous, Orosmane? ô cieux!
  OROSMANE.
Voilà les premiers pleurs qui coulent de mes yeux.
Tu vois mon sort, tu vois la honte où je me livre : 1541
Mais ces pleurs sont cruels, et la mort va les suivre.
Plains Zaïre, plains-moi. L'heure approche : ces
Du sang qui va couler sont les avant-coureurs. [pleurs,
  CORASMIN.
Ah! je tremble pour vous.
    OROSMANE. Frémis de mes souffrances,
Frémis de mon amour, frémis de mes vengeances.
Approche, viens, j'entends.... Je ne me trompe pas.
  CORASMIN.
Sous les murs du palais quelqu'un porte ses pas.
  OROSMANE.
Va saisir Nérestan ; va, dis-je! qu'on l'enchaîne :
Que tout chargé de fers à mes yeux on l'entraîne!

SCÈNE IX.

OROSMANE, ZAÏRE et FATIME, *marchant pendant la nuit dans l'enfoncement du théâtre.*

  ZAÏRE.
Viens, Fatime.
  OROSMANE. Qu'entends-je! est-ce là cette voix 1551
Dont les sons enchanteurs m'ont séduit tant de fois,
Cette voix qui trahit un feu si légitime,
Cette voix infidèle, et l'organe du crime?
Perfide!.... Vengeons-nous.... Quoi! c'est elle? ô
 (*Il tire son poignard.*)   [destin.
Zaïre! Ah! Dieu.... ce fer échappe de ma main.
 8.

ZAÏRE, *à Fatime.*

C'est ici le chemin ; viens, soutiens mon courage.

FATIME.

Il va venir.

OROSMANE. Ce mot me rend toute ma rage.

ZAÏRE.

Je marche en frissonnant, mon corps est éperdu....
Est-ce vous, Nérestan, que j'ai tant attendu? 1560

OROSMANE, *courant à Zaïre.*

C'est moi que tu trahis. Tombe à mes pieds, parjure!

ZAÏRE, *tombant dans la coulisse.*

Je me meurs, ô mon Dieu!

OROSMANE. J'ai vengé mon injure.

Otons-nous de ces lieux. Je ne puis.... Qu'ai-je fait?..
Rien que de juste.... Allons, j'ai puni son forfait.
Ah! voici son amant que mon destin m'envoie,
Pour remplir ma vengeance et ma cruelle joie.

SCÈNE X.

OROSMANE, ZAÏRE, NÉRESTAN, CORASMIN, FATIME,
esclaves.

OROSMANE.

Approche, malheureux, qui viens de m'arracher,
De m'ôter pour jamais ce qui me fut si cher!
Méprisable ennemi, qui fais encor paraître
L'audace d'un héros avec l'âme d'un traître, 1570
Tu m'imposais ici pour me déshonorer.
Va, le prix en est prêt, tu peux t'y préparer.
Tes maux vont égaler les maux où tu m'exposes,
Et ton ingratitude, et l'horreur que tu causes.
Avez-vous ordonné son supplice?

CORASMIN. Oui, seigneur.

OROSMANE.
Il commence déjà dans le fond de ton cœur.
Tes yeux cherchent partout, et demandent encore
La perfide qui t'aime et qui me déshonore.
Regarde, elle est ici.
NÉRESTAN. Que dis-tu? Quelle erreur.... 1579
OROSMANE.
Regarde, te dis-je.
NÉRESTAN. Ah! que vois-je? Ah! ma sœur!
Zaïre!.... elle n'est plus! Ah! monstre! Ah! jour
OROSMANE. [horrible!
Sa sœur! Qu'ai-je entendu? Dieu! serait-il possible?
NÉRESTAN.
Barbare, il est trop vrai : viens épuiser mon flanc
Du reste infortuné de cet auguste sang.
Lusignan, ce vieillard, fut son malheureux père;
Il venait dans mes bras d'achever sa misère,
Et d'un père expiré j'apportais en ces lieux
La volonté dernière et les derniers adieux;
Je venais, dans un cœur trop faible et trop sensible,
Rappeler des chrétiens le culte incorruptible. 1591
Hélas! elle offensait notre Dieu, notre loi;
Et ce Dieu la punit d'avoir brûlé pour toi.

OROSMANE.
Zaïre.... Elle m'aimait? Est-il bien vrai, Fatime?
Sa sœur?.... J'étais aimé?
FATIME. Cruel! voilà son crime.
Tigre altéré de sang, tu viens de massacrer
Celle qui, malgré soi, constante à t'adorer,
Se flattait, espérait que le Dieu de ses pères
Recevrait le tribut de ses larmes sincères,
Qu'il verrait en pitié cet amour malheureux; 1600
Que peut-être il voudrait vous réunir tous deux.
Hélas! à cet excès son cœur l'avait trompée;
De cet espoir trop tendre elle était occupée;
Tu balançais son Dieu dans son cœur alarmé.

OROSMANE.
Tu m'en as dit assez. O ciel! j'étais aimé!
Va, je n'ai pas besoin d'en savoir davantage....
NÉRESTAN.
Cruel! qu'attends-tu donc pour assouvir ta rage?
Il ne reste que moi de ce sang glorieux
Dont ton père et ton bras ont inondé ces lieux;
Rejoins un malheureux à sa triste famille, 1610
Au héros dont tu viens d'assassiner la fille.
Tes tourments sont-ils prêts? Je puis braver tes
Tu m'as fait éprouver le plus cruel de tous. [coups;
Mais la soif de mon sang qui toujours te dévore,
Permet-elle à l'honneur de te parler encore?
En m'arrachant le jour, souviens-toi des chrétiens
Dont tu m'avais juré de briser les liens :
Dans sa férocité, ton cœur impitoyable
De ce trait généreux serait-il bien capable?
Parle; à ce prix encor je bénis mon trépas. 1620

OROSMANE, *allant vers le corps de Zaïre.*
Zaïre!
CORASMIN. Hélas! seigneur, où portez-vous vos pas?
Rentrez; trop de douleur de votre âme s'empare;
Souffrez que Nérestan....
NÉRESTAN. Qu'ordonnes-tu, barbare?
OROSMANE, *après une longue pause.*
Qu'on détache ses fers. Écoutez, Corasmin :
Que tous ses compagnons soient délivrés soudain.
Aux malheureux chrétiens prodiguez mes largesses :
Comblés de mes bienfaits, chargés de mes richesses,
Jusqu'au port de Joppé vous conduirez leurs pas.
CORASMIN.
Mais, seigneur,....
OROSMANE. Obéis, et ne réplique pas;
Vole, et ne trahis point la volonté suprême 1630
D'un soudan qui commande et d'un ami qui t'aime.

Va, ne perds point de temps, sors, obéis....
(A Nérestan.)
Et toi,
Guerrier infortuné, mais moins encor que moi,
Quitte ces lieux sanglants ; remporte en ta patrie
Cet objet que ma rage a privé de la vie.
Ton roi, tous les chrétiens, apprenant tes malheurs,
N'en parleront jamais sans répandre des pleurs.
Mais si la vérité par toi se fait connaître,
En détestant mon crime, on me plaindra peut-être.
Porte aux tiens ce poignard, que mon bras égaré 1640
A plongé dans un sein qui dut m'être sacré ;
Dis-leur que j'ai donné la mort la plus affreuse
A la plus digne femme, à la plus vertueuse
Dont le ciel ait formé les innocents appas ;
Dis-leur qu'à ses genoux j'avais mis mes États ;
Dis-leur que dans son sang cette main s'est plongée ;
Dis que je l'adorais, et que je l'ai vengée.
(Il se tue.)
(Aux siens.)
Respectez ce héros, et conduisez ses pas.

NÉRESTAN.

Guide-moi, Dieu puissant ! je ne me connais pas.
Faut-il qu'à t'admirer ta fureur me contraigne, 1650
Et que dans mon malheur ce soit moi qui te plaigne !

FIN DE ZAIRE.

LA MORT DE CÉSAR

TRAGÉDIE.

(1743.)

PERSONNAGES. — JULES CÉSAR, dictateur. — MARC-ANTOINE, consul. — JUNIUS BRUTUS, préteur. — CASSIUS, CIMBER, DÉCIME, DOLABELLA, CASCA, CINNA, sénateurs. — LES ROMAINS. — LICTEURS.

La scène est à Rome, au Capitole.

ACTE PREMIER.

SCÈNE I.

CÉSAR, ANTOINE.

ANTOINE.
César, tu vas régner ; voici le jour auguste
Où le peuple romain, pour toi toujours injuste,
Changé par tes vertus, va reconnaître en toi
Son vainqueur, son appui, son vengeur, et son roi.
Antoine, tu le sais, ne connaît point l'envie :
J'ai chéri plus que toi la gloire de ta vie ;
J'ai préparé la chaîne où tu mets les Romains,
Content d'être sous toi le second des humains ;
Plus fier de t'attacher ce nouveau diadème,
Plus grand de te servir, que de régner moi-même. 10
Quoi ! tu ne me réponds que par de longs soupirs !
Ta grandeur fait ma joie et fait tes déplaisirs !
Roi de Rome et du monde, est-ce à toi de te plaindre ?

César peut-il gémir, ou César peut-il craindre?
Qui peut à ta grande âme inspirer la terreur?
CÉSAR.
L'amitié, cher Antoine : il faut t'ouvrir mon cœur.
Tu sais que je te quitte, et le destin m'ordonne
De porter nos drapeaux aux champs de Babylone.
Je pars, et vais venger sur le Parthe inhumain
La honte de Crassus et du peuple romain. 20
L'aigle des légions, que je retiens encore,
Demande à s'envoler vers les mers du Bosphore;
Et mes braves soldats n'attendent pour signal
Que de revoir mon front ceint du bandeau royal.
Peut-être avec raison César peut entreprendre
D'attaquer un pays qu'a soumis Alexandre ;
Peut-être les Gaulois, Pompée et les Romains
Valent bien les Persans subjugués par ses mains :
J'ose au moins le penser; et ton ami se flatte
Que le vainqueur du Rhin peut l'être de l'Euphrate.
Mais cet espoir m'anime et ne m'aveugle pas ; 31
Le sort peut se lasser de marcher sur mes pas;
La plus haute sagesse en est souvent trompée :
Il peut quitter César, ayant trahi Pompée;
Et, dans les factions comme dans les combats,
Du triomphe à la chute il n'est souvent qu'un pas.
J'ai servi, commandé, vaincu, quarante années ;
Du monde entre mes mains j'ai vu les destinées;
Et j'ai toujours connu qu'en chaque événement
Le destin des États dépendait d'un moment. [dre ; 41
Quoi qu'il puisse arriver, mon cœur n'a rien à crain-
Je vaincrai sans orgueil, ou mourrai sans me plaindre.
Mais j'exige en partant, de ta tendre amitié,
Qu'Antoine à mes enfants soit pour jamais lié;
Que Rome par mes mains défendue et conquise,
Que la terre à mes fils, comme à toi, soit soumise;
Et qu'emportant d'ici le grand titre de roi,
Mon sang et mon ami le prennent après moi.

Je te laisse aujourd'hui ma volonté dernière ;
Antoine, à mes enfants il faut servir de père. 50
Je ne veux point de toi demander des serments,
De la foi des humains sacrés et vains garants ;
Ta promesse suffit, et je la crois plus pure
Que les autels des dieux entourés de parjure.

ANTOINE.

C'est déjà pour Antoine une assez dure loi
Que tu cherches la guerre et le trépas sans moi,
Et que ton intérêt m'attache à l'Italie
Quand la gloire t'appelle aux bornes de l'Asie.
Je m'afflige encor plus de voir que ton grand cœur
Doute de sa fortune et présage un malheur : 60
Mais je ne comprends point ta bonté qui m'outrage.
César, que me dis-tu de tes fils, de partage ?
Tu n'as de fils qu'Octave, et nulle adoption
N'a d'un autre César appuyé ta maison.

CÉSAR.

Il n'est plus temps, ami, de cacher l'amertume
Dont mon cœur paternel en secret se consume :
Octave n'est mon sang qu'à la faveur des lois ;
Je l'ai nommé César, il est fils de mon choix :
Le destin (dois-je dire ou propice ou sévère ?)
D'un véritable fils en effet m'a fait père ; 70
D'un fils que je chéris, mais qui, pour mon malheur,
A ma tendre amitié répond avec horreur.

ANTOINE.

Et quel est cet enfant ? quel ingrat peut-il être
Si peu digne du sang dont les dieux l'ont fait naître ?

CÉSAR.

Écoute : tu connais ce malheureux Brutus,
Dont Caton cultiva les farouches vertus.
De nos antiques lois ce défenseur austère,
Ce rigide ennemi du pouvoir arbitraire,
Qui toujours contre moi, les armes à la main,
De tous mes ennemis a suivi le destin ; 80

Qui fut mon prisonnier aux champs de Thessalie ;
À qui j'ai malgré lui sauvé deux fois la vie ;
Né, nourri loin de moi chez mes fiers ennemis...
    ANTOINE.
Brutus ! il se pourrait.
             CÉSAR. Ne m'en crois pas, tiens, lis.
    ANTOINE.
Dieux ! la sœur de Caton, la fière Servilie !
    CÉSAR.
Par un hymen secret elle me fut unie.
Ce farouche Caton, dans nos premiers débats,
La fit presque à mes yeux passer en d'autres bras :
Mais le jour qui forma ce second hyménée
De son nouvel époux trancha la destinée.   90
Sous le nom de Brutus mon fils fut élevé.
Pour me haïr, ô ciel ! était-il réservé ?
Mais lis : tu sauras tout par cet écrit funeste.
    ANTOINE *lit*.
« César, je vais mourir. La colère céleste
« Va finir à la fois ma vie et mon amour.
« Souviens-toi qu'à Brutus César donna le jour.
« Adieu : puisse ce fils éprouver pour son père
« L'amitié qu'en mourant te conservait sa mère !
                     « SERVILIE. »
Quoi ! faut-il que du sort la tyrannique loi,
César, te donne un fils si peu semblable à toi !   100
    CÉSAR.
Il a d'autres vertus : son superbe courage
Flatte en secret le mien, même alors qu'il l'outrage.
Il m'irrite, il me plaît ; son cœur indépendant
Sur mes sens étonnés prend un fier ascendant.
Sa fermeté m'impose, et je l'excuse même
De condamner en moi l'autorité suprême :
Soit qu'étant homme et père, un charme séducteur,
L'excusant à mes yeux, me trompe en sa faveur ;
Soit qu'étant né Romain, la voix de ma patrie

Me parle malgré moi contre ma tyrannie, 110
Et que la liberté que je viens d'opprimer,
Plus forte encor que moi, me condamne à l'aimer.
Te dirai-je encor plus? si Brutus me doit l'être,
S'il est fils de César, il doit haïr un maître.
J'ai pensé comme lui dès mes plus jeunes ans ;
J'ai détesté Sylla, j'ai haï les tyrans.
J'eusse été citoyen, si l'orgueilleux Pompée
N'eût voulu m'opprimer sous sa gloire usurpée...
Né fier, ambitieux, mais né pour les vertus,
Si je n'étais César, j'aurais été Brutus. 120
Tout homme à son état doit plier son courage.
Brutus tiendra bientôt un différent langage,
Quand il aura connu de quel sang il est né.
Crois-moi, le diadème, à son front destiné,
Adoucira dans lui sa rudesse importune ;
Il changera de mœurs en changeant de fortune.
La nature, le sang, mes bienfaits, tes avis,
Le devoir, l'intérêt, tout me rendra mon fils.
   ANTOINE.
J'en doute, je connais sa fermeté farouche :
La secte dont il est n'admet rien qui la touche. 130
Cette secte intraitable, et qui fait vanité
D'endurcir les esprits contre l'humanité,
Qui dompte et foule aux pieds la nature irritée,
Parle seule à Brutus, et seule est écoutée.
Ces préjugés affreux, qu'ils appellent devoir,
Ont sur ces cœurs de bronze un absolu pouvoir.
Caton même, Caton, ce malheureux stoïque,
Ce héros forcené, la victime d'Utique,
Qui, fuyant un pardon qui l'eût humilié,
Préféra la mort même à ta tendre amitié ; 140
Caton fut moins altier, moins dur, et moins à craindre,
Que l'ingrat qu'à t'aimer ta bonté veut contraindre.
   CÉSAR.
Cher ami, de quels coups tu viens de me frapper !

Que m'as-tu dit ?
   ANTOINE. Je t'aime, et ne te puis tromper.
  CÉSAR.
Le temps amollit tout.
    ANTOINE. Mon cœur en désespère.
 CÉSAR.
Quoi ? sa haine...
   ANTOINE. Crois-moi.
     CÉSAR. N'importe, je suis père.
J'ai chéri, j'ai sauvé mes plus grands ennemis :
Je veux me faire aimer de Rome et de mon fils,
Et, conquérant des cœurs vaincus par ma clémence,
Voir la terre et Brutus adorer ma puissance.   150
C'est à toi de m'aider dans de si grands desseins :
Tu m'as prêté ton bras pour dompter les humains ;
Dompte aujourd'hui Brutus, adoucis son courage ;
Prépare par degrés cette vertu sauvage
Au secret important qu'il lui faut révéler,
Et dont mon cœur encore hésite à lui parler.
  ANTOINE.
Je ferai tout pour toi ; mais j'ai peu d'espérance.

SCÈNE II.

CÉSAR, ANTOINE, DOLABELLA.

 DOLABELLA.
César, les sénateurs attendent audience ;
A ton ordre suprême ils se rendent ici.
  CÉSAR.
Ils ont tardé longtemps... Qu'ils entrent.
     ANTOINE. Les voici.
Que je lis sur leur front de dépit et de haine ! 161

SCÈNE III.

CÉSAR, ANTOINE, BRUTUS, CASSIUS, CIMBER, DÉCIME, CINNA, CASCA, etc., licteurs.

CÉSAR, *assis*.
Venez, dignes soutiens de la grandeur romaine,
Compagnons de César. Approchez, Cassius,
Cimber, Cinna, Décime, et toi, mon cher Brutus.
Enfin voici le temps, si le ciel me seconde,
Où je vais achever la conquête du monde,
Et voir dans l'Orient le trône de Cyrus
Satisfaire, en tombant, aux mânes de Crassus.
Il est temps d'ajouter, par le droit de la guerre, [terre.
Ce qui manque aux Romains des trois parts de la
Tout est prêt, tout prévu pour ce vaste dessein; 171
L'Euphrate attend César, et je pars dès demain.
Brutus et Cassius me suivront en Asie;
Antoine retiendra la Gaule et l'Italie;
De la mer Atlantique et des bords du Bétis,
Cimber gouvernera les rois assujettis;
Je donne à Marcellus la Grèce et la Lycie,
A Décime le Pont, à Casca la Syrie.
Ayant ainsi réglé le sort des nations,
Et laissant Rome heureuse et sans divisions, 180
Il ne reste au sénat qu'à juger sous quel titre
De Rome et des humains je dois être l'arbitre.
Sylla fut honoré du nom de dictateur;
Marius fut consul, et Pompée empereur.
J'ai vaincu ce dernier, et c'est assez vous dire
Qu'il faut un nouveau nom pour un nouvel empire,
Un nom plus grand, plus saint, moins sujet aux revers,
Autrefois craint dans Rome, et cher à l'univers.
Un bruit trop confirmé se répand sur la terre,

Qu'en vain Rome aux Persans ose faire la guerre ; 190
Qu'un roi seul peut les vaincre et leur donner la loi :
César va l'entreprendre, et César n'est pas roi ;
Il n'est qu'un citoyen connu par ses services,
Qui peut du peuple encore essuyer les caprices...
Romains, vous m'entendez, vous savez mon espoir :
Songez à mes bienfaits, songez à mon pouvoir.

CIMBER.

César, il faut parler. Ces sceptres, ces couronnes,
Ce fruit de nos travaux, l'univers que tu donnes,
Seraient, aux yeux du peuple et du sénat jaloux,
Un outrage à l'État, plus qu'un bienfait pour nous. 200
Marius, ni Sylla, ni Carbon, ni Pompée,
Dans leur autorité sur le peuple usurpée,
N'ont jamais prétendu disposer à leur choix
Des conquêtes de Rome, et nous parler en rois.
César, nous attendions de ta clémence auguste
Un don plus précieux, une faveur plus juste,
Au-dessus des États donnés par ta bonté...

CÉSAR.

Qu'oses-tu demander, Cimber ?

                        CIMBER. La liberté.

CASSIUS.

Tu nous l'avais promise, et tu juras toi-même
D'abolir pour jamais l'autorité suprême ; 210
Et je croyais toucher à ce moment heureux
Où le vainqueur du monde allait combler nos vœux.
Fumante de son sang, captive, désolée,
Rome dans cet espoir renaissait consolée.
Avant que d'être à toi nous sommes ses enfants :
Je songe à ton pouvoir, mais songe à tes serments.

BRUTUS.

Oui, que César soit grand ; mais que Rome soit libre.
Dieux ! maîtresse de l'Inde, esclave aux bords du Ti-
Qu'importe que son nom commande à l'univers, [bre!
Et qu'on l'appelle reine, alors qu'elle est aux fers ? 220

Qu'importe à ma patrie, aux Romains que tu braves,
D'apprendre que César a de nouveaux esclaves?
Les Persans ne sont pas nos plus fiers ennemis;
Il en est de plus grands. Je n'ai point d'autre avis.
   CÉSAR.
Et toi, Brutus, aussi!
   ANTOINE, *à César.* Tu connais leur audace :
Vois si ces cœurs ingrats sont dignes de leur grâce.
   CÉSAR.
Ainsi vous voulez donc, dans vos témérités,
Tenter ma patience et lasser mes bontés,
Vous, qui m'appartenez par le droit de l'épée,
Rampants sous Marius, esclaves de Pompée;   230
Vous, qui ne respirez qu'autant que mon courroux,
Retenu trop longtemps, s'est arrêté sur vous :
Républicains ingrats, qu'enhardit ma clémence,
Vous, qui devant Sylla garderiez le silence,
Vous, que ma bonté seule invite à m'outrager,
Sans craindre que César s'abaisse à se venger.
Voilà ce qui vous donne une âme assez hardie
Pour oser me parler de Rome et de patrie;
Pour affecter ici cette illustre hauteur
Et ces grands sentiments devant votre vainqueur.   240
Il les fallait avoir aux plaines de Pharsale.
La fortune entre nous devient trop inégale :
Si vous n'avez su vaincre, apprenez à servir.
   BRUTUS.
César, aucun de nous n'apprendra qu'à mourir.
Nul ne m'en désavoue, et nul, en Thessalie,
N'abaissa son courage à demander la vie.
Tu nous laissas le jour, mais pour nous avilir;
Et nous le détestons, s'il te faut obéir.
César, qu'à ta colère aucun de nous n'échappe;
Commence ici par moi : si tu veux régner, frappe.   250
   CÉSAR.   (*Les sénateurs sortent.*)
Écoute... et vous, sortez. Brutus m'ose offenser!

Mais sais-tu de quels traits tu viens de me percer?
Va, César est bien loin d'en vouloir à ta vie.
Laisse là du sénat l'indiscrète furie;
Demeure, c'est toi seul qui peux me désarmer;
Demeure, c'est toi seul que César veut aimer.

   BRUTUS.

Tout mon sang est à toi, si tu tiens ta promesse;
Si tu n'es qu'un tyran, j'abhorre ta tendresse;
Et je ne peux rester avec Antoine et toi,
Puisqu'il n'est plus Romain, et qu'il demande un roi.

SCÈNE IV.

CÉSAR, ANTOINE.

   ANTOINE.

Eh bien! t'ai-je trompé? Crois-tu que la nature   261
Puisse amollir une âme et si fière et si dure?
Laisse, laisse à jamais dans son obscurité
Ce secret malheureux qui pèse à ta bonté.
Que de Rome, s'il veut, il déplore la chute;
Mais qu'il ignore au moins quel sang il persécute;
Il ne mérite pas de te devoir le jour.
Ingrat à tes bontés, ingrat à ton amour,
Renonce-le pour fils.
   CÉSAR. Je ne le puis : je l'aime.
   ANTOINE.
Ah! cesse donc d'aimer l'éclat du diadème,   270
Descends donc de ce rang où je te vois monté :
La bonté convient mal à ton autorité;
De ta grandeur naissante elle détruit l'ouvrage.
Quoi! Rome est sous tes lois, et Cassius t'outrage!
Quoi! Cimber, quoi! Cinna, ces obscurs sénateurs,
Aux yeux du roi du monde affectent ces hauteurs!
Ils bravent ta puissance, et ces vaincus respirent!

CÉSAR.
Ils sont nés mes égaux, mes armes les vainquirent,
Et, trop au-dessus d'eux, je leur puis pardonner
De frémir sous le joug que je veux leur donner. 280

ANTOINE.
Marius de leur sang eût été moins avare ;
Sylla les eût punis.
　　　　　CÉSAR. Sylla fut un barbare ;
Il n'a su qu'opprimer : le meurtre et la fureur
Faisaient sa politique ainsi que sa grandeur :
Il a gouverné Rome au milieu des supplices ;
Il en était l'effroi, j'en serai les délices.
Je sais quel est le peuple : on le change en un jour ;
Il prodigue aisément sa haine et son amour.
Si ma grandeur l'aigrit, ma clémence l'attire.
Un pardon politique à qui ne peut me nuire, 290
Dans mes chaînes qu'il porte un air de liberté,
Ont ramené vers moi sa faible volonté.
Il faut couvrir de fleurs l'abîme où je l'entraîne,
Flatter encor ce tigre à l'instant qu'on l'enchaîne,
Lui plaire en l'accablant, l'asservir, le charmer,
Et punir mes rivaux en me faisant aimer.

ANTOINE.
Il faudrait être craint : c'est ainsi que l'on règne.

CÉSAR.
Va, ce n'est qu'aux combats que je veux qu'on me
ANTOINE.　　　　　　　　　　　　　　[craigne.
Le peuple abusera de ta facilité.

CÉSAR.
Le peuple a jusqu'ici consacré ma bonté : 300
Vois ce temple que Rome élève à la Clémence.

ANTOINE.
Crains qu'elle n'en élève un autre à la Vengeance :
Crains des cœurs ulcérés, nourris de désespoir,
Idolâtres de Rome, et cruels par devoir.
Cassius alarmé prévoit qu'en ce jour même

Ma main doit sur ton front mettre le diadème :
Déjà même à tes yeux on ose en murmurer.
Des plus impétueux tu devrais t'assurer ; [dre.
A prévenir leurs coups daigne au moins te contrain-

CÉSAR.

Je les aurais punis, si je les pouvais craindre. 310
Ne me conseille point de me faire haïr.
Je sais combattre, vaincre, et ne sais point punir.
Allons ; et, n'écoutant ni soupçon ni vengeance,
Sur l'univers soumis régnons sans violence.

ACTE SECOND.

SCÈNE I.

BRUTUS, ANTOINE, DOLABELLA.

ANTOINE.

Ce superbe refus, cette animosité
Marquent moins de vertu que de férocité.
Les bontés de César, et surtout sa puissance,
Méritaient plus d'égards et plus de complaisance :
A lui parler du moins vous pourriez consentir.
Vous ne connaissez pas qui vous osez haïr ; 320
Et vous en frémiriez, si vous pouviez apprendre...

BRUTUS.

Ah ! je frémis déjà ; mais c'est de vous entendre.
Ennemi des Romains, que vous avez vendus,
Pensez-vous ou tromper ou corrompre Brutus ?
Allez ramper sans moi sous la main qui vous brave :

Je sais tous vos desseins, vous brûlez d'être esclave ;
Vous voulez un monarque, et vous êtes Romain !
ANTOINE.
Je suis ami, Brutus, et porte un cœur humain :
Je ne recherche point une vertu plus rare.
Tu veux être un héros : va, tu n'es qu'un barbare ; 330
Et ton farouche orgueil, que rien ne peut fléchir,
Embrassa la vertu pour la faire haïr.

SCÈNE II.

BRUTUS.

Quelle bassesse, ô ciel ! et quelle ignominie !
Voilà donc les soutiens de ma triste patrie !
Voilà vos successeurs, Horace, Décius ;
Et toi vengeur des lois, toi, mon sang, toi, Brutus !
Quels restes, justes dieux, de la grandeur romaine !
Chacun baise en tremblant la main qui nous enchaîne.
César nous a ravi jusques à nos vertus ;
Et je cherche ici Rome, et ne la trouve plus. 340
Vous que j'ai vus périr, vous, immortels courages,
Héros, dont en pleurant j'aperçois les images,
Famille de Pompée, et toi, divin Caton,
Toi, dernier des héros du sang de Scipion,
Vous ranimez en moi ces vives étincelles
Des vertus dont brillaient vos âmes immortelles.
Vous vivez dans Brutus, vous mettez dans mon sein
Tout l'honneur qu'un tyran ravit au nom romain.
Que vois-je, grand Pompée, au pied de ta statue ?
Quel billet, sous mon nom, se présente à ma vue ? 350
Lisons : « Tu dors, Brutus, et Rome est dans les fers ! »
Rome, mes yeux sur toi seront toujours ouverts ;
Ne me reproche point des chaînes que j'abhorre.
Mais quel autre billet à mes yeux s'offre encore ?

« Non, tu n'es pas Brutus! » Ah! reproche cruel!
César! tremble, tyran! voilà ton coup mortel!
« Non, tu n'es pas Brutus! » Je le suis, je veux l'être.
Je périrai, Romains, ou vous serez sans maître.
Je vois que Rome encore a des cœurs vertueux :
On demande un vengeur, on a sur moi les yeux; 360
On excite cette âme, et cette main trop lente;
On demande du sang... Rome sera contente.

SCENE III.

BRUTUS, CASSIUS, CINNA, CASCA, DÉCIME, suite.

CASSIUS.
Je t'embrasse, Brutus, pour la dernière fois.
Amis, il faut tomber sous les débris des lois.
De César désormais je n'attends plus de grâce;
Il sait mes sentiments, il connaît notre audace.
Notre âme incorruptible étonne ses desseins;
Il va perdre dans nous les derniers des Romains.
C'en est fait, mes amis, il n'est plus de patrie,
Plus d'honneur, plus de lois; Rome est anéantie : 370
De l'univers et d'elle il triomphe aujourd'hui;
Nos imprudents aïeux n'ont vaincu que pour lui.
Ces dépouilles des rois, ce sceptre de la terre,
Six cents ans de vertus, de travaux et de guerre,
César jouit de tout, et dévore le fruit
Que dix siècles de gloire à peine avaient produit.
Ah! Brutus, es-tu né pour servir sous un maître?
La liberté n'est plus.
     BRUTUS. Elle est prête à renaître.
CASSIUS.
Que dis-tu? Mais quel bruit vient frapper mes esprits?
BRUTUS.
Laisse là ce vil peuple et ses indignes cris. 380

CASSIUS.
La liberté, dis-tu?... Mais quoi... le bruit redouble.

SCÈNE IV.

BRUTUS, CASSIUS, CIMBER, DÉCIME.

CASSIUS.
Ah! Cimber, est-ce toi? Parle, quel est ce trouble?
DÉCIME.
Trame-t-on contre Rome un nouvel attentat?
Qu'a-t-on fait? qu'as-tu vu?
     CIMBER. La honte de l'État.
César était au temple, et cette fière idole
Semblait être le dieu qui tonne au Capitole.
C'est là qu'il annonçait son superbe dessein
D'aller joindre la Perse à l'empire romain.
On lui donnait les noms de Foudre de la guerre,
De Vengeur des Romains, de Vainqueur de la terre.
Mais, parmi tant d'éclat, son orgueil imprudent   391
Voulait un autre titre, et n'était pas content.
Enfin, parmi ces cris et ces chants d'allégresse,
Du peuple qui l'entoure Antoine fend la presse ;
Il entre : ô honte! ô crime indigne d'un Romain!
Il entre, la couronne et le sceptre à la main.
On se tait, on frémit : lui, sans que rien l'étonne,
Sur le front de César attache la couronne ;
Et soudain devant lui se mettant à genoux :
« César, règne, dit-il, sur la terre et sur nous. » 400
Des Romains, à ces mots, les visages pâlissent ;
De leurs cris douloureux les voûtes retentissent :
J'ai vu des citoyens s'enfuir avec horreur,
D'autres rougir de honte et pleurer de douleur.
César, qui cependant lisait sur leur visage
De l'indignation l'éclatant témoignage,

Feignant des sentiments longtemps étudiés,
Jette et sceptre et couronne et les foule à ses pieds.
Alors tout se croit libre, alors tout est en proie
Au fol enivrement d'une indiscrète joie. 410
Antoine est alarmé; César feint et rougit :
Plus il cèle son trouble, et plus on l'applaudit;
La modération sert de voile à son crime :
Il affecte à regret un refus magnanime.
Mais, malgré ses efforts, il frémissait tout bas
Qu'on applaudît en lui les vertus qu'il n'a pas.
Enfin, ne pouvant plus retenir sa colère,
Il sort du Capitole avec un front sévère;
Il veut que dans une heure on s'assemble au sénat.
Dans une heure, Brutus, César change l'État. 420
De ce sénat sacré la moitié corrompue,
Ayant acheté Rome, à César l'a vendue :
Plus lâche que ce peuple à qui, dans son malheur,
Le nom de roi du moins fait toujours quelque horreur.
César, déjà trop roi, veut encor la couronne :
Le peuple la refuse, et le sénat la donne.
Que faut-il faire enfin, héros qui m'écoutez?
    CASSIUS.
Mourir, finir des jours dans l'opprobre comptés.
J'ai traîné les liens de mon indigne vie
Tant qu'un peu d'espérance a flatté ma patrie : 430
Voici son dernier jour, et du moins Cassius
Ne doit plus respirer lorsque l'État n'est plus.
Pleure qui voudra Rome, et lui reste fidèle!
Je ne peux la venger, mais j'expire avec elle.
    (*En regardant leurs statues.*)
Je vais où sont nos dieux... Pompée et Scipion,
Il est temps de vous suivre, et d'imiter Caton.
    BRUTUS.
Non, n'imitons personne, et servons tous d'exemple :
C'est nous, braves amis, que l'univers contemple;
C'est à nous de répondre à l'admiration

Que Rome en expirant conserve à notre nom. 446
Si Caton m'avait cru, plus juste en sa furie,
Sur César expirant il eût perdu la vie :
Mais il tourna sur soi ses innocentes mains ;
Sa mort fut inutile au bonheur des humains.
Faisant tout pour la gloire, il ne fit rien pour Rome ;
Et c'est la seule faute où tomba ce grand homme.

CASSIUS.

Que veux-tu donc qu'on fasse en un tel désespoir ?

BRUTUS, *montrant le billet.*

Voilà ce qu'on m'écrit, voilà notre devoir.

CASSIUS.

On m'en écrit autant, j'ai reçu ce reproche.

BRUTUS.

C'est trop le mériter.

CIMBER. L'heure fatale approche. 450
Dans une heure un tyran détruit le nom romain.

BRUTUS.

Dans une heure à César il faut percer le sein.

CASSIUS.

Ah ! je te reconnais à cette noble audace.

DÉCIME.

Ennemi des tyrans, et digne de ta race,
Voilà les sentiments que j'avais dans mon cœur.

CASSIUS.

Tu me rends à moi-même, et je t'en dois l'honneur ;
C'est là ce qu'attendaient ma haine et ma colère
De la mâle vertu qui fait ton caractère.
C'est Rome qui t'inspire en des desseins si grands :
Ton nom seul est l'arrêt de la mort des tyrans. 460
Lavons, mon cher Brutus, l'opprobre de la terre ;
Vengeons ce Capitole, au défaut du tonnerre.
Toi, Cimber ; toi, Cinna ; vous, Romains indomptés,
Avez-vous une autre âme et d'autres volontés ?

CIMBER.

Nous pensons comme toi, nous méprisons la vie :

Nous détestons César, nous aimons la patrie ;
Nous la vengerons tous : Brutus et Cassius
De quiconque est Romain raniment les vertus.
               DÉCIME.
Nés juges de l'État, nés les vengeurs du crime,
C'est souffrir trop longtemps la main qui nous op-
                                              [prime ; 470
Et quand sur un tyran nous suspendons nos coups,
Chaque instant qu'il respire est un crime pour nous.
               CIMBER.
Admettons-nous quelque autre à ces honneurs su-
         BRUTUS.   [prêmes ?
Pour venger la patrie il suffit de nous-mêmes.
Dolabella, Lépide, Émile, Bibulus,
Ou tremblent sous César, ou bien lui sont vendus.
Cicéron, qui d'un traître a puni l'insolence,
Ne sert la liberté que par son éloquence :
Hardi dans le sénat, faible dans le danger,
Fait pour haranguer Rome, et non pour la venger,
Laissons à l'orateur qui charme sa patrie   481
Le soin de nous louer, quand nous l'aurons servie.
Non, ce n'est qu'avec vous que je veux partager
Cet immortel honneur et ce pressant danger.
Dans une heure au sénat le tyran doit se rendre :
Là, je le punirai ; là, je le veux surprendre ;
Là, je veux que ce fer, enfoncé dans son sein,
Venge Caton, Pompée, et le peuple romain.
C'est hasarder beaucoup. Ses ardents satellites
Partout du Capitole occupent les limites ;   490
Ce peuple mou, volage, et facile à fléchir,
Ne sait s'il doit encor l'aimer ou le haïr.
Notre mort, mes amis, paraît inévitable ;
Mais qu'une telle mort est noble et désirable !
Qu'il est beau de périr dans des desseins si grands,
De voir couler son sang dans le sang des tyrans !
Qu'avec plaisir alors on voit sa dernière heure !

Mourons, braves amis, pourvu que César meure,
Et que la liberté, qu'oppriment ses forfaits,
Renaisse de sa cendre et revive à jamais. 500
CASSIUS.
Ne balançons donc plus, courons au Capitole : [mole.
C'est là qu'il nous opprime, et qu'il faut qu'on l'im-
Ne craignons rien du peuple, il semble encor douter;
Mais si l'idole tombe, il va la détester.
BRUTUS.
Jurez donc avec moi, jurez sur cette épée,
Par le sang de Caton, par celui de Pompée,
Par les mânes sacrés de tous ces vrais Romains
Qui dans les champs d'Afrique ont fini leurs destins;
Jurez par tous les dieux, vengeurs de la patrie,
Que César sous vos coups va terminer sa vie. 510
CASSIUS.
Faisons plus, mes amis ; jurons d'exterminer
Quiconque ainsi que lui prétendra gouverner :
Fussent nos propres fils, nos frères ou nos pères;
S'ils sont tyrans, Brutus, ils sont nos adversaires.
Un vrai républicain n'a pour père et pour fils
Que la vertu, les dieux, les lois, et son pays.
BRUTUS.
Oui, j'unis pour jamais mon sang avec le vôtre.
Tous dès ce moment même adoptés l'un par l'autre,
Le salut de l'État nous a rendus parents.
Scellons notre union du sang de nos tyrans. 520
(*Il s'avance vers la statue de Pompée.*)
Nous le jurons par vous, héros dont les images
A ce pressant devoir excitent nos courages ;
Nous promettons, Pompée, à tes sacrés genoux,
De faire tout pour Rome, et jamais rien pour nous ;
D'être unis pour l'État, qui dans nous se rassemble ;
De vivre, de combattre et de mourir ensemble.
Allons, préparons-nous : c'est trop nous arrêter.

SCÈNE V.

CÉSAR, BRUTUS.

CÉSAR.

Demeure, c'est ici que tu dois m'écouter.
Où vas-tu, malheureux?
      BRUTUS. Loin de la tyrannie.
CÉSAR.
Licteurs, qu'on le retienne.
     BRUTUS. Achève, et prends ma vie. 530
CÉSAR.
Brutus, si ma colère en voulait à tes jours,
Je n'aurais qu'à parler, j'aurais fini leur cours.
Tu l'as trop mérité. Ta fière ingratitude
Se fait de m'offenser une farouche étude.
Je te retrouve encore avec ceux des Romains
Dont j'ai plus soupçonné les perfides desseins,
Avec ceux qui tantôt ont osé me déplaire,
Ont blâmé ma conduite, ont bravé ma colère.

BRUTUS.

Ils parlaient en Romains, César; et leurs avis,
Si les dieux t'inspiraient, seraient encor suivis. 540
CÉSAR.
Je souffre ton audace, et consens à t'entendre :
De mon rang avec toi je me plais à descendre.
Que me reproches-tu?
     BRUTUS. Le monde ravagé,
Le sang des nations, ton pays saccagé ;
Ton pouvoir, tes vertus, qui font tes injustices;
Qui de tes attentats sont en toi les complices;
Ta funeste bonté qui fait aimer tes fers,
Et qui n'est qu'un appât pour tromper l'univers.

9.

CÉSAR.
Ah! c'est ce qu'il fallait reprocher à Pompée.
Par sa feinte vertu la tienne fut trompée. 550
Ce citoyen superbe, à Rome plus fatal,
N'a pas même voulu César pour son égal.
Crois-tu, s'il m'eût vaincu, que cette âme hautaine
Eût laissé respirer la liberté romaine?
Sous un joug despotique il t'aurait accablé.
Qu'eût fait Brutus alors?

BRUTUS. Brutus l'eût immolé.

CÉSAR.
Voilà donc ce qu'enfin ton grand cœur me destine!
Tu ne t'en défends point. Tu vis pour ma ruine,
Brutus!

BRUTUS. Si tu le crois, préviens donc ma fureur.
Qui peut te retenir?

CÉSAR, *lui présentant la lettre de Servilie.*
La nature et mon cœur. 560
Lis, ingrat, lis; connais le sang que tu m'opposes;
Vois qui tu peux haïr, et poursuis si tu l'oses.

BRUTUS.
Où suis-je? qu'ai-je lu? Me trompez-vous, mes yeux?

CÉSAR.
Eh bien! Brutus, mon fils!

BRUTUS. Lui mon père, grands dieux!

CÉSAR.
Oui, je le suis, ingrat! Quel silence farouche!
Que dis-je? quels sanglots échappent de ta bouche?
Mon fils... Quoi! je te tiens muet entre mes bras!
La nature t'étonne, et ne t'attendrit pas!

BRUTUS.
O sort épouvantable, et qui me désespère!
O serments! ô patrie! ô Rome toujours chère! 570
César!... Ah! malheureux! j'ai trop longtemps vécu.

CÉSAR.
Parle. Quoi! d'un remords ton cœur est combattu!

Ne me déguise rien. Tu gardes le silence!
Tu crains d'être mon fils; ce nom sacré t'offense :
Tu crains de me chérir, de partager mon rang;
C'est un malheur pour toi d'être né de mon sang!
Ah! ce sceptre du monde, et ce pouvoir suprême,
Ce César que tu hais, les voulait pour toi-même.
Je voulais partager avec Octave et toi
Le prix de cent combats et le titre de roi. 580
BRUTUS.
Ah! dieux!
CÉSAR.
Tu veux parler, et te retiens à peine!
Ces transports sont-ils donc de tendresse ou de haine?
Quel est donc le secret qui semble t'accabler?
BRUTUS.
César...
CÉSAR.
Eh bien! mon fils?
BRUTUS.
Je ne puis lui parler.
CÉSAR.
Tu n'oses me nommer du tendre nom de père?
BRUTUS.
Si tu l'es, je te fais une unique prière.
CÉSAR.
Parle : en te l'accordant je croirai tout gagner.
BRUTUS.
Fais-moi mourir sur l'heure, ou cesse de régner.
CÉSAR.
Ah! barbare ennemi, tigre que je caresse!
Ah! cœur dénaturé qu'endurcit ma tendresse! 590
Va, tu n'es plus mon fils. Va, cruel citoyen,
Mon cœur désespéré prend l'exemple du tien :
Ce cœur, à qui tu fais cette effroyable injure,
Saura bien comme toi vaincre enfin la nature.
Va, César n'est pas fait pour te prier en vain;
J'apprendrai de Brutus à cesser d'être humain :
Je ne te connais plus. Libre dans ma puissance,
Je n'écouterai plus une injuste clémence.

Tranquille, à mon courroux je vais m'abandonner ;
Mon cœur trop indulgent est las de pardonner. 600
J'imiterai Sylla, mais dans ses violences ;
Vous tremblerez, ingrats, au bruit de mes vengeances.
Va, cruel, va trouver tes indignes amis :
Tous m'ont osé déplaire, ils seront tous punis.
On sait ce que je puis, on verra ce que j'ose :
Je deviendrai barbare, et toi seul en es cause.
BRUTUS.
Ah! ne le quittons point dans ses cruels desseins,
Et sauvons, s'il se peut, César et les Romains.

ACTE TROISIÈME.

SCÈNE I.

CASSIUS, CIMBER, DÉCIME, CINNA, CASCA,
les conjurés.

CASSIUS.
Enfin donc l'heure approche où Rome va renaître.
La maîtresse du monde est aujourd'hui sans maître :
L'honneur en est à vous, Cimber, Casca, Probus, 611
Décime. Encore une heure, et le tyran n'est plus.
Ce que n'ont pu Caton, et Pompée, et l'Asie,
Nous seuls l'exécutons, nous vengeons la patrie ;
Et je veux qu'en ce jour on dise à l'univers :
« Mortels, respectez Rome ; elle n'est plus aux fers. »
CIMBER.
Tu vois tous nos amis, ils sont prêts à te suivre,
A frapper, à mourir, à vivre s'il faut vivre ;

A servir le sénat dans l'un ou l'autre sort,
En donnant à César ou recevant la mort.   620
    DÉCIME.
Mais d'où vient que Brutus ne paraît point encore,
Lui, ce fier ennemi du tyran qu'il abhorre ;
Lui qui prit nos serments, qui nous rassembla tous ;
Lui qui doit sur César porter les premiers coups ?
Le gendre de Caton tarde bien à paraître.
Serait-il arrêté ? César peut-il connaître...
Mais le voici. Grands dieux ! qu'il paraît abattu !

SCÈNE II.

CASSIUS, BRUTUS, CIMBER, CASCA, DÉCIME,
les conjurés.

    CASSIUS.
Brutus, quelle infortune accable ta vertu ?
Le tyran sait-il tout ? Rome est-elle trahie ?
    BRUTUS.
Non, César ne sait point qu'on va trancher sa vie.
Il se confie à vous.
    DÉCIME. Qui peut donc te troubler ?   631
    BRUTUS.
Un malheur, un secret qui vous fera trembler.
    CASSIUS.
De nous ou du tyran c'est la mort qui s'apprête.
Nous pouvons tous périr ; mais trembler, nous !
    BRUTUS. Arrête :
Je vais t'épouvanter par ce secret affreux.
Je dois sa mort à Rome, à vous, à nos neveux,
Au bonheur des mortels ; et j'avais choisi l'heure,
Le lieu, le bras, l'instant où Rome veut qu'il meure :
L'honneur du premier coup à mes mains est remis ;
Tout est prêt : apprenez que Brutus est son fils.   640

CIMBER.
Toi, son fils!
CASSIUS. De César!
DÉCIME. O Rome!
BRUTUS. Servilie
Par un hymen secret à César fut unie;
Je suis de cet hymen le fruit infortuné.
CIMBER.
Brutus, fils d'un tyran!
CASSIUS. Non, tu n'en es pas né;
Ton cœur est trop romain.
BRUTUS. Ma honte est véritable.
Vous, amis, qui voyez le destin qui m'accable,
Soyez par mes serments les maîtres de mon sort.
Est-il quelqu'un de vous d'un esprit assez fort,
Assez stoïque, assez au-dessus du vulgaire,
Pour oser décider ce que Brutus doit faire ? 650
Je m'en remets à vous. Quoi! vous baissez les yeux!
Toi, Cassius, aussi, tu te tais avec eux!
Aucun ne me soutient au bord de cet abîme!
Aucun ne m'encourage ou ne m'arrache au crime!
Tu frémis, Cassius! et, prompt à t'étonner...
CASSIUS.
Je frémis du conseil que je vais te donner.
BRUTUS.
Parle.
CASSIUS. Si tu n'étais qu'un citoyen vulgaire,
Je te dirais : «Va, sers, sois tyran sous ton père;
Écrase cet État que tu dois soutenir :
Rome aura désormais deux traîtres à punir.» 660
Mais je parle à Brutus, à ce puissant génie,
A ce héros armé contre la tyrannie,
Dont le cœur inflexible, au bien déterminé,
Épura tout le sang que César t'a donné.
Écoute : tu connais avec quelle furie
Jadis Catilina menaça sa patrie?

BRUTUS.
Oui.
CASSIUS. Si, le même jour que ce grand criminel
Dut à la liberté porter le coup mortel ;
Si, lorsque le sénat eut condamné ce traître,
Catilina pour fils t'eût voulu reconnaître, 670
Entre ce monstre et nous forcé de décider,
Parle : qu'aurais-tu fait ?
       BRUTUS. Peux-tu le demander ?
Penses-tu qu'un instant ma vertu démentie
Eût mis dans la balance un homme et la patrie ?
   CASSIUS.
Brutus, par ce seul mot ton devoir est dicté ;
C'est l'arrêt du sénat : Rome est en sûreté.
Mais, dis, sens-tu ce trouble et ce secret murmure
Qu'un préjugé vulgaire impute à la nature ?
Un seul mot de César a-t-il éteint dans toi
L'amour de ton pays, ton devoir et ta foi ? 680
En disant ce secret, ou faux ou véritable,
Et t'avouant pour fils, en est-il moins coupable ?
En es-tu moins Brutus ? en es-tu moins Romain ?
Nous dois-tu moins ta vie, et ton cœur, et ta main ?
Toi, son fils ! Rome enfin n'est-elle plus ta mère ?
Chacun des conjurés n'est-il donc plus ton frère ?
Né dans nos murs sacrés, nourri par Scipion,
Élève de Pompée, adopté par Caton,
Ami de Cassius, que veux-tu davantage ?
Ces titres sont sacrés, tout autre les outrage. 690
Qu'importe qu'un tyran, esclave de l'amour,
Ait séduit Servilie et t'ait donné le jour ?
Laisse là les erreurs et l'hymen de ta mère ;
Caton forma tes mœurs, Caton seul est ton père ;
Tu lui dois ta vertu, ton âme est toute à lui :
Brise l'indigne nœud que l'on t'offre aujourd'hui ;
Qu'à nos serments communs ta fermeté réponde,
Et tu n'as de parents que les vengeurs du monde.

BRUTUS.
Et vous, braves amis, parlez, que pensez-vous ?
CIMBER.
Jugez de nous par lui, jugez de lui par nous. 700
D'un autre sentiment si nous étions capables,
Rome n'aurait point eu des enfants plus coupables.
Mais à d'autres qu'à toi pourquoi t'en rapporter ?
C'est ton cœur, c'est Brutus qu'il te faut consulter.
BRUTUS.
Eh bien ! à vos regards mon âme est dévoilée,
Lisez-y les horreurs dont elle est accablée.
Je ne vous cèle rien, ce cœur s'est ébranlé ;
De mes stoïques yeux des larmes ont coulé.
Après l'affreux serment que vous m'avez vu faire,
Prêt à servir l'État, mais à tuer mon père ; 710
Pleurant d'être son fils, honteux de ses bienfaits,
Admirant ses vertus, condamnant ses forfaits :
Voyant en lui mon père, un coupable, un grand
Entraîné par César, et retenu par Rome ; [homme,
D'horreur et de pitié mes esprits déchirés
Ont souhaité la mort que vous lui préparez.
Je vous dirai bien plus ; sachez que je l'estime :
Son grand cœur me séduit, au sein même du crime ;
Et si sur les Romains quelqu'un pouvait régner,
Il est le seul tyran que l'on dût épargner. 720
Ne vous alarmez point ; ce nom que je déteste,
Ce nom seul de tyran l'emporte sur le reste.
Le sénat, Rome, et vous, vous avez tous ma foi :
Le bien du monde entier me parle contre un roi.
J'embrasse avec horreur une vertu cruelle ;
J'en frissonne à vos yeux, mais je vous suis fidèle.
César me va parler : que ne puis-je aujourd'hui
L'attendrir, le changer, sauver l'État et lui !
Veuillent les immortels, s'expliquant par ma bouche,
Prêter à mon organe un pouvoir qui le touche ! 730
Mais si je n'obtiens rien de cet ambitieux,

9.

Levez le bras, frappez, je détourne les yeux.
Je ne trahirai point mon pays pour mon père :
Que l'on approuve, ou non, ma fermeté sévère ;
Qu'à l'univers surpris cette grande action
Soit un objet d'horreur ou d'admiration :
Mon esprit, peu jaloux de vivre en la mémoire,
Ne considère point le reproche ou la gloire.
Toujours indépendant, et toujours citoyen,
Mon devoir me suffit, tout le reste n'est rien. 740
Allez, ne songez plus qu'à sortir d'esclavage.

CASSIUS.

Du salut de l'État ta parole est le gage.
Nous comptons tous sur toi, comme si dans ces lieux
Nous entendions Caton, Rome même, et nos dieux.

SCÈNE III.

BRUTUS.

Voici donc le moment où César va m'entendre ;
Voici ce Capitole où la mort va l'attendre.
Épargnez-moi, grands dieux, l'horreur de le haïr !
Dieux, arrêtez ces bras levés pour le punir ! [chère ;
Rendez, s'il se peut, Rome à son grand cœur plus
Et faites qu'il soit juste, afin qu'il soit mon père ! 750
Le voici. Je demeure immobile, éperdu.
O mânes de Caton, soutenez ma vertu !

SCÈNE IV.

CÉSAR, BRUTUS.

CÉSAR.

Eh bien ! que veux-tu ? Parle. As-tu le cœur d'un
Es-tu fils de César ? [homme ?

BRUTUS. Oui, si tu l'es de Rome.

CÉSAR.
Républicain farouche, où vas-tu t'emporter ?
N'as-tu voulu me voir que pour mieux m'insulter ?
Quoi ! tandis que sur toi mes faveurs se répandent,
Que du monde soumis les hommages t'attendent,
L'empire, mes bontés, rien ne fléchit ton cœur ?
De quel œil vois-tu donc le sceptre ?

BRUTUS. Avec horreur.

CÉSAR.
Je plains tes préjugés, je les excuse même. 761
Mais peux-tu me haïr ?

BRUTUS. Non, César, et je t'aime.
Mon cœur par tes exploits fut pour toi prévenu,
Avant que pour ton sang tu m'eusses reconnu.
Je me suis plaint aux dieux de voir qu'un si grand
Fût à la fois la gloire et le fléau de Rome. [homme
Je déteste César avec le nom de roi :
Mais César citoyen serait un dieu pour moi ;
Je lui sacrifierais ma fortune et ma vie.

CÉSAR.
Que peux-tu donc haïr en moi ?

BRUTUS. La tyrannie. 770
Daigne écouter les vœux, les larmes, les avis
De tous les vrais Romains, du sénat, de ton fils.
Veux-tu vivre en effet le premier de la terre,
Jouir d'un droit plus saint que celui de la guerre,
Être encor plus que roi, plus même que César ?

CÉSAR.
Eh bien ?

BRUTUS. Tu vois la terre enchaînée à ton char :
Romps nos fers, sois Romain, renonce au diadème.

CÉSAR.
Ah ! que proposes-tu ?

BRUTUS. Ce qu'a fait Sylla même.
Longtemps dans notre sang Sylla s'était noyé ;

Il rendit Rome libre, et tout fut oublié. 780
Cet assassin illustre, entouré de victimes,
En descendant du trône effaça tous ses crimes.
Tu n'eus point ses fureurs, ose avoir ses vertus.
Ton cœur sut pardonner; César, fais encor plus !
Que servent désormais les grâces que tu donnes?
C'est à Rome, à l'État qu'il faut que tu pardonnes.
Alors, plus qu'à ton rang nos cœurs te sont soumis;
Alors tu sais régner; alors je suis ton fils.
Quoi ! je te parle en vain ?

CÉSAR. Rome demande un maître;
Un jour à tes dépens tu l'apprendras peut-être. 790
Tu vois nos citoyens plus puissants que des rois :
Nos mœurs changent, Brutus; il faut changer nos lois.
La liberté n'est plus que le droit de se nuire :
Rome, qui détruit tout, semble enfin se détruire.
Ce colosse effrayant, dont le monde est foulé,
En pressant l'univers, est lui-même ébranlé.
Il penche vers sa chute, et contre la tempête
Il demande mon bras pour soutenir sa tête.
Enfin, depuis Sylla, nos antiques vertus,
Les lois, Rome, l'État, sont des noms superflus. 800
Dans nos temps corrompus, pleins de guerres civiles,
Tu parles comme au temps des Dèces, des Émiles.
Caton t'a trop séduit, mon cher fils; je prévoi
Que ta triste vertu perdra l'État et toi.
Fais céder, si tu peux, ta raison détrompée
Au vainqueur de Caton, au vainqueur de Pompée,
A ton père qui t'aime, et qui plaint ton erreur.
Sois mon fils en effet, Brutus; rends-moi ton cœur;
Prends d'autres sentiments, ma bonté t'en conjure;
Ne force point ton âme à vaincre la nature. 810
Tu ne me réponds rien ? tu détournes les yeux ?

BRUTUS.
Je ne te connais plus. Tonnez sur moi, grands dieux !
César...

CÉSAR. Quoi! tu t'émeus? ton âme est amollie?
Ah! mon fils!...

BRUTUS. Sais-tu bien qu'il y va de ta vie?
Sais-tu que le sénat n'a point de vrai Romain
Qui n'aspire en secret à te percer le sein?
Que le salut de Rome, et que le tien te touche;
Ton génie alarmé te parle par ma bouche;
Il me pousse, il me presse, il me jette à tes pieds.
(*Il se jette à ses genoux.*)
César, au nom des dieux, dans ton cœur oubliés; 820
Au nom de tes vertus, de Rome et de toi-même,
Dirai-je au nom d'un fils qui frémit et qui t'aime,
Qui te préfère au monde, et Rome seule à toi?
Ne me rebute pas!

CÉSAR. Malheureux! laisse-moi.
Que me veux-tu?

BRUTUS. Crois-moi, ne sois point insensible.

CÉSAR.
L'univers peut changer; mon âme est inflexible.

BRUTUS.
Voilà donc ta réponse?

CÉSAR. Oui, tout est résolu.
Rome doit obéir, quand César a voulu.

BRUTUS, *d'un air consterné.*
Adieu, César.

CÉSAR. Eh quoi! d'où viennent tes alarmes?
Demeure encor, mon fils. Quoi! tu verses des larmes!
Quoi! Brutus peut pleurer! Est-ce d'avoir un roi?
Pleures-tu les Romains?

BRUTUS. Je ne pleure que toi. 832
Adieu, te dis-je.

CÉSAR. O Rome! ô rigueur héroïque!
Que ne puis-je à ce point aimer ma république!

SCÈNE V.

CÉSAR, DOLABELLA, Romains.

DOLABELLA.
Le sénat par ton ordre au temple est arrivé :
On n'attend plus que toi, le trône est élevé.
Tous ceux qui t'ont vendu leur vie et leurs suffrages
Vont prodiguer l'encens au pied de tes images.
J'amène devant toi la foule des Romains :
Le sénat va fixer leurs esprits incertains ; 840
Mais si César croyait un citoyen qui l'aime,
Nos présages affreux, nos devins, nos dieux même,
César différerait ce grand événement.
CÉSAR.
Quoi ! lorsqu'il faut régner, différer d'un moment !
Qui pourrait m'arrêter, moi ?
DOLABELLA. Toute la nature
Conspire à t'avertir par un sinistre augure.
Le ciel, qui fait les rois, redoute ton trépas.
CÉSAR.
Va, César n'est qu'un homme, et je ne pense pas
Que le ciel de mon sort à ce point s'inquiète,
Qu'il anime pour moi la nature muette, 850
Et que les éléments paraissent confondus,
Pour qu'un mortel ici respire un jour de plus.
Les dieux du haut du ciel ont compté nos années ;
Suivons sans reculer nos hautes destinées.
César n'a rien à craindre.
DOLABELLA. Il a des ennemis
Qui sous un joug nouveau sont à peine asservis :
Qui sait s'ils n'auraient point conspiré leur vengeance ?
CÉSAR.
Ils n'oseraient.

DOLABELLA. Ton cœur a trop de confiance.
CÉSAR.
Tant de précautions contre mon jour fatal
Me rendraient méprisable et me défendraient mal.
DOLABELLA.
Pour le salut de Rome il faut que César vive ; 861
Dans le sénat au moins permets que je te suive.
CÉSAR.
Non : pourquoi changer l'ordre entre nous concerté ?
N'avançons point, ami, le moment arrêté :
Qui change ses desseins découvre sa faiblesse.
DOLABELLA.
Je te quitte à regret. Je crains, je le confesse :
Ce nouveau mouvement dans mon cœur est trop fort.
CÉSAR.
Va, j'aime mieux mourir que de craindre la mort !
Allons.

SCÈNE VI.

DOLABELLA, Romains.

DOLABELLA. Chers citoyens, quel héros, quel courage
De la terre et de vous méritait mieux l'hommage ? 870
Joignez vos vœux aux miens, peuples qui l'admirez ;
Confirmez les honneurs qui lui sont préparés ;
Vivez pour le servir, mourez pour le défendre...
Quelles clameurs, ô ciel, quels cris se font entendre !
LES CONJURÉS, *derrière le théâtre.*
Meurs, expire, tyran ! Courage, Cassius !
DOLABELLA.
Ah ! courons le sauver.

SCÈNE VII.

CASSIUS, *un poignard à la main;* DOLABELLA,
Romains.

CASSIUS. C'en est fait, il n'est plus.
DOLABELLA.
Peuple, secondez-moi; frappons, perçons ce traître.
CASSIUS.
Peuples, imitez-moi, vous n'avez plus de maître.
Nation de héros, vainqueurs de l'univers,
Vive la liberté! ma main brise vos fers. 880
DOLABELLA.
Vous trahissez, Romains, le sang de ce grand homme.
CASSIUS.
J'ai tué mon ami pour le salut de Rome!
Il vous asservit tous, son sang est répandu.
Est-il quelqu'un de vous de si peu de vertu,
D'un esprit si rampant, d'un si faible courage,
Qu'il puisse regretter César et l'esclavage?
Quel est ce vil Romain qui veut avoir un roi?
S'il en est un, qu'il parle, et qu'il se plaigne à moi.
Mais vous m'applaudissez, vous aimez tous la gloire.
ROMAINS.
César fut un tyran : périsse sa mémoire! 890
CASSIUS.
Maîtres du monde entier, de Rome heureux enfants,
Conservez à jamais ces nobles sentiments.
Je sais que devant vous Antoine va paraître :
Amis, souvenez-vous que César fut son maître;
Qu'il a servi sous lui dès ses plus jeunes ans
Dans l'école du crime et dans l'art des tyrans.
Il vient justifier son maître et son empire;
Il vous méprise assez pour penser vous séduire.

Sans doute il peut ici faire entendre sa voix :
Telle est la loi de Rome, et j'obéis aux lois. 900
Le peuple est désormais leur organe suprême,
Le juge de César, d'Antoine, de moi-même.
Vous rentrez dans vos droits indignement perdus ;
César vous les ravit, je vous les ai rendus :
Je les veux affermir. Je rentre au Capitole ;
Brutus est au sénat ; il m'attend et j'y vole.
Je vais avec Brutus, en ces murs désolés,
Rappeler la justice et nos dieux exilés,
Étouffer des méchants les fureurs intestines
Et de la liberté réparer les ruines. 910
Vous, Romains, seulement consentez d'être heureux,
Ne vous trahissez pas, c'est tout ce que je veux ;
Redoutez tout d'Antoine, et surtout l'artifice.

ROMAINS.
S'il vous ose accuser, que lui-même il périsse !
CASSIUS.
Souvenez-vous, Romains, de ces serments sacrés.
ROMAINS.
Aux vengeurs de l'État nos cœurs sont assurés.

SCÈNE VIII.

ANTOINE, Romains, DOLABELLA.

UN ROMAIN.
Mais Antoine paraît.
  AUTRE ROMAIN. Qu'osera-t-il nous dire ?
UN ROMAIN.
Ses yeux versent des pleurs ; il se trouble, il sou-
 UN AUTRE.   [pire.
Il aimait trop César.
  ANTOINE, *montant à la tribune aux harangues.*

Oui, je l'aimais, Romains ;
Oui, j'aurais de mes jours prolongé ses destins. 920
Hélas ! vous avez tous pensé comme moi-même ;
Et lorsque, de son front ôtant le diadème,
Ce héros à vos lois s'immolait aujourd'hui,
Qui de vous en effet n'eût expiré pour lui ?
Hélas ! je ne viens point célébrer sa mémoire :
La voix du monde entier parle assez de sa gloire ;
Mais de mon désespoir ayez quelque pitié,
Et pardonnez du moins des pleurs à l'amitié.

UN ROMAIN.

Il les fallait verser quand Rome avait un maître.
César fut un héros ; mais César fut un traître. 930

AUTRE ROMAIN.

Puisqu'il était tyran, il n'eut point de vertus.

UN TROISIÈME.

Oui, nous approuvons tous Cassius et Brutus.

ANTOINE.

Contre ses meurtriers je n'ai rien à vous dire ;
C'est à servir l'État que leur grand cœur aspire.
De votre dictateur ils ont percé le flanc :
Comblés de ses bienfaits, ils sont teints de son sang.
Pour forcer des Romains à ce coup détestable,
Sans doute il fallait bien que César fût coupable ;
Je le crois. Mais enfin César a-t-il jamais
De son pouvoir sur vous appesanti le faix ? 940
A-t-il gardé pour lui le fruit de ses conquêtes ?
Des dépouilles du monde il couronnait vos têtes.
Tout l'or des nations qui tombaient sous ses coups,
Tout le prix de son sang fut prodigué pour vous.
De son char de triomphe il voyait vos alarmes :
César en descendait pour essuyer vos larmes.
Du monde qu'il soumit vous triomphez en paix,
Puissants par son courage, heureux par ses bienfaits.
Il payait le service, il pardonnait l'outrage.
Vous le savez, grands dieux ! vous, dont il fut l'image,

Vous, dieux, qui lui laissiez le monde à gouverner,
Vous savez si son cœur aimait à pardonner ! 952
ROMAINS.
Il est vrai que César fit aimer sa clémence.
ANTOINE.
Hélas ! si sa grande âme eût connu la vengeance,
Il vivrait, et sa vie eût rempli mes souhaits.
Sur tous ses meurtriers il versa ses bienfaits ;
Deux fois à Cassius il conserva la vie.
Brutus... où suis-je ? ô ciel ! ô crime ! ô barbarie !
Chers amis, je succombe ; et mes sens interdits...
Brutus, son assassin !... ce monstre était son fils. 960
ROMAINS.
Ah dieux !
ANTOINE. Je vois frémir vos généreux courages ;
Amis, je vois les pleurs qui mouillent vos visages.
Oui, Brutus est son fils ; mais vous qui m'écoutez,
Vous étiez ses enfants dans son cœur adoptés.
Hélas ! si vous saviez sa volonté dernière !
ROMAINS.
Quelle est-elle ? parlez.
ANTOINE. Rome est son héritière.
Ses trésors sont vos biens ; vous en allez jouir :
Au delà du tombeau César veut vous servir.
C'est vous seuls qu'il aimait ; c'est pour vous qu'en
Il allait prodiguer sa fortune et sa vie.   [Asie
« O Romains ! disait-il, peuple-roi que je sers, 971
« Commandez à César, César à l'univers. »
Brutus ou Cassius eût-il fait davantage ?
ROMAINS.
Ah ! nous les détestons. Ce doute nous outrage.
UN ROMAIN.
César fut en effet le père de l'État.
ANTOINE.
Votre père n'est plus : un lâche assassinat
Vient de trancher ici les jours de ce grand homme,

L'honneur de la nature et la gloire de Rome.
Romains, priverez-vous des honneurs du bûcher
Ce père, cet ami, qui vous était si cher ? 980
On l'apporte à vos yeux.

(*Le fond du théâtre s'ouvre ; des licteurs apportent le corps de César, couvert d'une robe sanglante ; Antoine descend de la tribune et se jette à genoux auprès du corps.*)

ROMAINS. O spectacle funeste !

ANTOINE.

Du plus grand des Romains voilà ce qui vous reste ;
Voilà ce dieu vengeur, idolâtré par vous,
Que ses assassins même adoraient à genoux ;
Qui, toujours votre appui dans la paix, dans la guerre,
Une heure auparavant faisait trembler la terre ;
Qui devait enchaîner Babylone à son char.
Amis, en cet état connaissez-vous César ?
Vous les voyez, Romains, vous touchez ces blessures,
Ce sang qu'ont sous vos yeux versé des mains parjures.
Là, Cimber l'a frappé ; là, sur le grand César 991
Cassius et Décime enfonçaient leur poignard.
Là, Brutus éperdu, Brutus l'âme égarée,
A souillé dans ses flancs sa main dénaturée.
César, le regardant d'un œil tranquille et doux,
Lui pardonnait encore en tombant sous ses coups ;
Il l'appelait son fils ; et ce nom cher et tendre
Est le seul qu'en mourant César ait fait entendre :
« O mon fils ! » disait-il.

UN ROMAIN. O monstre que les dieux
Devaient exterminer avant ce coup affreux ! 1000

AUTRES ROMAINS, *en regardant le corps, dont ils sont proches.*

Dieux ! son sang coule encore.

ANTOINE. Il demande vengeance.
Il l'attend de vos mains et de votre vaillance.

Entendez-vous sa voix ? Réveillez-vous, Romains ;
Marchez, suivez-moi tous contre ses assassins :
Ce sont là les honneurs qu'à César on doit rendre.
Des brandons du bûcher qui va le mettre en cendre,
Embrasons les palais de ces fiers conjurés ;
Enfonçons dans leur sein nos bras désespérés.
Venez, dignes amis ; venez, vengeurs des crimes,
Aux dieux de la patrie immoler ces victimes. 1010
   ROMAINS.
Oui, nous les punirons ; oui, nous suivrons vos pas.
Nous jurons par son sang de venger son trépas.
Courons.
ANTOINE, *à Dolabella.* Ne laissons pas leur fureur
Précipitons ce peuple inconstant et facile : [inutile ;
Entraînons-le à la guerre ; et, sans rien ménager,
Succédons à César, en courant le venger. 1016

FIN DE LA MORT DE CÉSAR.

ALZIRE

ou

LES AMÉRICAINS.

TRAGÉDIE.

(1736.)

PERSONNAGES. — D. Gusman, gouverneur du Pérou. — D. Alvarez, père de Gusman, ancien gouverneur. — Zamore, souverain d'une partie du Potoze. — Montèze, souverain d'une autre partie. — Alzire, fille de Montèze. — Émire, Céphane, suivantes d'Alzire. — D. Alonze, officier espagnol. — Officiers espagnols. — Américains.

La scène est dans la ville de Los-Reyes, autrement Lima.

ACTE PREMIER.

SCÈNE I.

ALVAREZ, GUSMAN.

ALVAREZ.
Du conseil de Madrid l'autorité suprême
Pour successeur enfin me donne un fils que j'aime.
Faites régner le prince et le Dieu que je sers
Sur la riche moitié d'un nouvel univers :
Gouvernez cette rive, en malheurs trop féconde,
Qui produit les trésors et les crimes du monde.
Je vous remets, mon fils, ces honneurs souverains

Que la vieillesse arrache à mes débiles mains.
J'ai consumé mon âge au sein de l'Amérique ;
Je montrai le premier au peuple du Mexique 10
L'appareil inouï, pour ces mortels nouveaux,
De nos châteaux ailés qui volaient sur les eaux :
Des mers de Magellan jusqu'aux astres de l'Ourse,
Les vainqueurs castillans ont dirigé ma course :
Heureux si j'avais pu, pour fruit de mes travaux,
En mortels vertueux changer tous ces héros !
Mais qui peut arrêter l'abus de la victoire ?
Leurs cruautés, mon fils, ont obscurci leur gloire ;
Et j'ai pleuré longtemps sur ces tristes vainqueurs,
Que le ciel fit si grands, sans les rendre meilleurs. 20
Je touche au dernier pas de ma longue carrière,
Et mes yeux sans regret quitteront la lumière,
S'ils vous ont vu régir sous d'équitables lois
L'empire du Potoze et la ville des rois.

GUSMAN.

J'ai conquis avec vous ce sauvage hémisphère ;
Dans ces climats brûlants j'ai vaincu sous mon père ;
Je dois de vous encore apprendre à gouverner,
Et recevoir vos lois plutôt que d'en donner.

ALVAREZ.

Non, non, l'autorité ne veut point de partage.
Consumé de travaux, appesanti par l'âge, 30
Je suis las du pouvoir ; c'est assez si ma voix
Parle encore au conseil et règle vos exploits.
Croyez-moi, les humains, que j'ai trop su connaître,
Méritent peu, mon fils, qu'on veuille être leur maître.
Je consacre à mon Dieu, négligé trop longtemps,
De ma caducité les restes languissants.
Je ne veux qu'une grâce, elle me sera chère :
Je l'attends comme ami, je la demande en père.
Mon fils, remettez-moi ces esclaves obscurs
Aujourd'hui par votre ordre arrêtés dans nos murs. 40
Songez que ce grand jour doit être un jour propice,

Marqué par la clémence, et non par la justice.
GUSMAN.
Quand vous priez un fils, seigneur, vous commandez;
Mais daignez voir au moins ce que vous hasardez.
D'une ville naissante, encor mal assurée,
Au peuple américain nous défendons l'entrée :
Empêchons, croyez-moi, que ce peuple orgueilleux
Au fer qui l'a dompté n'accoutume ses yeux;
Que, méprisant nos lois, et prompt à les enfreindre,
Il ose contempler des maîtres qu'il doit craindre. 50
Il faut toujours qu'il tremble, et n'apprenne à nous voir
Qu'armés de la vengeance, ainsi que du pouvoir.
L'Américain farouche est un monstre sauvage
Qui mord en frémissant le frein de l'esclavage;
Soumis au châtiment, fier de l'impunité,
De la main qui le flatte il se croit redouté.
Tout pouvoir, en un mot, périt par l'indulgence,
Et la sévérité produit l'obéissance.
Je sais qu'aux Castillans il suffit de l'honneur,
Qu'à servir sans murmure ils mettent leur grandeur:
Mais le reste du monde, esclave de la crainte, 61
A besoin qu'on l'opprime, et sert avec contrainte.
Les dieux même adorés dans ces climats affreux,
S'ils ne sont teints de sang, n'obtiennent point de
ALVAREZ. [vœux.
Ah! mon fils, que je hais ces rigueurs tyranniques!
Les pouvez-vous aimer, ces forfaits politiques,
Vous, chrétien, vous choisi pour régner désormais
Sur des chrétiens nouveaux au nom d'un Dieu de paix?
Vos yeux ne sont-ils pas assouvis des ravages
Qui de ce continent dépeuplent les rivages? 70
Des bords de l'Orient n'étais-je donc venu
Dans un monde idolâtre, à l'Europe inconnu,
Que pour voir abhorrer sous ce brûlant tropique
Et le nom de l'Europe et le nom catholique?
Ah! Dieu nous envoyait, quand de nous il fit choix,

Pour annoncer son nom, pour faire aimer ses lois :
Et nous, de ces climats destructeurs implacables,
Nous, et d'or et de sang toujours insatiables,
Déserteurs de ces lois qu'il fallait enseigner,
Nous égorgeons ce peuple au lieu de le gagner ; 80
Par nous tout est en sang, par nous tout est en poudre ;
Et nous n'avons du ciel imité que la foudre.
Notre nom, je l'avoue, inspire la terreur :
Les Espagnols sont craints, mais ils sont en horreur :
Fléaux du nouveau monde, injustes, vains, avares,
Nous seuls en ces climats nous sommes les barbares.
L'Américain, farouche en sa simplicité,
Nous égale en courage et nous passe en bonté.
Hélas ! si comme vous il était sanguinaire,
S'il n'avait des vertus, vous n'auriez plus de père. 90
Avez-vous oublié qu'ils m'ont sauvé le jour ?
Avez-vous oublié que près de ce séjour
Je me vis entouré par ce peuple en furie,
Rendu cruel enfin par notre barbarie ?
Tous les miens, à mes yeux, terminèrent leur sort.
J'étais seul, sans secours, et j'attendais la mort :
Mais à mon nom, mon fils, je vis tomber leurs larmes.
Un jeune Américain, les yeux baignés de larmes,
Au lieu de me frapper embrasse mes genoux.
« Alvarez, me dit-il, Alvarez, est-ce vous ? 100
« Vivez, votre vertu nous est trop nécessaire ;
« Vivez, aux malheureux servez longtemps de père ;
« Qu'un peuple de tyrans, qui veut nous enchaîner,
« Du moins par cet exemple apprenne à pardonner !
« Allez, la grandeur d'âme est ici le partage
« Du peuple infortuné qu'ils ont nommé sauvage. »
Eh bien ! vous gémissez : je sens qu'à ce récit
Votre cœur, malgré vous, s'émeut et s'adoucit ;
L'humanité vous parle, ainsi que votre père.
Ah ! si la cruauté vous était toujours chère, 110
De quel front aujourd'hui pourriez-vous vous offrir

Voltaire.   10

Au vertueux objet qu'il vous faut attendrir ;
A la fille des rois de ces tristes contrées,
Qu'à vos sanglantes mains 'a fortune a livrées?
Prétendez-vous, mon fils, cimenter ces liens
Par le sang répandu de ses concitoyens ?
Ou bien attendez-vous que ses cris et ses larmes
De vos sévères mains fassent tomber les armes?

GUSMAN.

Eh bien ! vous l'ordonnez, je brise leurs liens,
J'y consens ; mais songez qu'il faut qu'ils soient chré-
Ainsi le veut la loi : quitter l'idolâtrie   [tiens. 120
Est un titre en ces lieux pour mériter la vie ;
A la religion gagnons-les à ce prix :
Commandons aux cœurs même, et forçons les esprits.
De la nécessité le pouvoir invincible
Traîne au pied des autels un courage inflexible.
Je veux que ces mortels, esclaves de ma loi,
Tremblent sous un seul Dieu, comme sous un seul roi.

ALVAREZ.

Écoutez-moi, mon fils ; plus que vous je désire
Qu'ici la vérité fonde un nouvel empire,   130
Que le ciel et l'Espagne y soient sans ennemis :
Mais les cœurs opprimés ne sont jamais soumis.
J'en ai gagné plus d'un, je n'ai forcé personne ;
Et le vrai Dieu, mon fils, c'est un Dieu qui pardonne.

GUSMAN.

Je me rends donc, seigneur, et vous l'avez voulu :
Vous avez sur un fils un pouvoir absolu ;
Oui, vous amolliriez le cœur le plus farouche :
L'indulgente vertu parle par votre bouche.
Eh bien ! puisque le ciel voulut vous accorder
Ce don, cet heureux don de tout persuader,   140
C'est de vous que j'attends le bonheur de ma vie.
Alzire, contre moi par mes feux enhardie,
Se donnant à regret, ne me rend point heureux.
Je l'aime, je l'avoue, et plus que je ne veux ;

Acte I.]

Mais enfin je ne puis, même en voulant lui plaire,
De mon cœur trop altier fléchir le caractère,
Et, rampant sous ses lois, esclave d'un coup d'œil,
Par des soumissions caresser son orgueil.
Je ne veux point sur moi lui donner tant d'empire.
Vous seul vous pouvez tout sur le père d'Alzire : 150
En un mot, parlez-lui pour la dernière fois ;
Qu'il commande à sa fille et force enfin son choix.
Daignez... Mais c'en est trop, je rougis que mon père
Pour l'intérêt d'un fils s'abaisse à la prière.

ALVAREZ.

C'en est fait... J'ai parlé, mon fils, et sans rougir.
Montèze a vu sa fille, il l'aura su fléchir.
De sa famille auguste, en ces lieux prisonnière,
Le ciel a par mes soins consolé la misère.
Pour le vrai Dieu Montèze a quitté ses faux dieux :
Lui-même de sa fille a dessillé les yeux. 160
De tout ce nouveau monde Alzire est le modèle ;
Les peuples incertains fixent les yeux sur elle :
Son cœur aux Castillans va donner tous les cœurs ;
L'Amérique à genoux adoptera nos mœurs ;
La loi doit y jeter ses racines profondes ;
Votre hymen est le nœud qui joindra les deux mon-
Ces féroces humains qui détestent nos lois,   [des ;
Voyant entre vos bras la fille de leurs rois,
Vont, d'un esprit moins fier et d'un cœur plus facile,
Sous votre joug heureux baisser un front docile ; 170
Et je verrai, mon fils, grâce à ces doux liens,
Tous les cœurs désormais espagnols et chrétiens.
Montèze vient ici. Mon fils, allez m'attendre
Aux autels, où sa fille avec lui va se rendre.

SCÈNE II.

ALVAREZ, MONTÈZE.

ALVAREZ.
Eh bien ! votre sagesse et votre autorité
Ont d'Alzire en effet fléchi la volonté ?
MONTÈZE.
Père des malheureux, pardonne si ma fille,
Dont Gusman détruisit l'empire et la famille,
Semble éprouver encore un reste de terreur,
Et d'un pas chancelant marche vers son vainqueur. 180
Les nœuds qui vont unir l'Europe et ma patrie
Ont révolté ma fille en ces climats nourrie ;
Mais tous les préjugés s'effacent à ta voix :
Tes mœurs nous ont appris à révérer tes lois.
C'est par toi que le ciel à nous s'est fait connaître ;
Notre esprit éclairé te doit son nouvel être.
Sous le fer castillan ce monde est abattu ;
Il cède à la puissance, et nous à la vertu.
De tes concitoyens la rage impitoyable
Aurait rendu comme eux leur Dieu même haïssable :
Nous détestions ce Dieu qu'annonça leur fureur ; 191
Nous l'aimons dans toi seul, il s'est peint dans ton cœur.
Voilà ce qui te donne et Montèze et ma fille ;
Instruits par tes vertus, nous sommes ta famille.
Sers-lui longtemps de père, ainsi qu'à nos États.
Je la donne à ton fils, je la mets dans ses bras ;
Le Pérou, le Potoze, Alzire est sa conquête.
Va dans ton temple auguste en ordonner la fête :
Va, je crois voir des cieux les peuples éternels
Descendre de leur sphère et se joindre aux mortels.
Je réponds de ma fille ; elle va reconnaître 201
Dans le fier don Gusman son époux et son maître.

ALVAREZ.

Ah! puisque enfin mes mains ont pu former ces nœuds,
Cher Montèze, au tombeau je descends trop heureux.
Toi qui nous découvris ces immenses contrées,
Rends du monde aujourd'hui les bornes éclairées :
Dieu des chrétiens, préside à ces vœux solennels,
Les premiers qu'en ces lieux on forme à tes autels :
Descends, attire à toi l'Amérique étonnée !
Adieu, je vais presser cet heureux hyménée :   210
Adieu, je vous devrai le bonheur de mon fils.

SCÈNE III.

MONTÈZE.

Dieu, destructeur des dieux que j'avais trop servis,
Protége de mes ans la fin dure et funeste !
Tout me fut enlevé, ma fille ici me reste :
Daigne veiller sur elle et conduire son cœur !

SCÈNE IV.

MONTÈZE, ALZIRE.

MONTÈZE.

Ma fille, il en est temps, consens à ton bonheur :
Ou plutôt, si ta foi, si ton cœur me seconde,
Par ta félicité fais le bonheur du monde :
Protége les vaincus, commande à nos vainqueurs,
Éteins entre leurs mains leurs foudres destructeurs ; 220
Remonte au rang des rois, du sein de la misère ;
Tu dois à ton état plier ton caractère ;
Prends un cœur tout nouveau ; viens, obéis, suis-moi,
Et renais Espagnole, en renonçant à toi.
Sèche tes pleurs, Alzire, ils outragent ton père.

ALZIRE.
Tout mon sang est à vous; mais si je vous suis chère,
Voyez mon désespoir, et lisez dans mon cœur.
MONTÈZE.
Non, je ne veux plus voir ta honteuse douleur :
J'ai reçu ta parole, il faut qu'on l'accomplisse.
ALZIRE.
Vous m'avez arraché cet affreux sacrifice.   230
Mais quel temps, justes cieux, pour engager ma foi !
Voici ce jour horrible où tout périt pour moi,
Où de ce fier Gusman le fer osa détruire
Des enfants du Soleil le redoutable empire :
Que ce jour est marqué par des signes affreux!
MONTÈZE.
Nous seuls rendons les jours heureux ou malheureux.
Quitte un vain préjugé, l'ouvrage de nos prêtres,
Qu'à nos peuples grossiers ont transmis nos ancêtres.
ALZIRE.
Au même jour, hélas! le vengeur de l'État,
Zamore, mon espoir, périt dans le combat;   240
Zamore, mon amant, choisi pour votre gendre!
MONTÈZE.
J'ai donné comme toi des larmes à sa cendre :
Les morts dans le tombeau n'exigent point de foi;
Porte, porte aux autels un cœur maître de soi;
D'un amour insensé pour des cendres éteintes
Commande à la vertu d'écarter les atteintes.
Tu dois ton âme entière à la loi des chrétiens,
Dieu t'ordonne par moi de former ces liens :
Il t'appelle aux autels, il règle ta conduite;
Entends sa voix.
ALZIRE. Mon père, où m'avez-vous réduite?   250
Je sais ce qu'est un père, et quel est son pouvoir :
M'immoler quand il parle est mon premier devoir,
Et mon obéissance a passé les limites
Qu'à ce devoir sacré la nature a prescrites;

Mes yeux n'ont jusqu'ici rien vu que par vos yeux,
Mon cœur changé par vous abandonna ses dieux;
Je ne regrette point leurs grandeurs terrassées,
Devant ce Dieu nouveau comme nous abaissées.
Mais vous qui m'assuriez, dans mes troubles cruels,
Que la paix habitait au pied de ses autels, 260
Que sa loi, sa morale, et consolante et pure,
De mes sens désolés guérirait la blessure, [queur
Vous trompiez ma faiblesse. Un trait toujours vain-
Dans le sein de ce Dieu vient déchirer mon cœur;
Il y porte une image à jamais renaissante;
Zamore vit encore au cœur de son amante.
Condamnez, s'il le faut, ces justes sentiments,
Ces feux victorieux de la mort et du temps,
Cet amour immortel, ordonné par vous-même;
Unissez votre fille au fier tyran qui l'aime; 270
Mon pays le demande, il le faut, j'obéis :
Mais tremblez en formant ces nœuds mal assortis;
Tremblez, vous qui d'un Dieu m'annoncez la vengeance,
Vous qui me condamnez d'aller en sa présence
Promettre à cet époux, qu'on me donne aujourd'hui,
Un cœur qui brûle encor pour un autre que lui.

    MONTÈZE.

Ah! que dis-tu, ma fille? épargne ma vieillesse;
Au nom de la nature, au nom de ma tendresse,
Par nos destins affreux que ta main peut changer,
Par ce cœur paternel que tu viens d'outrager, 280
Ne rends point de mes ans la fin trop douloureuse!
Ai-je fait un seul pas que pour te rendre heureuse?
Jouis de mes travaux, mais crains d'empoisonner
Ce bonheur difficile où j'ai su t'amener.
Ta carrière nouvelle, aujourd'hui commencée,
Par la main du devoir est à jamais tracée;
Ce monde gémissant te presse d'y courir,
Il n'espère qu'en toi : voudrais-tu le trahir?
Apprends à te dompter.

ALZIRE. Faut-il apprendre à feindre? 290
Quelle science, hélas!

SCÈNE V.

GUSMAN, ALZIRE.

GUSMAN. J'ai sujet de me plaindre
Que l'on oppose encore à mes empressements
L'offensante hauteur de ces retardements.
J'ai suspendu ma loi prête à punir l'audace
De tous ces ennemis dont vous vouliez la grâce :
Ils sont en liberté; mais j'aurais à rougir
Si ce faible service eût pu vous attendrir.
J'attendais encor moins de mon pouvoir suprême;
Je voulais vous devoir à ma flamme, à vous-même;
Et je ne pensais pas, dans mes vœux satisfaits, 300
Que ma félicité vous coûtât des regrets.

ALZIRE.
Que puisse seulement la colère céleste
Ne pas rendre ce jour à tous les deux funeste.
Vous voyez quel effroi me trouble et me confond :
Il parle dans mes yeux, il est peint sur mon front.
Tel est mon caractère : et jamais mon visage
N'a de mon cœur encor démenti le langage.
Qui peut se déguiser pourrait trahir sa foi;
C'est un art de l'Europe : il n'est pas fait pour moi.

GUSMAN.
Je vois votre franchise, et je sais que Zamore 310
Vit dans votre mémoire, et vous est cher encore.
Ce cacique obstiné, vaincu dans les combats,
S'arme encor contre moi de la nuit du trépas.
Vivant, je l'ai dompté : mort, doit-il être à craindre?
Cessez de m'offenser, et cessez de le plaindre;

Votre devoir, mon nom, mon cœur, en sont blessés ;
Et ce cœur est jaloux des pleurs que vous versez.

ALZIRE.

Ayez moins de colère et moins de jalousie ;
Un rival au tombeau doit causer peu d'envie :
Je l'aimais, je l'avoue, et tel fut mon devoir ; 320
De ce monde opprimé Zamore était l'espoir :
Sa foi me fut promise, il eut pour moi des charmes,
Il m'aima : son trépas me coûte encor des larmes.
Vous, loin d'oser ici condamner ma douleur,
Jugez de ma constance, et connaissez mon cœur :
Et, quittant avec moi cette fierté cruelle,
Méritez, s'il se peut, un cœur aussi fidèle.

SCÈNE VI.

GUSMAN.

Son orgueil, je l'avoue, et sa sincérité,
Étonne mon courage et plaît à ma fierté.
Allons, ne souffrons pas que cette humeur altière 330
Coûte plus à dompter que l'Amérique entière.
La grossière nature, en formant ses appas,
Lui laisse un cœur sauvage, et fait pour ces climats.
Le devoir fléchira son courage rebelle ;
Ici tout m'est soumis, il ne reste plus qu'elle ;
Que l'hymen en triomphe, et qu'on ne dise plus
Qu'un vainqueur et qu'un maître essuya des refus.

ACTE SECOND.

SCÈNE I.

ZAMORE, Américains.

ZAMORE.
Amis de qui l'audace, aux mortels peu commune,
Renaît dans les dangers et croît dans l'infortune ;
Illustres compagnons de mon funeste sort, 340
N'obtiendrons-nous jamais la vengeance ou la mort ?
Vivrons-nous pour servir Alzire et la patrie,
Sans ôter à Gusman sa détestable vie,
Sans trouver, sans punir cet insolent vainqueur,
Sans venger mon pays, qu'a perdu sa fureur ?
Dieux impuissants, dieux vains de nos vastes contrées,
A des dieux ennemis vous les avez livrées ;
Et six cents Espagnols ont détruit sous leurs coups
Mon pays et mon trône, et vos temples et vous,
Vous n'avez plus d'autels, et je n'ai plus d'empire ;
Nous avons tout perdu : je suis privé d'Alzire. 351
J'ai porté mon courroux, ma honte et mes regrets
Dans les sables mouvants, dans le fond des forêts.
De la zone brûlante et du milieu du monde,
L'astre du jour a vu ma course vagabonde
Jusqu'aux lieux où, cessant d'éclairer nos climats,
Il ramène l'année, et revient sur ses pas.
Enfin votre amitié, vos soins, votre vaillance,
A mes vastes desseins ont rendu l'espérance :
Et j'ai cru satisfaire, en cet affreux séjour, 360
Deux vertus de mon cœur, la vengeance et l'amour.

Nous avons rassemblé des mortels intrépides,
Éternels ennemis de nos maîtres avides;
Nous les avons laissés dans ces forêts errants,
Pour observer ces murs bâtis par nos tyrans.
J'arrive, on nous saisit; une foule inhumaine
Dans des gouffres profonds nous plonge et nous en-
De ces lieux infernaux on nous laisse sortir, [chaîne.
Sans que de notre sort on nous daigne avertir.
Amis, où sommes-nous? ne pourra-t-on m'instruire 370
Qui commande en ces lieux, quel est le sort d'Alzire?
Si Montèze est esclave, et voit encor le jour?
S'il traîne ses malheurs en cette horrible cour?
Chers et tristes amis du malheureux Zamore,
Ne pouvez-vous m'apprendre un destin que j'ignore?

UN AMÉRICAIN.

En des lieux différents, comme toi mis aux fers,
Conduits en ce palais par des chemins divers,
Étrangers, inconnus chez ce peuple farouche,
Nous n'avons rien appris de tout ce qui te touche.
Cacique infortuné, digne d'un meilleur sort, 380
Du moins si nos tyrans ont résolu ta mort,
Tes amis, avec toi prêts à cesser de vivre,
Sont dignes de t'aimer et dignes de te suivre.

ZAMORE.

Après l'honneur de vaincre, il n'est rien sous les cieux
De plus grand en effet qu'un trépas glorieux;
Mais mourir dans l'opprobre et dans l'ignominie,
Mais laisser en mourant des fers à sa patrie,
Périr sans se venger, expirer par les mains
De ces brigands d'Europe, et de ces assassins
Qui, de sang enivrés, de nos trésors avides, 390
De ce monde usurpé désolateurs perfides,
Ont osé me livrer à des tourments honteux,
Pour m'arracher des biens plus méprisables qu'eux,
Entraîner au tombeau des citoyens qu'on aime;
Laisser à ces tyrans la moitié de soi-même;

Abandonner Alzire à leur lâche fureur :
Cette mort est affreuse, et fait frémir d'horreur.

SCÈNE II.

ALVAREZ, ZAMORE, Américains.

ALVAREZ.
Soyez libres, vivez.
     ZAMORE. Ciel! que viens-je d'entendre?
Quelle est cette vertu que je ne puis comprendre?
Quel vieillard ou quel dieu vient ici m'étonner? 400
Tu parais Espagnol, et tu sais pardonner!
Es-tu roi? Cette ville est-elle en ta puissance?
  ALVAREZ.
Non : mais je puis au moins protéger l'innocence.
  ZAMORE.
Quel est donc ton destin, vieillard trop généreux?
  ALVAREZ.
Celui de secourir les mortels malheureux.
  ZAMORE.
Eh! qui peut t'inspirer cette auguste clémence?
  ALVAREZ.
Dieu, ma religion, et la reconnaissance.
  ZAMORE.
Dieu? ta religion? Quoi! ces tyrans cruels,
Monstres désaltérés dans le sang des mortels,
Qui dépeuplent la terre, et dont la barbarie 410
En vaste solitude a changé ma patrie,
Dont l'infâme avarice est la suprême loi,
Mon père, ils n'ont donc pas le même Dieu que toi?
  ALVAREZ.
Ils ont le même Dieu, mon fils; mais ils l'outragent :
Nés sous la loi des saints, dans le crime ils s'engagent.
Ils ont tous abusé de leur nouveau pouvoir :

Tu connais leurs forfaits, mais connais mon devoir.
Le soleil par deux fois a, d'un tropique à l'autre,
Éclairé dans sa marche et ce monde et le nôtre,
Depuis que l'un des tiens, par un noble secours, 420
Maître de mon destin, daigna sauver nos jours.
Mon cœur, dès ce moment, partagea vos misères;
Tous vos concitoyens sont devenus mes frères;
Et je mourrais heureux si je pouvais trouver
Ce héros inconnu qui m'a pu conserver.

  ZAMORE.

A ses traits, à son âge, à sa vertu suprême,
C'est lui, n'en doutons point, c'est Alvarez lui-même.
Pourrais-tu parmi nous reconnaître le bras
A qui le ciel permit d'empêcher ton trépas?

  ALVAREZ.

Que me dit-il? Approche. O ciel! ô Providence! 430
C'est lui, voilà l'objet de ma reconnaissance.
Mes yeux, mes tristes yeux, affaiblis par les ans,
Hélas! avez-vous pu le chercher si longtemps?

      (*Il l'embrasse.*)

Mon bienfaiteur! mon fils! parle, que dois-je faire?
Daigne habiter ces lieux, et je t'y sers de père.
La mort a respecté ces jours que je te doi,
Pour me donner le temps de m'acquitter vers toi.

  ZAMORE.

Mon père, ah! si jamais ta nation cruelle
Avait de tes vertus montré quelque étincelle,
Crois-moi, cet univers aujourd'hui désolé 440
Au-devant de leur joug sans peine aurait volé.
Mais autant que ton âme est bienfaisante et pure,
Autant leur cruauté fait frémir la nature ;
Et j'aime mieux périr que de vivre avec eux.
Tout ce que j'ose attendre, et tout ce que je veux,
C'est de savoir au moins si leur main sanguinaire
Du malheureux Montèze a fini la misère ;

Si le père d'Alzire... Hélas! tu vois les pleurs
Qu'un souvenir trop cher arrache à mes douleurs.
    ALVAREZ.
Ne cache point tes pleurs, cesse de t'en défendre ; 450
C'est de l'humanité la marque la plus tendre.
Malheur aux cœurs ingrats, et nés pour les forfaits,
Que les douleurs d'autrui n'ont attendris jamais !
Apprends que ton ami, plein de gloire et d'années,
Coule ici près de moi ses douces destinées.
    ZAMORE.
Le verrai-je ?
    ALVAREZ. Oui, crois-moi. Puisse-t-il aujourd'hui
T'engager à penser, à vivre comme lui !
    ZAMORE.
Quoi ! Montèze, dis-tu...
    ALVAREZ. Je veux que de sa bouche
Tu sois instruit ici de tout ce qui le touche,
Du sort qui nous unit, de ces heureux liens   460
Qui vont joindre mon peuple à tes concitoyens.
Je vais dire à mon fils, dans l'excès de ma joie,
Ce bonheur inouï que le ciel nous envoie.
Je te quitte un moment ; mais c'est pour te servir
Et pour serrer les nœuds qui vont tous nous unir.

SCÈNE III.

ZAMORE, Américains.

    ZAMORE.
Des cieux enfin sur moi la bonté se déclare ;
Je trouve un homme juste en ce séjour barbare.
Alvarez est un dieu qui, parmi ces pervers,
Descend pour adoucir les mœurs de l'univers.
Il a, dit-il, un fils ; ce fils sera mon frère :   470
Qu'il soit digne, s'il peut, d'un si vertueux père !

O jour! ô doux espoir à mon cœur éperdu!
Montèze, après trois ans, tu vas m'être rendu!
Alzire, chère Alzire, ô toi que j'ai servie,
Toi pour qui j'ai tout fait, toi l'âme de ma vie,
Serais-tu dans ces lieux? Hélas! me gardes-tu
Cette fidélité, la première vertu?
Un cœur infortuné n'est point sans défiance...
Mais quel autre vieillard à mes regards s'avance?

SCÈNE IV.

MONTÈZE, ZAMORE, Américains.

ZAMORE.

Cher Montèze, est-ce toi que je tiens dans mes bras?
Revois ton cher Zamore échappé du trépas, 481
Qui du sein du tombeau renaît pour te défendre;
Revois ton tendre ami, ton allié, ton gendre.
Alzire est-elle ici? parle, quel est son sort?
Achève de me rendre ou la vie ou la mort.

MONTÈZE.

Cacique malheureux! sur le bruit de ta perte,
Aux plus tendres regrets notre âme était ouverte;
Nous te redemandions à nos cruels destins,
Autour d'un vain tombeau que t'ont dressé nos mains.
Tu vis: puisse le ciel te rendre un sort tranquille! 490
Puissent tous nos malheurs finir dans cet asile!
Zamore, ah! quel dessein t'a conduit dans ces lieux?

ZAMORE.

La soif de me venger, toi, ta fille, et mes dieux.

MONTÈZE.

Que dis-tu?

ZAMORE. Souviens-toi du jour épouvantable
Où ce fier Espagnol, terrible, invulnérable,
Renversa, détruisit jusqu'en leurs fondements

Ces murs que du Soleil ont bâtis les enfants :
Gusman était son nom. Le destin qui m'opprime
Ne m'apprit rien de lui que son nom et son crime.
Ce nom, mon cher Montèze, à mon cœur si fatal,   500
Du pillage et du meurtre était l'affreux signal.
A ce nom, de mes bras on arracha ta fille ;
Dans un vil esclavage on traîna ta famille ;
On démolit ce temple, et ces autels chéris
Où nos dieux m'attendaient pour me nommer ton fils ;
On me traîna vers lui : dirai-je à quel supplice,
A quels maux me livra sa barbare avarice,
Pour m'arracher ces biens par lui déifiés,
Idoles de son peuple, et que je foule aux pieds ?
Je fus laissé mourant au milieu des tortures.   510
Le temps ne peut jamais affaiblir les injures :
Je viens après trois ans d'assembler des amis,
Dans leur commune haine avec nous affermis :
Ils sont dans nos forêts, et leur foule héroïque
Vient périr sous ces murs ou venger l'Amérique.

   MONTÈZE.

Je te plains ; mais, hélas ! où vas-tu t'emporter ?
Ne cherche point la mort qui voulait t'éviter.
Que peuvent tes amis, et leurs armes fragiles,
Des habitants des eaux dépouilles inutiles ;
Ces marbres impuissants en sabres façonnés,   520
Ces soldats presque nus et mal disciplinés,
Contre ces fiers géants, ces tyrans de la terre,
De fer étincelants, armés de leur tonnerre,
Qui s'élancent sur nous, aussi prompts que les vents,
Sur des monstres guerriers pour eux obéissants ?
L'univers a cédé ; cédons, mon cher Zamore.

   ZAMORE.

Moi fléchir, moi ramper, lorsque je vis encore !
Ah ! Montèze, crois-moi, ces foudres, ces éclairs,
Ce fer dont nos tyrans sont armés et couverts,
Ces rapides coursiers qui sous eux font la guerre,   530

Pouvaient à leur abord épouvanter la terre :
Je les vois d'un œil fixe, et leur ose insulter ;
Pour les vaincre, il suffit de ne rien redouter.
Leur nouveauté, qui seule a fait ce monde esclave,
Subjugue qui la craint et cède à qui la brave.
L'or, ce poison brillant qui naît dans nos climats,
Attire ici l'Europe, et ne nous défend pas. [avares,
Le fer manque à nos mains ; les cieux, pour nous
Ont fait ce don funeste à des mains plus barbares :
Mais, pour venger enfin nos peuples abattus, 540
Le ciel, au lieu de fer, nous donna des vertus.
Je combats pour Alzire, et je vaincrai pour elle.

MONTÈZE.
Le ciel est contre toi : calme un frivole zèle.
Les temps sont trop changés.

ZAMORE. Que peux-tu dire, hélas !
Les temps sont-ils changés, si ton cœur ne l'est pas,
Si ta fille est fidèle à ses vœux, à sa gloire,
Si Zamore est présent encore à sa mémoire ?
Tu détournes les yeux, tu pleures, tu gémis !

MONTÈZE.
Zamore ! infortuné !

ZAMORE. Ne suis-je plus ton fils ?
Nos tyrans ont flétri ton âme magnanime ; 550
Sur le bord de la tombe ils t'ont appris le crime.

MONTÈZE.
Je ne suis point coupable, et tous ces conquérants,
Ainsi que tu le crois, ne sont point des tyrans.
Il en est que le ciel guida dans cet empire,
Moins pour nous conquérir qu'afin de nous instruire ;
Qui nous ont apporté de nouvelles vertus,
Des secrets immortels et des arts inconnus,
La science de l'homme, un grand exemple à suivre ;
Enfin l'art d'être heureux, de penser, et de vivre.

ZAMORE.
Que dis-tu ? quelle horreur ta bouche ose avouer ! 560

[Alzire

Alzire est leur esclave, et tu peux les louer !
MONTÈZE.
Elle n'est point esclave.
ZAMORE. Ah, Montèze! ah, mon père!
Pardonne à mes malheurs, pardonne à ma colère;
Songe qu'elle est à moi par des nœuds éternels :
Oui, tu me l'as promise aux pieds des immortels;
Ils ont reçu sa foi, son cœur n'est point parjure.
MONTÈZE.
N'atteste point ces dieux, enfants de l'imposture,
Ces fantômes affreux, que je ne connais plus;
Sous le Dieu que j'adore ils sont tous abattus.
ZAMORE.
Quoi, ta religion, quoi, la loi de nos pères ? 570
MONTÈZE.
J'ai connu son néant, j'ai quitté ses chimères.
Puisse le Dieu des dieux, dans ce monde ignoré,
Manifester son être à ton cœur éclairé !
Puisses-tu mieux connaître, ô malheureux Zamore,
Les vertus de l'Europe, et le Dieu qu'elle adore !
ZAMORE.
Quelles vertus! Cruel! les tyrans de ces lieux
T'ont fait esclave en tout, t'ont arraché tes dieux.
Tu les as donc trahis pour trahir ta promesse?
Alzire a-t-elle encore imité ta faiblesse?
Garde-toi....
MONTÈZE. Va, mon cœur ne se reproche rien : 580
Je dois bénir mon sort, et pleurer sur le tien.
ZAMORE.
Si tu trahis ta foi, tu dois pleurer sans doute.
Prends pitié des tourments que ton crime me coûte,
Prends pitié de ce cœur, énivré tour à tour
De zèle pour mes dieux, de vengeance et d'amour.
Je cherche ici Gusman, j'y vole pour Alzire;
Viens; conduis-moi vers elle, et qu'à ses pieds j'ex-
Ne me dérobe point le bonheur de la voir; [pire.

Crains de porter Zamore au dernier désespoir ;
Reprends un cœur humain, que ta vertu bannie... 590

SCÈNE V.

MONTÈZE, ZAMORE, Américains, gardes.

UN GARDE, *à Montèze.*
Seigneur, on vous attend pour la cérémonie.
MONTÈZE.
Je vous suis.
ZAMORE. Ah! cruel, je ne te quitte pas.
Quelle est donc cette pompe où s'adressent tes pas?
Montèze...
MONTÈZE. Adieu; crois-moi, fuis de ce lieu funeste.
ZAMORE.
Dût m'accabler ici la colère céleste,
Je te suivrai.
MONTÈZE. Pardonne à mes soins paternels.
(*Aux gardes.*)
Gardes, empêchez-les de me suivre aux autels.
Des païens, élevés dans des lois étrangères,
Pourraient de nos chrétiens profaner les mystères :
Il ne m'appartient pas de vous donner des lois; 600
Mais Gusman vous l'ordonne, et parle par ma voix.

SCÈNE VI.

ZAMORE, Américains.

ZAMORE.
Qu'ai-je entendu? Gusman! ô trahison! ô rage!
O comble des forfaits! lâche et dernier outrage!
Il servirait Gusman! l'ai-je bien entendu?
Dans l'univers entier n'est-il plus de vertu?
Alzire, Alzire aussi sera-t-elle coupable?

Aura-t-elle sucé ce poison détestable
Apporté parmi nous par ces persécuteurs
Qui poursuivent nos jours et corrompent nos mœurs ?
Gusman est donc ici ? Que résoudre et que faire ? 610
    UN AMÉRICAIN.
J'ose ici te donner un conseil salutaire.
Celui qui t'a sauvé, ce vieillard vertueux,
Bientôt avec son fils va paraître à tes yeux.
Aux portes de la ville obtiens qu'on nous conduise :
Sortons, allons tenter notre illustre entreprise,
Allons tout préparer contre nos ennemis,
Et surtout n'épargnons qu'Alvarez et son fils.
J'ai vu de ces remparts l'étrangère structure :
Cet art nouveau pour nous, vainqueur de la nature,
Ces angles, ces fossés, ces hardis boulevarts,   620
Ces tonnerres d'airain grondants sur les remparts,
Ces piéges de la guerre, où la mort se présente,
Tout étonnants qu'ils sont, n'ont rien qui m'épouvante.
Hélas ! nos citoyens enchaînés en ces lieux,
Servent à cimenter cet asile odieux ;
Ils dressent, d'une main dans les fers avilie,
Ce siége de l'orgueil et de la tyrannie.   [geurs,
Mais crois-moi, dans l'instant qu'ils verront leurs ven-
Leurs mains vont se lever sur leurs persécuteurs :
Eux-même ils détruiront cet effroyable ouvrage, 630
Instrument de leur honte et de leur esclavage.
Nos soldats, nos amis, dans ces fossés sanglants
Vont te faire un chemin sur leurs corps expirants.
Partons, et revenons sur ces coupables têtes
Tourner ces traits de feu, ce fer, et ces tempêtes,
Ce salpêtre enflammé, qui d'abord à nos yeux
Parut un feu sacré, lancé des mains des dieux.
Connaissons, renversons cette horrible puissance
Que l'orgueil trop longtemps fonda sur l'ignorance.
    ZAMORE.
Illustres malheureux, que j'aime à voir vos cœurs 640

Embrasser mes desseins et sentir mes fureurs !
Puissions-nous de Gusman punir la barbarie !
Que son sang satisfasse au sang de ma patrie !
Triste divinité des mortels offensés, [assez ;
Vengeance, arme nos mains ; qu'il meure, et c'est
Qu'il meure...Mais hélas! plus malheureux que braves,
Nous parlons de punir, et nous sommes esclaves.
De notre sort affreux le joug s'appesantit ;
Alvarez disparaît, Montèze nous trahit. 649
Ce que j'aime est peut-être en des mains que j'abhorre ;
Je n'ai d'autre douceur que d'en douter encore.
Mes amis, quels accents remplissent ce séjour?
Ces flambeaux allumés ont redoublé le jour.
J'entends l'airain tonnant de ce peuple barbare :
Quelle fête ou quel crime est-ce donc qu'il prépare?
Voyons si de ces lieux on peut au moins sortir,
Si je puis vous sauver, ou s'il nous faut périr.

ACTE TROISIÈME.

SCÈNE I.

ALZIRE.

Mânes de mon amant, j'ai donc trahi ma foi !
C'en est fait, et Gusman règne à jamais sur moi !
L'Océan, qui s'élève entre nos hémisphères, 660
A donc mis entre nous d'impuissantes barrières ;
Je suis à lui, l'autel a donc reçu nos vœux,
Et déjà nos serments sont écrits dans les cieux !
O toi qui me poursuis, ombre chère et sanglante,
A mes sens désolés ombre à jamais présente,

Cher amant, si mes pleurs, mon trouble, mes remords,
Peuvent percer ta tombe et passer chez les morts;
Si le pouvoir d'un Dieu fait survivre à sa cendre
Cet esprit d'un héros, ce cœur fidèle et tendre,
Cette âme qui m'aima jusqu'au dernier soupir, 670
Pardonne à cet hymen où j'ai pu consentir!
Il fallait m'immoler aux volontés d'un père,
Au bien de mes sujets, dont je me sens la mère,
A tant de malheureux, aux larmes des vaincus,
Au soin de l'univers, hélas! où tu n'es plus.
Zamore, laisse en paix mon âme déchirée
Suivre l'affreux devoir où les cieux m'ont livrée;
Souffre un joug imposé par la nécessité;
Permets ces nœuds cruels, ils m'ont assez coûté.

SCÈNE II.

ALZIRE, ÉMIRE.

ALZIRE.
Eh bien! veut-on toujours ravir à ma présence 680
Les habitants des lieux si chers à mon enfance?
Ne puis-je voir enfin ces captifs malheureux,
Et goûter la douceur de pleurer avec eux?

ÉMIRE.
Ah! plutôt de Gusman redoutez la furie;
Craignez pour ces captifs, tremblez pour la patrie.
On nous menace, on dit qu'à notre nation
Ce jour sera le jour de la destruction.
On déploie aujourd'hui l'étendard de la guerre,
On allume ces feux enfermés sous la terre;
On assemblait déjà le sanglant tribunal; 690
Montèze est appelé dans ce conseil fatal;
C'est tout ce que j'ai su.

ALZIRE. Ciel, qui m'avez trompée,
De quel étonnement je demeure frappée!

Quoi! presque entre mes bras, et du pied de l'autel,
Gusman contre les miens lève son bras cruel!
Quoi! j'ai fait le serment du malheur de ma vie!
Serment qui pour jamais m'avez assujettie!
Hymen, cruel hymen, sous quel astre odieux
Mon père a-t-il formé tes redoutables nœuds?

SCÈNE III.

ALZIRE, ÉMIRE, CÉPHANE.

CÉPHANE.
Madame, un des captifs qui dans cette journée 700
N'ont dû leur liberté qu'à ce grand hyménée,
A vos pieds en secret demande à se jeter.
ALZIRE.
Ah! qu'avec assurance il peut se présenter!
Sur lui, sur ses amis, mon âme est attendrie :
Ils sont chers à mes yeux, j'aime en eux la patrie.
Mais quoi! faut-il qu'un seul demande à me parler?
CÉPHANE.
Il a quelques secrets qu'il veut vous révéler.
C'est ce même guerrier dont la main tutélaire
De Gusman votre époux sauva, dit-on, le père.
ÉMIRE.
Il vous cherchait, madame, et Montèze en ces lieux 710
Par des ordres secrets le cachait à vos yeux.
Dans un sombre chagrin son âme enveloppée
Semblait d'un grand dessein profondément frappée.
CÉPHANE.
On lisait sur son front le trouble et les douleurs.
Il vous nommait, madame, et répandait des pleurs;
Et l'on connaît assez, par ses plaintes secrètes,
Qu'il ignore et le rang et l'éclat où vous êtes.
ALZIRE.
Quel éclat, chère Émire! et quel indigne rang!

Ce héros malheureux peut-être est de mon sang ;
De ma famille au moins il a vu la puissance ; 720
Peut-être de Zamore il avait connaissance.
Qui sait si de sa perte il ne fut pas témoin?
Il vient pour m'en parler : ah! quel funeste soin!
Sa voix redoublera les tourments que j'endure ;
Il va percer mon cœur et rouvrir ma blessure.
Mais n'importe! qu'il vienne. Un mouvement confus
S'empare malgré moi de mes sens éperdus.
Hélas! dans ce palais arrosé de mes larmes,
Je n'ai point encore eu de moment sans alarmes.

SCÈNE IV.

ALZIRE, ZAMORE, ÉMIRE.

ZAMORE.
M'est-elle enfin rendue? Est-ce elle que je vois? 730
ALZIRE.
Ciel! tels étaient ses traits, sa démarche, sa voix.
(*Elle tombe dans les bras de sa confidente.*)
Zamore!... Je succombe ; à peine je respire.
ZAMORE.
Reconnais ton amant.
ALZIRE. Zamore aux pieds d'Alzire!
Est-ce une illusion?
ZAMORE. Non : je revis pour toi ;
Je réclame à tes pieds tes serments et ta foi.
O moitié de moi-même! idole de mon âme!
Toi qu'un amour si tendre assurait à ma flamme,
Qu'as-tu fait des saints nœuds qui nous ont enchaînés?
ALZIRE.
O jours! ô doux moments d'horreur empoisonnés!
Cher et fatal objet de douleur et de joie! 740
Ah! Zamore, en quel temps faut-il que je te voie!

Chaque mot dans mon cœur enfonce le poignard.
ZAMORE.
Tu gémis et me vois.
ALZIRE. Je t'ai revu trop tard.
ZAMORE.
Le bruit de mon trépas a dû remplir le monde.
J'ai traîné loin de toi ma course vagabonde,
Depuis que ces brigands, t'arrachant à mes bras,
M'enlevèrent mes dieux, mon trône et tes appas.
Sais-tu que ce Gusman, ce destructeur sauvage,
Par des tourments sans nombre éprouva mon courage?
Sais-tu que ton amant, à ton lit destiné, 750
Chère Alzire, aux bourreaux se vit abandonné?
Tu frémis, tu ressens le courroux qui m'enflamme;
L'horreur de cette injure a passé dans ton âme.
Un dieu, sans doute, un dieu qui préside à l'amour
Dans le sein du trépas me conserva le jour.
Tu n'as point démenti ce grand dieu qui me guide;
Tu n'es point devenue Espagnole et perfide.
On dit que ce Gusman respire dans ces lieux;
Je venais t'arracher à ce monstre odieux.
Tu m'aimes : vengeons-nous; livre-moi la victime.
ALZIRE.
Oui, tu dois te venger, tu dois punir le crime; 761
Frappe.
ZAMORE. Que me dis-tu? Quoi, tes vœux! quoi, ta foi...
ALZIRE.
Frappe, je suis indigne et du jour et de toi.
ZAMORE.
Ah, Montèze! ah, cruel! mon cœur n'a pu te croire.
ALZIRE.
A-t-il osé t'apprendre une action si noire?
Sais-tu pour quel époux j'ai pu t'abandonner?
ZAMORE.
Non, mais parle : aujourd'hui rien ne peut m'étonner.

Voltaire.

ALZIRE.
Eh bien ! vois donc l'abîme où le sort nous engage ;
Vois le comble du crime, ainsi que de l'outrage.

ZAMORE.
Alzire !

ALZIRE. Ce Gusman...

ZAMORE. Grand Dieu !

ALZIRE. Ton assassin, 770
Vient en ce même instant de recevoir ma main.

ZAMORE.
Lui ?

ALZIRE. Mon père, Alvarez, ont trompé ma jeunesse ;
Ils ont à cet hymen entraîné ma faiblesse.
Ta criminelle amante, aux autels des chrétiens,
Vient presque sous tes yeux de former ces liens.
J'ai tout quitté, mes dieux, mon amant, ma patrie.
Au nom de tous les trois, arrache-moi la vie.
Voilà mon cœur, il vole au-devant de tes coups.

ZAMORE.
Alzire, est-il bien vrai ? Gusman est ton époux !

ALZIRE.
Je pourrais t'alléguer, pour affaiblir mon crime, 780
De mon père sur moi le pouvoir légitime,
L'erreur où nous étions, mes regrets, mes combats,
Les pleurs que j'ai trois ans donnés à ton trépas ;
Que, des chrétiens vainqueurs esclave infortunée,
La douleur de ta perte à leur Dieu m'a donnée ;
Que je t'aimais toujours ; que mon cœur éperdu
A détesté tes dieux, qui t'ont mal défendu :
Mais je ne cherche point, je ne veux point d'excuse ;
Il n'en est point pour moi, lorsque l'amour m'accuse.
Tu vis, il me suffit. Je t'ai manqué de foi ; 790
Tranche mes jours affreux, qui ne sont plus pour toi.
Quoi ! tu ne me vois point d'un œil impitoyable ?

ZAMORE.
Non, si je suis aimé, non, tu n'es point coupable :

Puis-je encor me flatter de régner dans ton cœur?
ALZIRE.
Quand Montèze, Alvarez, peut-être un dieu vengeur,
Nos chrétiens, ma faiblesse, au temple m'ont conduite,
Sûre de ton trépas, à cet hymen réduite,
Enchaînée à Gusman par des nœuds éternels,
J'adorais ta mémoire au pied de nos autels;
Nos peuples, nos tyrans, tous ont su que je t'aime : 800
Je l'ai dit à la terre, au ciel, à Gusman même;
Et dans l'affreux moment, Zamore, où je te vois,
Je te le dis encor pour la dernière fois.
ZAMORE.
Pour la dernière fois Zamore t'aurait vue!
Tu me serais ravie aussitôt que rendue!
Ah! si l'amour encor te parlait aujourd'hui!...
ALZIRE.
O ciel! c'est Gusman même, et son père avec lui.

SCÈNE V.

ALVAREZ, GUSMAN, ZAMORE, ALZIRE, suite.

ALVAREZ, *à son fils.*
Tu vois mon bienfaiteur, il est auprès d'Alzire.
(*A Zamore.*)
O toi! jeune héros, toi par qui je respire,
Viens, ajoute à ma joie en cet auguste jour;   810
Viens avec mon cher fils partager mon amour.
ZAMORE.
Qu'entends-je? lui, Gusman! lui, ton fils, ce barbare?
ALZIRE.
Ciel! détourne les coups que ce moment prépare!
ALVAREZ.
Dans quel étonnement...

ZAMORE. Quoi! le ciel a permis
Que ce vertueux père eût cet indigne fils?
GUSMAN.
Esclave, d'où te vient cette aveugle furie?
Sais-tu bien qui je suis?
ZAMORE. Horreur de ma patrie!
Parmi les malheureux que ton pouvoir a faits,
Connais-tu bien Zamore, et vois-tu tes forfaits?
GUSMAN.
Toi!
ALVAREZ. Zamore!
ZAMORE. Oui, lui-même, à qui ta barbarie
Voulut ôter l'honneur, et crut ôter la vie; 821
Lui, que tu fis languir dans des tourments honteux,
Lui, dont l'aspect ici te fait baisser les yeux.
Ravisseur de nos biens, tyran de notre empire,
Tu viens de m'arracher le seul bien où j'aspire.
Achève : et de ce fer, trésor de tes climats,
Préviens mon bras vengeur et préviens ton trépas.
La main, la même main qui t'a rendu ton père,
Dans ton sang odieux pourrait venger la terre;
Et j'aurais les mortels et les dieux pour amis, 830
En révérant le père et punissant le fils.
ALVAREZ, *à Gusman.*
De ce discours, ô ciel! que je me sens confondre!
Vous sentez-vous coupable, et pouvez-vous répondre?
GUSMAN.
Répondre à ce rebelle, et daigner m'avilir
Jusqu'à le réfuter quand je dois le punir!
Son juste châtiment, que lui-même il prononce,
Sans mon respect pour vous eût été ma réponse.
(*A Alzire.*)
Madame, votre cœur doit vous instruire assez
A quel point en secret ici vous m'offensez;
Vous qui, sinon pour moi, du moins pour votre gloire,
Deviez de cet esclave étouffer la mémoire; 840

Vous, dont les pleurs encore outragent votre époux ;
Vous que j'aimais assez pour en être jaloux.
   ALZIRE.
(*A Gusman.*) (*A Alvarez.*)
Cruel! Et vous, seigneur, mon protecteur, mon père ;
 (*A Zamore.*)
Toi, jadis mon espoir en un temps plus prospère,
Voyez le joug horrible où mon sort est lié,
Et frémissez tous trois d'horreur et de pitié.
 (*En montrant Zamore.*)
Voici l'amant, l'époux que me choisit mon père,
Avant que je connusse un nouvel hémisphère,
Avant que de l'Europe on nous portât des fers.
Le bruit de son trépas perdit cet univers : 850
Je vis tomber l'empire où régnaient mes ancêtres ;
Tout changea sur la terre, et je connus des maîtres.
Mon père infortuné, plein d'ennuis et de jours,
Au Dieu que vous servez eut à la fin recours :
C'est ce Dieu des chrétiens que devant vous j'atteste ;
Ses autels sont témoins de mon hymen funeste ;
C'est aux pieds de ce Dieu qu'un horrible serment
Me donne au meurtrier qui m'ôta mon amant.
Je connais mal peut-être une loi si nouvelle ;
Mais j'en crois ma vertu, qui parle aussi haut qu'elle.
Zamore, tu m'es cher, je t'aime, je le doi : 861
Mais après mes serments je ne puis être à toi.
Toi, Gusman, dont je suis l'épouse et la victime,
Je ne suis point à toi, cruel, après ton crime.
Qui des deux osera se venger aujourd'hui?
Qui percera ce cœur que l'on arrache à lui?
Toujours infortunée et toujours criminelle,
Perfide envers Zamore, à Gusman infidèle,
Qui me délivrera, par un trépas heureux,
De la nécessité de vous trahir tous deux? 870
Gusman, du sang des miens ta main déjà rougie
Frémira moins qu'une autre à m'arracher la vie.

De l'hymen, de l'amour il faut venger les droits :
Punis une coupable, et sois juste une fois.
    GUSMAN.
Ainsi vous abusez d'un reste d'indulgence
Que ma bonté trahie oppose à votre offense :
Mais vous le demandez, et je vais vous punir ;
Votre supplice est prêt : mon rival va périr.
Holà, soldats.
    ALZIRE. Cruel !
        ALVAREZ. Mon fils, qu'allez-vous faire ?
Respectez ses bienfaits, respectez sa misère.   880
Quel est l'état horrible, ô ciel, où je me vois !
L'un tient de moi la vie, à l'autre je la dois !
Ah ! mes fils ! de ce nom ressentez la tendresse ;
D'un père infortuné regardez la vieillesse ;
Et du moins...

SCÈNE VI.

ALVAREZ, GUSMAN, ALZIRE, ZAMORE, D. ALONZE,
officier espagnol.

    ALONZE. Paraissez, seigneur, et commandez :
D'armes et d'ennemis ces champs sont inondés :
Ils marchent vers ces murs, et le nom de Zamore
Est le cri menaçant qui les rassemble encore.
Ce nom sacré pour eux se mêle dans les airs
A ce bruit belliqueux des barbares concerts.   890
Sous leurs boucliers d'or les campagnes mugissent ;
De leurs cris redoublés les échos retentissent ;
En bataillons serrés ils mesurent leurs pas,
Dans un ordre nouveau qu'ils ne connaissaient pas ;
Et ce peuple, autrefois vil fardeau de la terre,
Semble apprendre de nous le grand art de la guerre.
    GUSMAN.
Allons, à leurs regards il faut donc se montrer :

Dans la poudre à l'instant vous les verrez rentrer.
Héros de la Castille, enfants de la victoire, [gloire ; 900
Ce monde est fait pour vous ; vous l'êtes pour la
Eux pour porter vos fers, vous craindre, et vous servir.
  ZAMORE.
Mortel égal à moi, nous, faits pour obéir ?
  GUSMAN.
Qu'on l'entraîne.
          ZAMORE. Oses-tu, tyran de l'innocence,
Oses-tu me punir d'une juste défense ?
  (Aux Espagnols qui l'entourent.)
Êtes-vous donc des dieux qu'on ne puisse attaquer ?
Et, teints de notre sang, faut-il vous invoquer ?
  GUSMAN.
Obéissez.
  ALZIRE. Seigneur !
          ALVAREZ. Dans ton courroux sévère
Songe au moins, mon cher fils, qu'il a sauvé ton père.
  GUSMAN.
Seigneur, je songe à vaincre, et je l'appris de vous.
J'y vole ; adieu.

SCÈNE VII.

ALVAREZ, ALZIRE.

ALZIRE, *se jetant à genoux.*
          Seigneur, j'embrasse vos genoux. 910
C'est à votre vertu que je rends cet hommage,
Le premier où le sort abaissa mon courage.
Vengez, seigneur, vengez sur ce cœur affligé
L'honneur de votre fils par sa femme outragé.
Mais à mes premiers nœuds mon âme était unie :
Hélas ! peut-on deux fois se donner dans sa vie ?

Zamore était à moi, Zamore eut mon amour :
Zamore est vertueux ; vous lui devez le jour.
Pardonnez... Je succombe à ma douleur mortelle.
ALVAREZ.
Je conserve pour toi ma bonté paternelle. 920
Je plains Zamore et toi ; je serai ton appui :
Mais songe au nœud sacré qui t'attache aujourd'hui.
Ne porte point l'horreur au sein de ma famille :
Non, tu n'es plus à toi ; sois mon sang, sois ma fille.
Gusman fut inhumain, je le sais, j'en frémis ;
Mais il est ton époux, il t'aime, il est mon fils :
Son âme à la pitié se peut ouvrir encore.
ALZIRE.
Hélas ! que n'êtes-vous le père de Zamore !

ACTE QUATRIÈME.

SCÈNE I.

ALVAREZ, GUSMAN.

ALVAREZ.
Méritez donc, mon fils, un si grand avantage.
Vous avez triomphé du nombre et du courage ; 930
Et de tous les vengeurs de ce triste univers,
Une moitié n'est plus et l'autre est dans vos fers.
Ah ! n'ensanglantez point le prix de la victoire !
Mon fils, que la clémence ajoute à votre gloire !
Je vais, sur les vaincus étendant mes secours,
Consoler leur misère et veiller sur leurs jours.
Vous, songez cependant qu'un père vous implore :

Soyez homme et chrétien : pardonnez à Zamore.
Ne pourrai-je adoucir vos inflexibles mœurs?
Et n'apprendrez-vous point à conquérir des cœurs? 940
GUSMAN.
Ah! vous percez le mien. Demandez-moi ma vie;
Mais laissez un champ libre à ma juste furie;
Ménagez le courroux de mon cœur opprimé.
Comment lui pardonner? le barbare est aimé.
ALVAREZ.
Il en est plus à plaindre.
GUSMAN. A plaindre? lui, mon père!
Ah! qu'on me plaigne ainsi, la mort me sera chère.
ALVAREZ.
Quoi! vous joignez encore à cet ardent courroux
La fureur des soupçons, ce tourment des jaloux?
GUSMAN.
Et vous condamneriez jusqu'à ma jalousie?
Quoi! ce juste transport dont mon âme est saisie, 950
Ce triste sentiment, plein de honte et d'horreur,
Si légitime en moi, trouve en vous un censeur!
Vous voyez sans pitié ma douleur effrénée!
ALVAREZ.
Mêlez moins d'amertume à votre destinée;
Alzire a des vertus, et, loin de les aigrir,
Par des dehors plus doux vous devez l'attendrir.
Son cœur de ces climats conserve la rudesse,
Il résiste à la force, il cède à la souplesse,
Et la douceur peut tout sur notre volonté!
GUSMAN.
Moi, que je flatte encor l'orgueil de sa beauté? 960
Que, sous un front serein déguisant mon outrage,
A de nouveaux mépris ma bonté l'encourage?
Ne devriez-vous pas, de mon honneur jaloux,
Au lieu de le blâmer, partager mon courroux?
J'ai déjà trop rougi d'épouser une esclave
Qui m'ose dédaigner, qui me hait, qui me brave,

11.

Dont un autre à mes yeux possède encor le cœur,
Et que j'aime, en un mot, pour comble de malheur.
   ALVAREZ.
Ne vous repentez point d'un amour légitime :
Mais sachez le régler : tout excès mène au crime. 970
Promettez-moi du moins de ne décider rien,
Avant de m'accorder un second entretien.
   GUSMAN.
Eh ! que pourrait un fils refuser à son père ?
Je veux bien pour un temps suspendre ma colère ;
N'en exigez pas plus de mon cœur outragé.
   ALVAREZ.
Je ne veux que du temps.
       (Il sort.)
  GUSMAN, *seul.* Quoi ! n'être point vengé !
Aimer, me repentir, être réduit encore
A l'horreur d'envier le destin de Zamore,
D'un de ces vils mortels en Europe ignorés,
Qu'à peine du nom d'homme on aurait honorés... 980
Que vois-je ? Alzire ! ô ciel !

SCÈNE II.

GUSMAN, ALZIRE, ÉMIRE.

  ALZIRE. C'est moi, c'est ton épouse,
C'est ce fatal objet de ta fureur jalouse,
Qui n'a pu te chérir, qui t'a dû révérer,
Qui te plaint, qui t'outrage, et qui vient t'implorer.
Je n'ai rien déguisé. Soit grandeur, soit faiblesse,
Ma bouche a fait l'aveu qu'un autre a ma tendresse ;
Et ma sincérité, trop funeste vertu,
Si mon amant périt, est ce qui l'a perdu.
Je vais plus t'étonner : ton épouse a l'audace

De s'adresser à toi pour demander sa grâce. 990
J'ai cru que don Gusman, tout fier, tout rigoureux,
Tout terrible qu'il est, doit être généreux.
J'ai pensé qu'un guerrier, jaloux de sa puissance,
Peut mettre l'orgueil même à pardonner l'offense :
Une telle vertu séduirait plus nos cœurs
Que tout l'or de ces lieux n'éblouit nos vainqueurs.
Par ce grand changement dans ton âme inhumaine,
Par un effort si beau tu vas changer la mienne ;
Tu t'assures ma foi, mon respect, mon retour,
Tous mes vœux (s'il en est qui tiennent lieu d'amour).
Pardonne... je m'égare... éprouve mon courage. 1001
Peut-être une Espagnole eût promis davantage ;
Elle eût pu prodiguer les charmes de ses pleurs :
Je n'ai point leurs attraits, et je n'ai point leurs mœurs.
Ce cœur simple, et formé des mains de la nature,
En voulant t'adoucir redouble ton injure :
Mais enfin c'est à toi d'essayer désormais
Sur ce cœur indompté la force des bienfaits.

GUSMAN.

Eh bien ! si les vertus peuvent tant sur votre âme,
Pour en suivre les lois, connaissez-les, madame. 1010
Étudiez nos mœurs avant de les blâmer ;
Ces mœurs sont vos devoirs ; il faut s'y conformer.
Sachez que le premier est d'étouffer l'idée
Dont votre âme à mes yeux est encor possédée ;
De vous respecter plus, et de n'oser jamais
Me prononcer le nom d'un rival que je hais ;
D'en rougir la première, et d'attendre en silence
Ce que doit d'un barbare ordonner ma vengeance.
Sachez que votre époux, qu'ont outragé vos feux,
S'il peut vous pardonner, est assez généreux. 1020
Plus que vous ne pensez je porte un cœur sensible,
Et ce n'est pas à vous à me croire inflexible.

SCÈNE III.

ALZIRE, ÉMIRE.

ÉMIRE.
Vous voyez qu'il vous aime ; on pourrait l'attendrir.
ALZIRE.
S'il m'aime, il est jaloux ; Zamore va périr :
J'assassinais Zamore en demandant sa vie.
Ah ! je l'avais prévu. M'auras-tu mieux servie ?
Pourras-tu le sauver ? Vivra-t-il loin de moi ?
Du soldat qui le garde as-tu tenté la foi ?
ÉMIRE.
L'or qui les séduit tous vient d'éblouir sa vue.
Sa foi, n'en doutez point, sa main vous est vendue. 1030
ALZIRE.
Ainsi, grâces aux cieux, ces métaux détestés
Ne servent pas toujours à nos calamités.
Ah ! ne perds point de temps : tu balances encore !
ÉMIRE.
Mais aurait-on juré la perte de Zamore ?
Alvarez aurait-il assez peu de crédit ?
Et le conseil enfin...
ALZIRE. Je crains tout, il suffit.
Tu vois de ces tyrans la fureur despotique ;
Ils pensent que pour eux le ciel fit l'Amérique,
Qu'ils en sont nés les rois ; et Zamore à leurs yeux,
Tout souverain qu'il fut, n'est qu'un séditieux. 1040
Conseil de meurtriers ! Gusman ! peuple barbare !
Je préviendrai les coups que votre main prépare.
Ce soldat ne vient point : qu'il tarde à m'obéir !
ÉMIRE.
Madame, avec Zamore il va bientôt venir ;
Il court à la prison. Déjà la nuit plus sombre

Couvre ce grand dessein du secret de son ombre.
Fatigués de carnage et de sang enivrés,
Les tyrans de la terre au sommeil sont livrés.
    ALZIRE.
Allons, que ce soldat nous conduise à la porte :
Qu'on ouvre la prison, que l'innocence en sorte. 1050
    ÉMIRE.
Il vous prévient déjà ; Céphane le conduit.
Mais si l'on vous rencontre en cette obscure nuit,
Votre gloire est perdue, et cette honte extrême...
    ALZIRE.
Va, la honte serait de trahir ce que j'aime.
Cet honneur étranger, parmi nous inconnu,
N'est qu'un fantôme vain qu'on prend pour la vertu :
C'est l'amour de la gloire, et non de la justice,
La crainte du reproche, et non celle du vice.
Je fus instruite, Emire, en ce grossier climat,
A suivre la vertu sans en chercher l'éclat.   1060
L'honneur est dans mon cœur, et c'est lui qui m'or-
De sauver un héros que le ciel abandonne." [donne

SCÈNE IV.

ALZIRE, ZAMORE, ÉMIRE, un soldat.

    ALZIRE.
Tout est perdu pour toi ; tes tyrans sont vainqueurs,
Ton supplice est tout prêt : si tu ne fuis, tu meurs.
Pars, ne perds point de temps ; prends ce soldat pour
                                          [guide,
Trompons des meurtriers l'espérance homicide ;
Tu vois mon désespoir et mon saisissement :
C'est à toi d'épargner la mort à mon amant,
Un crime à mon époux, et des larmes au monde.
L'Amérique t'appelle, et la nuit te seconde ; 1070

Prends pitié de ton sort, et laisse-moi le mien.
ZAMORE.
Esclave d'un barbare, épouse d'un chrétien,
Toi qui m'as tant aimé, tu m'ordonnes de vivre!
Eh bien! j'obéirai. Mais oses-tu me suivre?
Sans trône, sans secours, au comble du malheur,
Je n'ai plus à t'offrir qu'un désert et mon cœur.
Autrefois à tes pieds j'ai mis un diadème.
ALZIRE.
Ah! qu'était-il sans toi? qu'ai-je aimé que toi-même?
Et qu'est-ce auprès de toi que ce vil univers?
Mon âme va te suivre au fond de tes déserts.   1080
Je vais seule en ces lieux, où l'horreur me consume,
Languir dans les regrets, sécher dans l'amertume,
Mourir dans les remords d'avoir trahi ma foi,
D'être au pouvoir d'un autre, et de brûler pour toi.
Pars, emporte avec toi mon bonheur et ma vie;
Laisse-moi les horreurs du devoir qui me lie.
J'ai mon amant ensemble et ma gloire à sauver.
Tous deux me sont sacrés; je les veux conserver.
ZAMORE.
Ta gloire! Quelle est donc cette gloire inconnue?
Quel fantôme d'Europe a fasciné ta vue?   1090
Quoi! ces affreux serments qu'on vient de te dicter,
Quoi! ce temple chrétien que tu dois détester,
Ce Dieu, ce destructeur des dieux de mes ancêtres,
T'arrachent à Zamore et te donnent des maîtres?
ALZIRE.
J'ai promis; il suffit : il n'importe à quel dieu.
ZAMORE.
Ta promesse est un crime, elle est ma perte : adieu.
Périssent tes serments, et ton Dieu que j'abhorre!
ALZIRE.
Arrête : quels adieux! arrête, cher Zamore!
ZAMORE.
Gusman est ton époux!

ALZIRE. Plains-moi, sans m'outrager.
ZAMORE.
Songe à nos premiers nœuds.
ALZIRE. Je songe à ton danger. 1100
ZAMORE.
Non, tu trahis, cruelle, un feu si légitime.
ALZIRE.
Non, je t'aime à jamais; et c'est un nouveau crime.
Laisse-moi mourir seule : ôte-toi de ces lieux.
Quel désespoir horrible étincelle en tes yeux?
Zamore...
ZAMORE. C'en est fait.
ALZIRE. Où vas-tu?
ZAMORE. Mon courage
De cette liberté va faire un digne usage.
ALZIRE.
Tu n'en saurais douter, je péris si tu meurs.
ZAMORE.
Peux-tu mêler l'amour à ces moments d'horreurs?
Laisse-moi, l'heure fuit, le jour vient, le temps [presse :
Soldat, guide mes pas.

SCÈNE V.

ALZIRE, ÉMIRE.

ALZIRE. Je succombe, il me laisse : 1110
Il part; que va-t-il faire? O moment plein d'effroi!
Gusman! quoi! c'est donc lui que j'ai quitté pour toi!
Émire, suis ses pas, vole, et reviens m'instruire
S'il est en sûreté, s'il faut que je respire.
Va voir si ce soldat nous sert ou nous trahit.
(*Émire sort.*)
Un noir pressentiment m'afflige et me saisit :
Ce jour, ce jour pour moi ne peut être qu'horrible.

O toi, Dieu des chrétiens, Dieu vainqueur et terrible,
Je connais peu tes lois : ta main, du haut des cieux,
Perce à peine un nuage épaissi sur mes yeux : 1120
Mais si je suis à toi, si mon amour t'offense,
Sur ce cœur malheureux épuise ta vengeance.
Grand Dieu, conduis Zamore au milieu des déserts!
Ne serais-tu le Dieu que d'un autre univers?
Les seuls Européens sont-ils nés pour te plaire?
Es-tu tyran d'un monde, et de l'autre le père?
Les vainqueurs, les vaincus, tous ces faibles humains,
Sont tous également l'ouvrage de tes mains.
Mais de quels cris affreux mon oreille est frappée!
J'entends nommer Zamore : ô ciel! on m'a trompée. 1130
Le bruit redouble, on vient : ah! Zamore est perdu.

SCÈNE VI.

ALZIRE, ÉMIRE.

ALZIRE.

Chère Émire, est-ce toi? qu'a-t-on fait? qu'as-tu vu?
Tire-moi, par pitié, de mon doute terrible.

ÉMIRE.

Ah! n'espérez plus rien : sa perte est infaillible.
Des armes du soldat qui conduisait ses pas
Il a couvert son front, il a chargé son bras:
Il s'éloigne : à l'instant le soldat prend la fuite :
Votre amant au palais court et se précipite;
Je le suis en tremblant parmi nos ennemis,
Parmi ces meurtriers dans le sang endormis, 1140
Dans l'horreur de la nuit, des morts, et du silence.
Au palais de Gusman je le vois qui s'avance;
Je l'appelais en vain de la voix et des yeux;
Il m'échappe; et soudain j'entends des cris affreux :

J'entends dire : « Qu'il meure ! » on court, on vole
[aux armes.
Retirez-vous, madame, et fuyez tant d'alarmes;
Rentrez.
ALZIRE. Ah ! chère Émire, allons le secourir.
ÉMIRE.
Que pouvez-vous, madame, ô ciel?
ALZIRE. Je puis mourir.

SCÈNE VII.

ALZIRE, ÉMIRE, D. ALONZE, gardes.

ALONZE.
A mes ordres secrets, madame, il faut vous rendre.
ALZIRE.
Que me dis-tu, barbare, et que viens-tu m'apprendre?
Qu'est devenu Zamore?
ALONZE. En ce moment affreux 1151
Je ne puis qu'annoncer un ordre rigoureux.
Daignez me suivre.
ALZIRE. O sort ! ô vengeance trop forte !
Cruels ! quoi ! ce n'est point la mort que l'on m'ap-
Quoi ! Zamore n'est plus, et je n'ai que des fers ! [porte?
Tu gémis, et tes yeux de larmes sont couverts !
Mes maux ont-ils touché les cœurs nés pour la haine?
Viens; si la mort m'attend, viens, j'obéis sans peine.

ACTE CINQUIÈME.

SCÈNE I.

ALZIRE, gardes.

ALZIRE.
Préparez-vous pour moi vos supplices cruels,
Tyrans, qui vous nommez les juges des mortels ? 1160
Laissez-vous dans l'horreur de cette inquiétude
De mes destins affreux flotter l'incertitude ?
On m'arrête, on me garde, on ne m'informe pas
Si l'on a résolu ma vie ou mon trépas.
Ma voix nomme Zamore, et mes gardes pâlissent ;
Tout s'émeut à ce nom : ces monstres en frémissent.

SCÈNE II.

MONTÈZE, ALZIRE.

ALZIRE.
Ah ! mon père !
      MONTÈZE. Ma fille, où nous as-tu réduits ?
Voilà de ton amour les exécrables fruits.
Hélas ! nous demandions la grâce de Zamore ;
Alvarez avec moi daignait parler encore : 1170
Un soldat à l'instant se présente à nos yeux ;
C'était Zamore même, égaré, furieux :
Par ce déguisement la vue était trompée.
A peine entre ses mains j'aperçois une épée :
Entrer, voler vers nous, s'élancer sur Gusman,

L'attaquer, le frapper, n'est pour lui qu'un moment.
Le sang de ton époux rejaillit sur ton père :
Zamore, au même instant dépouillant sa colère,
Tombe aux pieds d'Alvarez, et, tranquille et soumis,
Lui présentant ce fer teint du sang de son fils : 1180
« J'ai fait ce que j'ai dû, j'ai vengé mon injure ;
« Fais ton devoir, dit-il, et venge la nature. »
Alors il se prosterne, attendant le trépas.
Le père tout sanglant se jette entre mes bras ;
Tout se réveille, on court, on s'avance, on s'écrie,
On vole à ton époux, on rappelle sa vie ;
On arrête son sang, on presse le secours
De cet art inventé pour conserver nos jours.
Tout le peuple à grands cris demande ton supplice.
Du meurtre de son maître il te croit la complice. 1190

ALZIRE.
Vous pourriez...
 MONTÈZE. Non, mon cœur ne t'en soupçonne pas.
Non, le tien n'est pas fait pour de tels attentats :
Capable d'une erreur, il ne l'est point d'un crime ;
Tes yeux s'étaient fermés sur le bord de l'abîme.
Je le souhaite ainsi, je le crois : cependant
Ton époux va mourir des coups de ton amant.
On va te condamner ; tu vas perdre la vie
Dans l'horreur du supplice et dans l'ignominie ;
Et je retourne enfin, par un dernier effort,
Demander au conseil et ta grâce et ma mort. 1200

ALZIRE.
Ma grâce ! à mes tyrans ? les prier ! vous, mon père !
Osez vivre et m'aimer, c'est ma seule prière.
Je plains Gusman : son sort a trop de cruauté ;
Et je le plains surtout de l'avoir mérité.
Pour Zamore, il n'a fait que venger son outrage ;
Je ne puis excuser ni blâmer son courage.
J'ai voulu le sauver, je ne m'en défends pas.
Il mourra... Gardez-vous d'empêcher mon trépas.

MONTÈZE.

O ciel! inspire-moi, j'implore ta clémence!

(*Il sort.*)

SCÈNE III.

ALZIRE.

O ciel! anéantis ma fatale existence. 1210
Quoi! ce Dieu que je sers me laisse sans secours!
Il défend à mes mains d'attenter sur mes jours!
Ah! j'ai quitté des dieux dont la bonté facile
Me permettait la mort, la mort, mon seul asile.
Eh! quel crime est-ce donc, devant ce Dieu jaloux,
De hâter un moment qu'il nous prépare à tous?
Quoi! du calice amer d'un malheur si durable
Faut-il boire à longs traits la lie insupportable?
Ce corps vil et mortel est-il donc si sacré,
Que l'esprit qui le meut ne le quitte à son gré? 1220
Ce peuple de vainqueurs, armé de son tonnerre,
A-t-il le droit affreux de dépeupler la terre,
D'exterminer les miens, de déchirer mon flanc?
Et moi je ne pourrai disposer de mon sang?
Je ne pourrai sur moi permettre à mon courage
Ce que sur l'univers il permet à sa rage?
Zamore va mourir dans des tourments affreux.
Barbares!

SCÈNE IV.

ZAMORE *enchaîné*, ALZIRE, gardes.

ZAMORE. C'est ici qu'il faut périr tous deux.
Sous l'horrible appareil de sa fausse justice,
Un tribunal de sang te condamne au supplice. 1230
Gusman respire encor; mon bras désespéré

N'a porté dans son sein qu'un coup mal assuré :
Il vit pour achever le malheur de Zamore ;
Il mourra tout couvert de ce sang que j'adore ;
Nous périrons ensemble à ses yeux expirants ;
Il va goûter encor le plaisir des tyrans.
Alvarez doit ici prononcer de sa bouche
L'abominable arrêt de ce conseil farouche.
C'est moi qui t'ai perdue, et tu péris pour moi.

ALZIRE.

Va, je ne me plains plus ; je mourrai près de toi. 1240
Tu m'aimes, c'est assez ; bénis ma destinée,
Bénis le coup affreux qui rompt mon hyménée ;
Songe que ce moment, où je vais chez les morts,
Est le seul où mon cœur peut t'aimer sans remords.
Libre par mon supplice, à moi-même rendue,
Je dispose à la fin d'une foi qui t'est due.
L'appareil de la mort, élevé pour nous deux,
Est l'autel où mon cœur te rend ses premiers feux.
C'est là que j'expierai le crime involontaire
De l'infidélité que j'avais pu te faire. 1250
Ma plus grande amertume, en ce funeste sort,
C'est d'entendre Alvarez prononcer notre mort.

ZAMORE.

Ah ! le voici ; les pleurs inondent son visage.

ALZIRE.

Qui de nous trois, ô ciel ! a reçu plus d'outrage ?
Et que d'infortunés le sort assemble ici !

SCÈNE V.

ALZIRE, ZAMORE, ALVAREZ, gardes.

ZAMORE.

J'attends la mort de toi, le ciel le veut ainsi ;
Tu dois me prononcer l'arrêt qu'on vient de rendre ;
Parle sans te troubler, comme je vais t'entendre ;

Et fais livrer sans crainte aux supplices tout prêts
L'assassin de ton fils et l'ami d'Alvarez. 1260
Mais que t'a fait Alzire? et quelle barbarie
Te force à lui ravir une innocente vie?
Les Espagnols enfin t'ont donné leur fureur :
Une injuste vengeance entre-t-elle en ton cœur?
Connu seul parmi nous par ta clémence auguste,
Tu veux donc renoncer à ce grand nom de juste!
Dans le sang innocent ta main va se baigner!

ALZIRE.

Venge-toi, venge un fils, mais sans me soupçonner.
Épouse de Gusman, ce nom seul doit t'apprendre
Que, loin de le trahir, je l'aurais su défendre. 1270
J'ai respecté ton fils ; et ce cœur gémissant
Lui conserva sa foi, même en le haïssant.
Que je sois de ton peuple applaudie ou blâmée,
Ta seule opinion fera ma renommée :
Estimée en mourant d'un cœur tel que le tien,
Je dédaigne le reste, et ne demande rien.
Zamore va mourir, il faut bien que je meure ;
C'est tout ce que j'attends, et c'est toi que je pleure.

ALVAREZ.

Quel mélange, grand Dieu, de tendresse et d'horreur!
L'assassin de mon fils est mon libérateur. 1280
Zamore!... oui, je te dois des jours que je déteste ;
Tu m'as vendu bien cher un présent si funeste...
Je suis père, mais homme ; et, malgré ta fureur,
Malgré la voix du sang qui parle à ma douleur,
Qui demande vengeance à mon âme éperdue,
La voix de tes bienfaits est encore entendue.
Et toi qui fus ma fille, et que dans nos malheurs
J'appelle encor d'un nom qui fait couler nos pleurs,
Va, ton père est bien loin de joindre à ses souffrances
Cet horrible plaisir que donnent les vengeances. 1290
Il faut perdre à la fois, par des coups inouïs,
Et mon libérateur, et ma fille, et mon fils.

Le conseil vous condamne : il a, dans sa colère,
Du fer de la vengeance armé la main d'un père.
Je n'ai point refusé ce ministère affreux...
Et je viens le remplir, pour vous sauver tous deux.
Zamore, tu peux tout.
           ZAMORE. Je peux sauver Alzire?
Ah! parle, que faut-il?
           ALVAREZ. Croire un Dieu qui m'inspire.
Tu peux changer d'un mot et son sort et le tien ;
Ici la loi pardonne à qui se rend chrétien.   1300
Cette loi, que naguère un saint zèle a dictée,
Du ciel en ta faveur y semble être apportée.
Le Dieu qui nous apprit lui-même à pardonner
De son ombre à nos yeux saura t'environner.
Tu vas des Espagnols arrêter la colère ;
Ton sang, sacré pour eux, est le sang de leur frère;
Les traits de la vengeance, en leurs mains suspendus,
Sur Alzire et sur toi ne se tourneront plus.
Je réponds de sa vie, ainsi que de la tienne :
Zamore, c'est de toi qu'il faut que je l'obtienne. 1310
Ne sois point inflexible à cette faible voix :
Je te devrai la vie une seconde fois.
Cruel! pour me payer du sang dont tu me prives,
Un père infortuné demande que tu vives.
Rends-toi chrétien comme elle ; accorde-moi ce prix
De ses jours et des tiens, et du sang de mon fils.
           ZAMORE, *à Alzire.*
Alzire, jusque-là chérissons-nous la vie?
La rachèterions-nous par mon ignominie?
Quitterai-je mes dieux, pour le Dieu de Gusman?
   (*A Alvarez.*)
Et toi, plus que ton fils seras-tu mon tyran?   1320
Tu veux qu'Alzire meure, ou que je vive en traître!
Ah! lorsque de tes jours je me suis vu le maître,
Si j'avais mis ta vie à cet indigne prix,
Parle, aurais-tu quitté le Dieu de ton pays?

ALVAREZ.

J'aurais fait ce qu'ici tu me vois faire encore.
J'aurais prié ce Dieu, seul être que j'adore,
De n'abandonner pas un cœur tel que le tien,
Tout aveugle qu'il est, digne d'être chrétien.

ZAMORE.

Dieu! quel genre inouï de trouble et de supplice!
Entre quels attentats faut-il que je choisisse ? 1330
(*A Alzire.*)
Il s'agit de tes jours, il s'agit de mes dieux.
Toi qui m'oses aimer, ose juger entre eux.
Je m'en remets à toi; mon cœur se flatte encore
Que tu ne voudras point la honte de Zamore.

ALZIRE.

Écoute. Tu sais trop qu'un père infortuné
Disposa de ce cœur que je t'avais donné;
Je reconnus son Dieu : tu peux de ma jeunesse
Accuser, si tu veux, l'erreur ou la faiblesse;
Mais des lois des chrétiens mon esprit enchanté
Vit chez eux ou du moins crut voir la vérité; 1340
Et ma bouche, abjurant les dieux de ma patrie,
Par mon âme en secret ne fut point démentie.
Mais renoncer aux dieux que l'on croit dans son cœur,
C'est le crime d'un lâche, et non pas une erreur;
C'est trahir à la fois, sous un masque hypocrite,
Et le dieu qu'on préfère et le dieu que l'on quitte;
C'est mentir au ciel même, à l'univers, à soi.
Mourons, mais en mourant sois digne encor de moi;
Et si Dieu ne te donne une clarté nouvelle,
Ta probité te parle, il faut n'écouter qu'elle. 1350

ZAMORE.

J'ai prévu ta réponse : il vaut mieux expirer
Et mourir avec toi que se déshonorer.

ALVAREZ.

Cruels! ainsi tous deux vous voulez votre perte!

Vous bravez ma bonté qui vous était offerte.
Écoutez, le temps presse, et ces lugubres cris...

SCÈNE VI.

ALVAREZ, ZAMORE, ALZIRE, ALONZE, Américains,
Espagnols.

ALONZE.
On amène à vos yeux votre malheureux fils;
Seigneur, entre vos bras il veut quitter la vie.
Du peuple qui l'aimait une troupe en furie,
S'empressant près de lui, vient se rassasier
Du sang de son épouse et de son meurtrier. 1360

SCÈNE VII.

ALVAREZ, GUSMAN, MONTÈZE, ZAMORE, ALZIRE,
Américains, soldats.

ZAMORE.
Cruels! sauvez Alzire, et pressez mon supplice!
ALZIRE.
Non, qu'une affreuse mort tous trois nous réunisse.
ALVAREZ.
Mon fils mourant, mon fils, ô comble de douleur!
ZAMORE, *à Gusman.*
Tu veux donc jusqu'au bout consommer ta fureur!
Viens, vois couler mon sang, puisque tu vis encore;
Viens apprendre à mourir en regardant Zamore.
GUSMAN, *à Zamore.*
Il est d'autres vertus que je veux t'enseigner :
Je dois un autre exemple, et je viens le donner.
(*A Alvarez.*)
Le ciel, qui veut ma mort, et qui l'a suspendue,

Mon père, en ce moment m'amène à votre vue. 1370
Mon âme fugitive, et prête à me quitter,
S'arrête devant vous... mais pour vous imiter.
Je meurs ; le voile tombe ; un nouveau jour m'éclaire :
Je ne me suis connu qu'au bout de ma carrière ;
J'ai fait, jusqu'au moment qui me plonge au cercueil,
Gémir l'humanité du poids de mon orgueil.
Le ciel venge la terre : il est juste ; et ma vie
Ne peut payer le sang dont ma main s'est rougie.
Le bonheur m'aveugla, la mort m'a détrompé.
Je pardonne à la main par qui Dieu m'a frappé. 1380
J'étais maître en ces lieux, seul j'y commande encore ;
Seul je puis faire grâce, et la fais à Zamore.
Vis, superbe ennemi, sois libre et te souvien
Quel fut et le devoir et la mort d'un chrétien.
(A Montèze, qui se jette à ses pieds.)
Montèze, Américains, qui fûtes mes victimes,
Songez que ma clémence a surpassé mes crimes.
Instruisez l'Amérique ; apprenez à ses rois
Que les chrétiens sont nés pour leur donner des lois.
(A Zamore.)
Des dieux que nous servons connais la différence :
Les tiens t'ont commandé le meurtre et la vengeance ;
Et le mien, quand ton bras vient de m'assassiner, 1391
M'ordonne de te plaindre et de te pardonner.

ALVAREZ.

Ah ! mon fils, tes vertus égalent ton courage.

ALZIRE.

Quel changement, grand Dieu ! quel étonnant lan-
ZAMORE. [gage!

Quoi ! tu veux me forcer moi-même au repentir !

GUSMAN.

Je veux plus, je te veux forcer à me chérir.
Alzire n'a vécu que trop infortunée,
Et par mes cruautés, et par mon hyménée :
Que ma mourante main la remette en tes bras.

12.

Vivez sans me haïr, gouvernez vos États ; 1400
Et, de vos murs détruits rétablissant la gloire,
De mon nom, s'il se peut, bénissez la mémoire.
   (*A Alvarez.*)
Daignez servir de père à ces époux heureux :
Que du ciel, par vos soins, le jour luise sur eux.
Aux clartés des chrétiens si son âme est ouverte,
Zamore est votre fils, et répare ma perte.

   ZAMORE.

Je demeure immobile, égaré, confondu.
Quoi donc ! les vrais chrétiens auraient tant de vertu !
Ah ! la loi qui t'oblige à cet effort suprême,
Je commence à le croire, est la loi d'un Dieu même.
J'ai connu l'amitié, la constance, la foi ; 1411
Mais tant de grandeur d'âme est au-dessus de moi ;
Tant de vertu m'accable, et son charme m'attire.
Honteux d'être vengé, je t'aime et je t'admire.
               (*Il se jette à ses pieds.*)

   ALZIRE.

Seigneur, en rougissant je tombe à vos genoux.
Alzire, en ce moment, voudrait mourir pour vous.
Entre Zamore et vous mon âme déchirée
Succombe au repentir dont elle est dévorée.
Je me sens trop coupable ; et mes tristes erreurs....

   GUSMAN.

Tout vous est pardonné, puisque je vois vos pleurs. 1420
Pour la dernière fois approchez-vous, mon père !
Vivez longtemps heureux ; qu'Alzire vous soit chère !
Zamore, sois chrétien ! je suis content ; je meurs.

   ALVAREZ, *à Montèze.*

Je vois le doigt de Dieu marqué dans nos malheurs.
Mon cœur désespéré se soumet, s'abandonne 1425
Aux volontés d'un Dieu qui frappe et qui pardonne.

        FIN D'ALZIRE.

MÉROPE

TRAGÉDIE.

(1743.)

PERSONNAGES. — MÉROPE, veuve de Cresphonte, roi de Messène. — ÉGISTHE, fils de Mérope. — POLYPHONTE, tyran de Messène. — NARBAS, vieillard. — EURYCLÈS, favori de Mérope. — ÉROX, favori de Polyphonte. — ISMÉNIE, confidente de Mérope.

La scène est à Messène, dans le palais de Mérope.

ACTE PREMIER.

SCÈNE I.

MÉROPE, ISMÉNIE.

ISMÉNIE.
Grande reine, écartez ces horribles images :
Goûtez des jours sereins, nés du sein des orages.
Les dieux nous ont donné la victoire et la paix :
Ainsi que leur courroux ressentez leurs bienfaits.
Messène, après quinze ans de guerres intestines,
Lève un front moins timide et sort de ses ruines.
Vos yeux ne verront plus tous ces chefs ennemis
Divisés d'intérêts, et pour le crime unis,
Par les saccagements, le sang, et le ravage,
Du meilleur de nos rois disputer l'héritage. 10
Nos chefs, nos citoyens, rassemblés sous vos yeux,
Les organes des lois, les ministres des dieux,
Vont, libres dans leur choix, décerner la couronne.

Sans doute elle est à vous, si la vertu la donne.
Vous seule avez sur nous d'irrévocables droits ;
Vous, veuve de Cresphonte et fille de nos rois ;
Vous, que tant de constance et quinze ans de misère
Font encor plus auguste et nous rendent plus chère ;
Vous, pour qui tous les cœurs en secret réunis...
MÉROPE.
Quoi! Narbas ne vient point! Reverrai-je mon fils ? 20
ISMÉNIE.
Vous pouvez l'espérer : déjà d'un pas rapide
Vos esclaves en foule ont couru dans l'Élide ;
La paix a de l'Élide ouvert tous les chemins.
Vous avez mis sans doute en de fidèles mains
Ce dépôt si sacré, l'objet de tant d'alarmes ?
MÉROPE.
Me rendrez-vous mon fils, dieux témoins de mes larmes ?
Égisthe est-il vivant? Avez-vous conservé
Cet enfant malheureux, le seul que j'ai sauvé ?
Écartez loin de lui la main de l'homicide !
C'est votre fils, hélas! c'est le pur sang d'Alcide. 30
Abandonnerez-vous ce reste précieux
Du plus juste des rois et du plus grand des dieux,
L'image de l'époux dont j'adore la cendre ?
ISMÉNIE.
Mais quoi! cet intérêt et si juste et si tendre
De tout autre intérêt peut-il vous détourner ?
MÉROPE.
Je suis mère, et tu peux encor t'en étonner ?
ISMÉNIE.
Du sang dont vous sortez l'auguste caractère
Sera-t-il effacé par cet amour de mère ?
Son enfance était chère à vos yeux éplorés ;
Mais vous avez peu vu ce fils que vous pleurez. 40
MÉROPE.
Mon cœur a vu toujours ce fils que je regrette ;
Ses périls nourrissaient ma tendresse inquiète ;

1.

Un si juste intérêt s'accrut avec le temps.
Un mot seul de Narbas, depuis plus de quatre ans,
Vint, dans la solitude où j'étais retenue,
Porter un nouveau trouble à mon âme éperdue :
Égisthe, écrivait-il, mérite un meilleur sort;
Il est digne de vous et des dieux dont il sort :
En butte à tous les maux, sa vertu les surmonte :
Espérez tout de lui, mais craignez Polyphonte. 50
                ISMÉNIE.
De Polyphonte au moins prévenez les desseins;
Laissez passer l'empire en vos augustes mains.
                MÉROPE.
L'empire est à mon fils. Périsse la marâtre,
Périsse le cœur dur, de soi-même idolâtre,
Qui peut goûter en paix, dans le suprême rang,
Le barbare plaisir d'hériter de son sang!
Si je n'ai plus de fils, que m'importe un empire?
Que m'importe ce ciel, ce jour que je respire?
Je dus y renoncer alors que dans ces lieux
Mon époux fut trahi des mortels et des dieux. 60
O perfidie! ô crime! ô jour fatal au monde!
O mort toujours présente à ma douleur profonde!
J'entends encor ces voix, ces lamentables cris,
Ces cris : « Sauvez le roi, son épouse, et ses fils! »
Je vois ces murs sanglants, ces portes embrasées,
Sous ces lambris fumants ces femmes écrasées,
Ces esclaves fuyant, le tumulte, l'effroi,
Les armes, les flambeaux, la mort autour de moi.
Là, nageant dans son sang, et souillé de poussière,
Tournant encor vers moi sa mourante paupière, 70
Cresphonte en expirant me serra dans ses bras;
Là, deux fils malheureux, condamnés au trépas,
Tendres et premiers fruits d'une union si chère,
Sanglants et renversés sur le sein de leur père,
A peine soulevaient leurs innocentes mains.
Hélas! ils m'imploraient contre leurs assassins.

Égisthe échappa seul; un dieu prit sa défense :
Veille sur lui, grand dieu, qui sauvas son enfance!
Qu'il vienne; que Narbas le ramène à mes yeux,
Du fond de ses déserts au rang de ses aïeux! 80
J'ai supporté quinze ans mes fers et son absence;
Qu'il règne au lieu de moi : voilà ma récompense.

SCÈNE II.

MÉROPE, ISMÉNIE, EURYCLÈS.

MÉROPE.
Eh bien! Narbas? mon fils?
                              EURYCLÈS. Vous me voyez confus;
Tant de pas, tant de soins ont été superflus.
On a couru, madame, aux rives du Pénée,
Dans les champs d'Olympie, aux murs de Salmonée;
Narbas est inconnu : le sort, dans ces climats,
Dérobe à tous les yeux la trace de ses pas.
    MÉROPE.
Hélas! Narbas n'est plus; j'ai tout perdu, sans doute.
    ISMÉNIE.
Vous croyez tous les maux que votre âme redoute; 90
Peut-être, sur les bruits de cette heureuse paix,
Narbas ramène un fils si cher à nos souhaits.
    EURYCLÈS.
Peut-être sa tendresse, éclairée et discrète,
A caché son voyage ainsi que sa retraite :
Il veille sur Égisthe; il craint ces assassins
Qui du roi votre époux ont tranché les destins.
De leurs affreux complots il faut tromper la rage.
Autant que je l'ai pu j'assure son passage,
Et j'ai sur ces chemins de carnage abreuvés
Des yeux toujours ouverts et des bras éprouvés. 100
    MÉROPE.
Dans ta fidélité j'ai mis ma confiance.

EURYCLÈS.
Hélas! que peut pour vous ma triste vigilance?
On va donner son trône : en vain ma faible voix
Du sang qui le fit naître a fait parler les droits,
L'injustice triomphe, et ce peuple, à sa honte,
Au mépris de nos lois, penche vers Polyphonte.
MÉROPE.
Et le sort jusque-là pourrait nous avilir!
Mon fils dans ses États reviendrait pour servir!
Il verrait son sujet au rang de ses ancêtres!
Le sang de Jupiter aurait ici des maîtres! 110
Je n'ai donc plus d'amis? Le nom de mon époux,
Insensibles sujets, a donc péri pour vous?
Vous avez oublié ses bienfaits et sa gloire?
EURYCLÈS.
Le nom de votre époux est cher à leur mémoire :
On regrette Cresphonte, on le pleure, on vous plaint;
Mais la force l'emporte, et Polyphonte est craint.
MÉROPE.
Ainsi donc, par mon peuple en tout temps accablée,
Je verrai la justice à la brigue immolée;
Et le vil intérêt, cet arbitre du sort,
Vend toujours le plus faible aux crimes du plus fort.
Allons, et rallumons dans ces âmes timides 121
Ces regrets mal éteints du sang des Héraclides;
Flattons leur espérance, excitons leur amour.
Parlez, et de leur maître annoncez le retour.
EURYCLÈS.
Je n'ai que trop parlé : Polyphonte en alarmes
Craint déjà votre fils, et redoute vos larmes;
La fière ambition dont il est dévoré
Est inquiète, ardente, et n'a rien de sacré.
S'il chassa les brigands de Pylos et d'Amphryse,
S'il a sauvé Messène, il croit l'avoir conquise. 130
Il agit pour lui seul, il veut tout asservir :
Il touche à la couronne, et, pour mieux la ravir,

Il n'est point de rempart que sa main ne renverse,
De lois qu'il ne corrompe, et de sang qu'il ne verse :
Ceux dont la main cruelle égorgea votre époux
Peut-être ne sont pas plus à craindre pour vous.
MÉROPE.
Quoi ! partout sous mes pas le sort creuse un abîme !
Je vois autour de moi le danger et le crime !
Polyphonte, un sujet de qui les attentats...
EURYCLÈS.
Dissimulez, madame ; il porte ici ses pas.   140

SCÈNE III.

MÉROPE, POLYPHONTE, ÉROX.

POLYPHONTE.
Madame, il faut enfin que mon cœur se déploie.
Ce bras qui vous servit m'ouvre au trône une voie :
Et les chefs de l'État, tout prêts de prononcer,
Me font entre nous deux l'honneur de balancer.
Des partis opposés qui désolaient Messènes,
Qui versaient tant de sang, qui formaient tant de haines,
Il ne reste aujourd'hui que le vôtre et le mien.
Nous devons l'un à l'autre un mutuel soutien :
Nos ennemis communs, l'amour de la patrie,
Le devoir, l'intérêt, la raison, tout nous lie ;   150
Tout vous dit qu'un guerrier, vengeur de votre époux,
S'il aspire à régner, peut aspirer à vous.
Je me connais ; je sais que, blanchi sous les armes,
Ce front triste et sévère a pour vous peu de charmes ;
Je sais que vos appas, encor dans leur printemps,
Pourraient s'effaroucher de l'hiver de mes ans ;
Mais la raison d'État connaît peu ces caprices ;
Et de ce front guerrier les nobles cicatrices
Ne peuvent se couvrir que du bandeau des rois.
Je veux le sceptre et vous pour prix de mes exploits. 160

N'en croyez pas, madame, un orgueil téméraire :
Vous êtes de nos rois et la fille et la mère ;
Mais l'État veut un maître, et vous devez songer
Que pour garder vos droits il les faut partager.

MÉROPE.

Le ciel, qui m'accabla du poids de sa disgrâce,
Ne m'a point préparée à ce comble d'audace.
Sujet de mon époux, vous m'osez proposer
De trahir sa mémoire et de vous épouser ?
Moi, j'irais de mon fils, du seul bien qui me reste,
Déchirer avec vous l'héritage funeste ? 170
Je mettrais en vos mains sa mère et son État,
Et le bandeau des rois sur le front d'un soldat ?

POLYPHONTE.

Un soldat tel que moi peut justement prétendre
A gouverner l'État, quand il l'a su défendre.
Le premier qui fut roi fut un soldat heureux :
Qui sert bien son pays n'a pas besoin d'aïeux.
Je n'ai plus rien du sang qui m'a donné la vie ;
Ce sang s'est épuisé, versé pour la patrie ;
Ce sang coula pour vous ; et, malgré vos refus,
Je crois valoir au moins les rois que j'ai vaincus ; 180
Et je n'offre, en un mot, à votre âme rebelle
Que la moitié d'un trône où mon parti m'appelle.

MÉROPE.

Un parti ! vous, barbare, au mépris de nos lois !
Est-il d'autre parti que celui de vos rois ?
Est-ce là cette foi si pure et si sacrée
Qu'à mon époux, à moi, votre bouche a jurée ;
La foi que vous devez à ses mânes trahis,
A sa veuve éperdue, à son malheureux fils,
A ces dieux dont il sort, et dont il tient l'empire ?

POLYPHONTE.

Il est encor douteux si votre fils respire. 190
Mais quand du sein des morts il viendrait en ces lieux
Redemander son trône à la face des dieux,

Ne vous y trompez pas, Messène veut un maître
Éprouvé par le temps, digne en effet de l'être ;
Un roi qui la défende ; et j'ose me flatter
Que le vengeur du trône a seul droit d'y monter.
Égisthe, jeune encore, et sans expérience,
Étalerait en vain l'orgueil de sa naissance ;
N'ayant rien fait pour nous, il n'a rien mérité.
D'un prix bien différent ce trône est acheté.   200
Le droit de commander n'est plus un avantage
Transmis par la nature, ainsi qu'un héritage :
C'est le fruit des travaux et du sang répandu,
C'est le prix du courage ; et je crois qu'il m'est dû.
Souvenez-vous du jour où vous fûtes surprise
Par ces lâches brigands de Pylos et d'Amphryse ;
Revoyez votre époux et vos fils malheureux,
Presque en votre présence, assassinés par eux ;
Revoyez-moi, madame, arrêtant leur furie,
Chassant vos ennemis, défendant la patrie ;   210
Voyez ces murs enfin par mon bras délivrés,
Songez que j'ai vengé l'époux que vous pleurez :
Voilà mes droits, madame, et mon rang et mon titre.
La valeur fit ces droits ; le ciel en est l'arbitre.
Que votre fils revienne, il apprendra sous moi
Les leçons de la gloire et l'art de vivre en roi :
Il verra si mon front soutiendra la couronne.
Le sang d'Alcide est beau, mais n'a rien qui m'étonne.
Je recherche un honneur et plus noble et plus grand :
Je songe à ressembler au dieu dont il descend.   220
En un mot, c'est à moi de défendre la mère,
Et de servir au fils et d'exemple et de père.

MÉROPE.

N'affectez point ici des soins si généreux,
Et cessez d'insulter à mon fils malheureux.
Si vous osez marcher sur les traces d'Alcide,
Rendez donc l'héritage au fils d'un Héraclide.
Ce dieu, dont vous seriez l'injuste successeur,

Vengeur de tant d'États, n'en fut point ravisseur.
Imitez sa justice ainsi que sa vaillance ;
Défendez votre roi, secourez l'innocence ; 230
Découvrez, rendez-moi ce fils que j'ai perdu,
Et méritez sa mère à force de vertu ;
Dans nos murs relevés rappelez votre maître :
Alors jusques à vous je descendrais peut-être ;
Je pourrais m'abaisser ; mais je ne puis jamais
Devenir la complice et le prix des forfaits.

SCÈNE IV.

POLYPHONTE, ÉROX.

ÉROX.
Seigneur, attendez-vous que son âme fléchisse ?
Ne pouvez-vous régner qu'au gré de son caprice ?
Vous avez su du trône aplanir le chemin,
Et pour vous y placer vous attendez sa main ! 240

POLYPHONTE.
Entre ce trône et moi je vois un précipice ;
Il faut que ma fortune y tombe, ou le franchisse.
Mérope attend Égisthe ; et le peuple aujourd'hui,
Si son fils reparaît, peut se tourner vers lui.
En vain, quand j'immolai son père et ses deux frères,
De ce trône sanglant je m'ouvris les barrières ;
En vain dans ce palais, où la sédition
Remplissait tout d'horreur et de confusion,
Ma fortune a permis qu'un voile heureux et sombre
Couvrît mes attentats du secret de son ombre ; 250
En vain du sang des rois, dont je suis l'oppresseur,
Les peuples abusés m'ont cru le défenseur :
Nous touchons au moment où mon sort se décide.
S'il reste un rejeton de la race d'Alcide,
Si ce fils tant pleuré dans Messène est produit,
De quinze ans de travaux j'ai perdu tout le fruit.

Crois-moi, ces préjugés de sang et de naissance
Revivront dans les cœurs, y prendront sa défense.
Le souvenir du père, et cent rois pour aïeux,
Cet honneur prétendu d'être issu de nos dieux, 260
Les cris, le désespoir d'une mère éplorée,
Détruiront ma puissance encor mal assurée.
Égisthe est l'ennemi dont il faut triompher.
Jadis dans son berceau je voulus l'étouffer.
De Narbas à mes yeux l'adroite diligence
Aux mains qui me servaient arracha son enfance :
Narbas, depuis ce temps, errant loin de ces bords,
A bravé ma recherche, a trompé mes efforts.
J'arrêtai ses courriers; ma juste prévoyance
De Mérope et de lui rompit l'intelligence. 270
Mais je connais le sort; il peut se démentir;
De la nuit du silence un secret peut sortir;
Et des dieux quelquefois la longue patience
Fait sur nous à pas lents descendre la vengeance.

ÉROX.

Ah! livrez-vous sans crainte à vos heureux destins.
La prudence est le dieu qui veille à vos desseins.
Vos ordres sont suivis : déjà vos satellites
D'Élide et de Messène occupent les limites.
Si Narbas reparaît, si jamais à leurs yeux
Narbas ramène Égisthe, ils périssent tous deux. 280

POLYPHONTE.

Mais me réponds-tu bien de leur aveugle zèle?

ÉROX.

Vous les avez guidés par une main fidèle :
Aucun d'eux ne connaît ce sang qui doit couler,
Ni le nom de ce roi qu'ils doivent immoler.
Narbas leur est dépeint comme un traître, un trans-
Un criminel errant, qui demande un refuge; [fuge,
L'autre, comme un esclave, et comme un meurtrier
Qu'à la rigueur des lois il faut sacrifier.

POLYPHONTE.

Eh bien ! encor ce crime ! il m'est trop nécessaire.
Mais, en perdant le fils j'ai besoin de la mère ;
J'ai besoin d'un hymen utile à ma grandeur,
Qui détourne de moi le nom d'usurpateur,
Qui fixe enfin les vœux de ce peuple infidèle,
Qui m'apporte pour dot l'amour qu'on a pour elle.
Je lis au fond des cœurs ; à peine ils sont à moi :
Échauffés par l'espoir, ou glacés par l'effroi.
L'intérêt me les donne, il les ravit de même.
Toi dont le sort dépend de ma grandeur suprême,
Appui de mes projets par tes soins dirigés,
Érox, va réunir les esprits partagés :
Que l'avare en secret te vende son suffrage ;
Assure au courtisan ma faveur en partage :
Du lâche qui balance échauffe les esprits.
Promets, donne, conjure, intimide, éblouis.
Ce fer au pied du trône en vain m'a su conduire ;
C'est encor peu de vaincre, il faut savoir séduire,
Flatter l'hydre du peuple, au frein l'accoutumer,
Et pousser l'art enfin jusqu'à m'en faire aimer.

ACTE DEUXIÈME.

SCÈNE I.

MÉROPE, EURYCLÈS, ISMÉNIE.

MÉROPE.

Quoi ! l'univers se tait sur le destin d'Égisthe !
Je n'entends que trop bien ce silence si triste.
Aux frontières d'Élide enfin n'a-t-on rien su ?

EURYCLÈS.

On n'a rien découvert ; et tout ce qu'on a vu,

C'est un jeune étranger, de qui la main sanglante
D'un meurtre encor récent paraissait dégouttante :
Enchaîné par mon ordre, on l'amène au palais.
MÉROPE.
Un meurtre ! un inconnu ! Qu'a-t-il fait, Euryclès ?
Quel sang a-t-il versé ? Vous me glacez de crainte.
EURYCLÈS.
Triste effet de l'amour dont votre âme est atteinte !
Le moindre événement vous porte un coup mortel ;
Tout sert à déchirer ce cœur trop maternel ; 320
Tout fait parler en vous la voix de la nature.
Mais de ce meurtrier la commune aventure
N'a rien dont vos esprits doivent être agités.
De crimes, de brigands, ces bords sont infectés :
C'est le fruit malheureux de nos guerres civiles.
La justice est sans force, et nos champs et nos villes
Redemandent aux dieux, trop longtemps négligés,
Le sang des citoyens l'un par l'autre égorgés.
Écartez des terreurs dont le poids vous afflige !
MÉROPE.
Quel est cet inconnu ? Répondez-moi, vous dis-je. 330
EURYCLÈS.
C'est un de ces mortels du sort abandonnés,
Nourris dans la bassesse, aux travaux condamnés :
Un malheureux sans nom, si l'on croit l'apparence.
MÉROPE.
N'importe, quel qu'il soit, qu'il vienne en ma pré- [sence ;
Le témoin le plus vil et les moindres clartés
Nous montrent quelquefois de grandes vérités.
Peut-être j'en crois trop le trouble qui me presse ;
Mais ayez-en pitié, respectez ma faiblesse :
Mon cœur a tout à craindre, et rien à négliger.
Qu'il vienne, je le veux ; je veux l'interroger. 340
EURYCLÈS.
(A Isménie.)
Vous serez obéie. Allez, et qu'on l'amène ;

Qu'il paraisse à l'instant aux regards de la reine.
MÉROPE.
Je sens que je vais prendre un inutile soin.
Mon désespoir m'aveugle : il m'emporte trop loin :
Vous savez s'il est juste. On comble ma misère;
On détrône le fils, on outrage la mère.
Polyphonte, abusant de mon triste destin,
Ose enfin s'oublier jusqu'à m'offrir sa main.
EURYCLÈS.
Vos malheurs sont plus grands que vous ne pouvez
Je sais que cet hymen offense votre gloire; [croire. 350
Mais je vois qu'on l'exige, et le sort irrité
Vous fait de cet opprobre une nécessité :
C'est un cruel parti; mais c'est le seul peut-être
Qui pourrait conserver le trône à son vrai maître.
Tel est le sentiment des chefs et des soldats;
Et l'on croit...
MÉROPE. Non, mon fils ne le souffrirait pas;
L'exil, où son enfance a langui condamnée,
Lui serait moins affreux que ce lâche hyménée.
EURYCLÈS.
Il le condamnerait, si, paisible en son rang,
Il n'en croyait ici que les droits de son sang; 360
Mais si par les malheurs son âme était instruite,
Sur ses vrais intérêts s'il réglait sa conduite,
De ses tristes amis s'il consultait la voix,
Et la nécessité, souveraine des lois,
Il verrait que jamais sa malheureuse mère
Ne lui donna d'amour une marque plus chère.
MÉROPE.
Ah! que me dites-vous?
    EURYCLÈS. De dures vérités,
Que m'arrachent mon zèle et vos calamités.
MÉROPE.
Quoi! vous me demandez que l'intérêt surmonte
Cette invincible horreur que j'ai pour Polyphonte, 370

Vous qui me l'avez peint de si noires couleurs!
   EURYCLÈS.
Je l'ai peint dangereux, je connais ses fureurs;
Mais il est tout-puissant, mais rien ne lui résiste :
Il est sans héritier, et vous aimez Égisthe.
   MÉROPE.
Ah! c'est ce même amour, à mon cœur précieux,
Qui me rend Polyphonte encor plus odieux.
Que parlez-vous toujours et d'hymen et d'empire?
Parlez-moi de mon fils, dites-moi s'il respire.
Cruel! apprenez-moi...
    EURYCLÈS. Voici cet étranger
Que vos tristes soupçons brûlaient d'interroger. 380

SCÈNE II.

MÉROPE, EURYCLÈS, ÉGISTHE, *enchaîné;* ISMÉNIE,
    gardes.

  ÉGISTHE, *dans le fond du théâtre, à Isménie.*
Est-ce là cette reine auguste et malheureuse;
Celle de qui la gloire et l'infortune affreuse
Retentit jusqu'à moi dans le fond des déserts?
   ISMÉNIE.
Rassurez-vous, c'est elle.
     (*Elle sort.*)
    ÉGISTHE. O Dieu de l'univers,
Dieu qui formas ses traits, veille sur ton image!
La vertu sur le trône est ton plus digne ouvrage
   MÉROPE.
C'est là ce meurtrier! Se peut-il qu'un mortel
Sous des dehors si doux ait un cœur si cruel?
Approche, malheureux, et dissipe tes craintes.
Réponds-moi : de quel sang tes mains sont-elles
   ÉGISTHE.   [teintes? 390
O reine, pardonnez! le trouble, le respect,

Glacent ma triste voix, tremblante à votre aspect.
       (*A Euryclès.*)
Mon âme, en sa présence, étonnée, attendrie...
    MÉROPE.
Parle. De qui ton bras a-t-il tranché la vie?
    ÉGISTHE.
D'un jeune audacieux, que les arrêts du sort
Et ses propres fureurs ont conduit à la mort.
    MÉROPE.
D'un jeune homme! Mon sang s'est glacé dans mes
Ah!... T'était-il connu?   [veines.
         ÉGISTHE. Non : les champs de Messènes,
Ses murs, leurs citoyens, tout est nouveau pour moi.
    MÉROPE.
Quoi! ce jeune inconnu s'est armé contre toi!   400
Tu n'aurais employé qu'une juste défense?
    ÉGISTHE.
J'en atteste le ciel; il sait mon innocence.
Aux bords de la Pamise, en un temple sacré
Où l'un de vos aïeux, Hercule, est adoré,
J'osais prier pour vous ce dieu vengeur des crimes :
Je ne pouvais offrir ni présents ni victimes;
Né dans la pauvreté, j'offrais de simples vœux,
Un cœur pur et soumis, présent des malheureux.
Il semblait que le dieu, touché de mon hommage,
Au-dessus de moi-même élevât mon courage.   410
Deux inconnus armés m'ont abordé soudain,
L'un dans la fleur des ans, l'autre vers son déclin.
« Quel est donc, m'ont-ils dit, le dessein qui te guide?
« Et quels vœux formes-tu pour la race d'Alcide? »
L'un et l'autre à ces mots ont levé le poignard.
Le ciel m'a secouru dans ce triste hasard :
Cette main du plus jeune a puni la furie;
Percé de coups, madame, il est tombé sans vie :
L'autre a fui lâchement, tel qu'un vil assassin.
Et moi, je l'avouerai, de mon sort incertain,   420

Ignorant de quel sang j'avais rougi la terre,
Craignant d'être puni d'un meurtre involontaire,
J'ai traîné dans les flots ce corps ensanglanté.
Je fuyais; vos soldats m'ont bientôt arrêté :
Ils ont nommé Mérope, et j'ai rendu les armes.
   EURYCLÈS.
Eh! madame, d'où vient que vous versez des larmes?
   MÉROPE.
Te le dirai-je? hélas! tandis qu'il m'a parlé,
Sa voix m'attendrissait, tout mon cœur s'est troublé.
Cresphonte, ô ciel!... j'ai cru... que j'en rougis de
              honte!
Oui, j'ai cru démêler quelques traits de Cresphonte.
Jeux cruels du hasard, en qui me montrez-vous   431
Une si fausse image, et des rapports si doux?
Affreux ressouvenir, quel vain songe m'abuse!
   EURYCLÈS.
Rejetez donc, madame, un soupçon qui l'accuse:
Il n'a rien d'un barbare, et rien d'un imposteur.
   MÉROPE.
Les dieux ont sur son front imprimé la candeur.
Demeurez. En quel lieu le ciel vous fit-il naître?
   ÉGISTHE.
En Élide.
MÉROPE. Qu'entends-je? en Élide? Ah! peut-être...
L'Élide... répondez... Narbas vous est connu?
Le nom d'Égisthe au moins jusqu'à vous est venu?
Quel était votre état, votre rang, votre père?   441
   ÉGISTHE.
Mon père est un vieillard accablé de misère;
Polyclète est son nom; mais Égisthe, Narbas,
Ceux dont vous me parlez, je ne les connais pas.
   MÉROPE.
O dieux! vous vous jouez d'une triste mortelle!
J'avais de quelque espoir une faible étincelle :
J'entrevoyais le jour, et mes yeux affligés

Dans la profonde nuit sont déjà replongés.
Et quel rang vos parents tiennent-ils dans la Grèce?
  ÉGISTHE.
Si la vertu suffit pour faire la noblesse,   450
Ceux dont je tiens le jour, Polyclète, Sirris,
Ne sont pas des mortels dignes de vos mépris :
Leur sort les avilit; mais leur sage constance
Fait respecter en eux l'honorable indigence.
Sous ses rustiques toits mon père vertueux
Fait le bien, suit les lois, et ne craint que les dieux.
  MÉROPE.
Chaque mot qu'il me dit est plein de nouveaux charmes.
Pourquoi donc le quitter? pourquoi causer ses larmes?
Sans doute il est affreux d'être privé d'un fils.
  ÉGISTHE.
Un vain désir de gloire a séduit mes esprits.   460
On me parlait souvent des troubles de Messène,
Des malheurs dont le ciel avait frappé la reine,
Surtout de ses vertus, dignes d'un autre prix :
Je me sentais ému par ces tristes récits.
De l'Élide en secret dédaignant la mollesse,
J'ai voulu dans la guerre exercer ma jeunesse,
Servir sous vos drapeaux, et vous offrir mon bras :
Voilà le seul dessein qui conduisit mes pas.
Ce faux instinct de gloire égara mon courage :
A mes parents, flétris sous les rides de l'âge,   470
J'ai de mes jeunes ans dérobé les secours;
C'est ma première faute; elle a troublé mes jours :
Le ciel m'en a puni; le ciel inexorable
M'a conduit dans le piége, et m'a rendu coupable.
  MÉROPE.
Il ne l'est point; j'en crois son ingénuité :
Le mensonge n'a point cette simplicité.
Tendons à sa jeunesse une main bienfaisante;
C'est un infortuné que le ciel me présente :
Il suffit qu'il soit homme, et qu'il soit malheureux.

Mon fils peut éprouver un sort plus rigoureux. 480
Il me rappelle Égisthe, Égisthe est de son âge :
Peut-être comme lui, de rivage en rivage,
Inconnu, fugitif, et partout rebuté,
Il souffre le mépris qui suit la pauvreté.
L'opprobre avilit l'âme et flétrit le courage.
Pour le sang de nos dieux quel horrible partage !
Si du moins...

SCÈNE III.

MÉROPE, ÉGISTHE, EURYCLÈS, ISMÉNIE.

ISMÉNIE. Ah! madame, entendez-vous ces cris?
Savez-vous bien...
    MÉROPE. Quel trouble alarme tes esprits?
ISMÉNIE.
Polyphonte l'emporte, et nos peuples volages
A son ambition prodiguent leurs suffrages. 490
Il est roi, c'en est fait.
    ÉGISTHE. J'avais cru que les dieux
Auraient placé Mérope au rang de ses aïeux.
Dieux ! que plus on est grand, plus vos coups sont à
                  [craindre!
Errant, abandonné, je suis le moins à plaindre.
Tout homme a ses malheurs.
    (*On emmène Égisthe.*)
    EURYCLÈS, *à Mérope*. Je vous l'avais prédit :
Vous avez trop bravé son offre et son crédit.
    MÉROPE.
Je vois toute l'horreur de l'abîme où nous sommes.
J'ai mal connu les dieux, j'ai mal connu les hommes :
J'en attendais justice; ils la refusent tous.
    EURYCLÈS.
Permettez que du moins j'assemble autour de vous
Ce peu de nos amis qui, dans un tel orage, 501

Pourraient encor sauver les débris du naufrage,
Et vous mettre à l'abri des nouveaux attentats
D'un maître dangereux et d'un peuple d'ingrats.

SCÈNE IV.

MÉROPE, ISMÉNIE.

ISMÉNIE.
L'État n'est point ingrat; non, madame, on vous aime,
On vous conserve encor l'honneur du diadème :
On veut que Polyphonte, en vous donnant la main,
Semble tenir de vous le pouvoir souverain.
MÉROPE.
On ose me donner au tyran qui me brave :
On a trahi le fils, on fait la mère esclave ! 510
ISMÉNIE.
Le peuple vous rappelle au rang de vos aïeux;
Suivez sa voix, madame, elle est la voix des dieux.
MÉROPE.
Inhumaine, tu veux que Mérope avilie
Rachète un vain honneur à force d'infamie?

SCÈNE V.

MÉROPE, EURYCLÈS, ISMÉNIE.

EURYCLÈS.
Madame, je reviens en tremblant devant vous :
Préparez ce grand cœur aux plus terribles coups,
Rappelez votre force à ce dernier outrage.
MÉROPE.
Je n'en ai plus; les maux ont lassé mon courage :
Mais n'importe, parlez.
   EURYCLÈS. C'en est fait; et le sort...
Je ne puis achever.

MÉROPE. Quoi! mon fils...
EURYCLÈS. Il est mort. 520
Il est trop vrai : déjà cette horrible nouvelle
Consterne vos amis et glace tout leur zèle.
MÉROPE.
Mon fils est mort!
ISMÉNIE. O dieux!
EURYCLÈS. D'indignes assassins
Des piéges de la mort ont semé les chemins.
Le crime est consommé.
MÉROPE. Quoi! ce jour que j'abhorre,
Ce soleil luit pour moi! Mérope vit encore!
Il n'est plus! Quelles mains ont déchiré son flanc?
Quel monstre a répandu le reste de mon sang?
EURYCLÈS.
Hélas! cet étranger, ce séducteur impie,
Dont vous-même admiriez la vertu poursuivie, 530
Pour qui tant de pitié naissait dans votre sein,
Lui que vous protégiez !
MÉROPE. Ce monstre est l'assassin?
EURYCLÈS.
Oui, madame : on en a des preuves trop certaines;
On vient de découvrir, de mettre dans les chaînes,
Deux de ses compagnons, qui, cachés parmi nous
Cherchaient encor Narbas échappé de leurs coups.
Celui qui sur Égisthe a mis ses mains hardies
A pris de votre fils les dépouilles chéries,
L'armure que Narbas emporta de ces lieux :
(*On apporte cette armure dans le fond du théâtre.*)
Le traître avait jeté ces gages précieux, 540
Pour n'être point connu par ces marques sanglantes.
MÉROPE. [blantes,
Ah! que me dites-vous? Mes mains, ces mains trem-
En armèrent Cresphonte alors que de mes bras
Pour la première fois il courut aux combats.
O dépouille trop chère, en quelles mains livrée!

Quoi ! ce monstre avait pris cette armure sacrée ?
EURYCLÈS.
Celle qu'Égisthe même apportait en ces lieux.
MÉROPE.
Et, teinte de son sang, on la montre à mes yeux !
Ce vieillard qu'on a vu dans le temple d'Alcide...
EURYCLÈS.
C'était Narbas ; c'était son déplorable guide ; 550
Polyphonte l'avoue.
MÉROPE. Affreuse vérité !
Hélas ! de l'assassin le bras ensanglanté,
Pour dérober aux yeux son crime et son parjure,
Donne à mon fils sanglant les flots pour sépulture !
Je vois tout. O mon fils ! quel horrible destin !
EURYCLÈS.
Voulez-vous tout savoir de ce lâche assassin ?

SCÈNE VI.

MÉROPE, EURYCLÈS, ISMÉNIE, ÉROX ; gardes de
Polyphonte.

ÉROX.
Madame, par ma voix, permettez que mon maître,
Trop dédaigné de vous, trop méconnu peut-être,
Dans ces cruels moments vous offre son secours.
Il a su que d'Égisthe on a tranché les jours ; 560
Et cette part qu'il prend aux malheurs de la reine...
MÉROPE.
Il y prend part, Érox, et je le crois sans peine ;
Il en jouit du moins ; et les destins l'ont mis
Au trône de Cresphonte, au trône de mon fils.
ÉROX.
Il vous offre ce trône ; agréez qu'il partage
De ce fils, qui n'est plus, le sanglant héritage,
Et que, dans vos malheurs, il mette à vos genoux

Un front que la couronne a fait digne de vous.
Mais il faut dans mes mains remettre le coupable ;
Le droit de le punir est un droit respectable ; 570
C'est le devoir des rois : le glaive de Thémis,
Ce grand soutien du trône, à lui seul est commis :
A vous, comme à son peuple, il veut rendre justice.
Le sang des assassins est le vrai sacrifice
Qui doit de votre hymen ensanglanter l'autel.
       MÉROPE.
Non ; je veux que ma main porte le coup mortel.
Si Polyphonte est roi, je veux que sa puissance
Laisse à mon désespoir le soin de ma vengeance.
Qu'il règne, qu'il possède et mes biens et mon rang ;
Tout l'honneur que je veux, c'est de venger mon sang.
Ma main est à ce prix ; allez, qu'il s'y prépare : 581
Je la retirerai du sein de ce barbare,
Pour la porter fumante aux autels de nos dieux.
       ÉROX.
Le roi, n'en doutez point, va remplir tous vos vœux.
Croyez qu'à vos regrets son cœur sera sensible.

SCÈNE VII.

MÉROPE, EURYCLÈS, ISMÉNIE.

       MÉROPE.
Non, ne m'en croyez point ; non, cet hymen horrible,
Cet hymen que je crains ne s'accomplira pas.
Au sein du meurtrier j'enfoncerai mon bras ;
Mais ce bras à l'instant m'arrachera la vie.
       EURYCLÈS.
Madame, au nom des dieux...   [vie.
               MÉROPE. Ils m'ont trop poursui-
Irai-je à leurs autels, objet de leur courroux, 591
Quand ils m'ôtent un fils, demander un époux,

Joindre un sceptre étranger au spectre de mes pères
Et les flambeaux d'hymen aux flambeaux funéraires?
Moi, vivre! moi, lever mes regards éperdus
Vers ce ciel outragé que mon fils ne voit plus!
Sous un maître odieux dévorant ma tristesse,
Attendre dans les pleurs une affreuse vieillesse!
Quand on a tout perdu, quand on n'a plus d'espoir,
La vie est un opprobre, et la mort un devoir.   601

ACTE TROISIÈME.

SCÈNE I.

NARBAS.

O douleur! ô regrets, ô vieillesse pesante!
Je n'ai pu retenir cette fougue imprudente,
Cette ardeur d'un héros, ce courage emporté,
S'indignant dans mes bras de son obscurité.
Je l'ai perdu! la mort me l'a ravi peut-être.
De quel front aborder la mère de mon maître?
Quels maux sont en ces lieux accumulés sur moi!
Je reviens sans Égisthe; et Polyphonte est roi!
Cet heureux artisan de fraudes et de crimes,
Cet assassin farouche, entouré de victimes,   610
Qui, nous persécutant de climats en climats,
Sema partout la mort, attachée à nos pas,
Il règne; il affermit le trône qu'il profane;
Il y jouit en paix du ciel qui le condamne.
Dieux! cachez mon retour à ses yeux pénétrants;
Dieux! dérobez Égisthe au fer de ses tyrans:

Guidez-moi vers sa mère, et qu'à ses pieds je meure !
Je vois, je reconnais cette triste demeure
Où le meilleur des rois a reçu le trépas,
Où son fils tout sanglant fut sauvé dans mes bras. 620
Hélas! après quinze ans d'exil et de misère,
Je viens coûter encor des larmes à sa mère.
A qui me déclarer? Je cherche dans ces lieux
Quelque ami dont la main me conduise à ses yeux;
Aucun ne se présente à ma débile vue.
Je vois près d'une tombe une foule éperdue ;
J'entends des cris plaintifs. Hélas! dans ce palais
Un dieu persécuteur habite pour jamais.

SCÈNE II.

NARBAS, ISMÉNIE, *dans le fond du théâtre où l'on découvre le tombeau de Cresphonte.*

ISMÉNIE.
Quel est cet inconnu dont la vue indiscrète
Ose troubler la reine et percer sa retraite? 630
Est-ce de nos tyrans quelque ministre affreux,
Dont l'œil vient épier les pleurs des malheureux?
NARBAS.
Oh! qui que vous soyez, excusez mon audace;
C'est un infortuné qui demande une grâce.
Il peut servir Mérope; il voudrait lui parler.
ISMÉNIE.
Ah! quel temps prenez-vous pour oser la troubler?
Respectez la douleur d'une mère éperdue;
Malheureux étranger, n'offensez point sa vue;
Éloignez-vous.
NARBAS. Hélas! au nom des dieux vengeurs,
Accordez cette grâce à mon âge, à mes pleurs. 640
Je ne suis point, madame, étranger dans Messène.

Croyez, si vous servez, si vous aimez la reine,
Que mon cœur, à son sort attaché comme vous,
De sa longue infortune a senti tous les coups.
Quelle est donc cette tombe, en ces lieux élevée,
Que j'ai vue de vos pleurs en ce moment lavée?
   ISMÉNIE.
C'est la tombe d'un roi des dieux abandonné,
D'un héros, d'un époux, d'un père infortuné,
De Cresphonte.
   NARBAS, *allant vers le tombeau.*
     O mon maître! ô cendres que j'adore!
   ISMÉNIE.
L'épouse de Cresphonte est plus à plaindre encore. 650
   NARBAS.
Quels coups auraient comblé ses malheurs inouïs?
   ISMÉNIE.
Le coup le plus terrible; on a tué son fils.
   NARBAS.
Son fils Égisthe, ô dieux! le malheureux Égisthe!
   ISMÉNIE.
Nul mortel en ces lieux n'ignore un sort si triste.
   NARBAS.
Son fils ne serait plus?
   ISMÉNIE. Un barbare assassin
Aux portes de Messène a déchiré son sein.
   NARBAS.
O désespoir! ô mort que ma crainte a prédite!
Il est assassiné? Mérope en est instruite?
Ne vous trompez-vous pas?
     ISMÉNIE. Des signes trop certains
Ont éclairé nos yeux sur ses affreux destins. 660
C'est vous en dire assez : sa perte est assurée.
   NARBAS.
Quel fruit de tant de soins!
     ISMÉNIE. Au désespoir livrée,
Mérope va mourir; son courage est vaincu :

Pour son fils seulement Mérope avait vécu :
Des nœuds qui l'arrêtaient sa vie est dégagée.
Mais avant de mourir elle sera vengée ;
Le sang de l'assassin par sa main doit couler ;
Au tombeau de Cresphonte elle va l'immoler.
Le roi, qui l'a permis, cherche à flatter sa peine ;
Un des siens en ces lieux doit aux pieds de la reine
Amener à l'instant ce lâche meurtrier, 671
Qu'au sang d'un fils si cher on va sacrifier.
Mérope cependant, dans sa douleur profonde,
Veut de ce lieu funeste écarter tout le monde.

NARBAS, *s'en allant.*

Hélas ! s'il est ainsi, pourquoi me découvrir !
Au pied de ce tombeau je n'ai plus qu'à mourir.

SCÈNE III.

ISMÉNIE.

Ce vieillard est, sans doute, un citoyen fidèle.
Il pleure ; il ne craint point de marquer un vrai zèle :
Il pleure ; et tout le reste, esclave des tyrans,
Détourne loin de nous des yeux indifférents. 680
Quel si grand intérêt prend-il à nos alarmes ?
La tranquille pitié fait verser moins de larmes.
Il montrait pour Égisthe un cœur tout paternel !
Hélas ! courons à lui... Mais quel objet cruel !

SCÈNE IV.

MÉROPE, ISMÉNIE, EURYCLÈS, ÉGISTHE, *enchaîné ;*
gardes, sacrificateurs.

MÉROPE.

Qu'on amène à mes yeux cette horrible victime.
Inventons des tourments qui soient égaux au crime ;
Ils ne pourront jamais égaler ma douleur.

ÉGISTHE.
On m'a vendu bien cher un instant de faveur;
Secourez-moi, grands dieux à l'innocent propices!
　　　EURYCLÈS.
Avant que d'expirer, qu'il nomme ses complices.　690
　　　MÉROPE, *avançant*.
Oui, sans doute, il le faut. Monstre, qui t'a porté
A ce comble du crime, à tant de cruauté?
Que t'ai-je fait?
　　　　　ÉGISTHE. Les dieux, qui vengent le parjure,
Sont témoins si ma bouche a connu l'imposture.
J'avais dit à vos pieds la simple vérité;
J'avais déjà fléchi votre cœur irrité;
Vous étendiez sur moi votre main protectrice:
Qui peut avoir sitôt lassé votre justice?
Et quel est donc ce sang qu'a versé mon erreur?
Quel nouvel intérêt vous parle en sa faveur?　700
　　　MÉROPE.
Quel intérêt? barbare!
　　　　　ÉGISTHE. Hélas! sur son visage
J'entrevois de la mort la douloureuse image:
Que j'en suis attendri! j'aurais voulu cent fois
Racheter de mon sang l'état où je la vois.
　　　MÉROPE.
Le cruel! à quel point on l'instruisit à feindre!
Il m'arrache la vie, et semble encor me plaindre!
　　　　　(*Elle se jette dans les bras d'Isménie.*)
　　　EURYCLÈS.
Madame, vengez-vous, et vengez à la fois
Les lois, et la nature, et le sang de nos rois.
　　　ÉGISTHE.
A la cour de ces rois telle est donc la justice!
On m'accueille, on me flatte; on résout mon supplice!
Quel destin m'arrachait à mes tristes forêts?　711
Vieillard infortuné, quels seront vos regrets?

Mère trop malheureuse, et dont la voix si chère
M'avait prédit...
    MÉROPE. Barbare! il te reste une mère!
Je serais mère encor sans toi, sans ta fureur.
Tu m'as ravi mon fils!
     ÉGISTHE. Si tel est mon malheur,
S'il était votre fils, je suis trop condamnable.
Mon cœur est innocent, mais ma main est coupable.
Que je suis malheureux! Le ciel sait qu'aujourd'hui
J'aurais donné ma vie et pour vous et pour lui. 720
  MÉROPE.
Quoi, traître! quand ta main lui ravit cette armure...
  ÉGISTHE.
Elle est à moi.
    MÉROPE. Comment? que dis-tu?
      ÉGISTHE. Je vous jure
Par vous, par ce cher fils, par vos divins aïeux,
Que mon père en mes mains mit ce don précieux.
  MÉROPE.
Qui, ton père? En Élide? En quel trouble il me jette!
Son nom? parle, réponds.
     ÉGISTHE. Son nom est Polyclète:
Je vous l'ai déjà dit.
    MÉROPE. Tu m'arraches le cœur.
Quelle indigne pitié suspendait ma fureur!
C'en est trop; secondez la rage qui me guide.
Qu'on traîne à ce tombeau ce monstre, ce perfide. 730
  (*Levant le poignard.*)
Mânes de mon cher fils! mes bras ensanglantés...
  NARBAS, *paraissant avec précipitation.*
Qu'allez-vous faire, ô dieux?
     MÉROPE. Qui m'appelle?
       NARBAS. Arrêtez!
Hélas! il est perdu si je nomme sa mère,

S'il est connu.
  MÉROPE. Meurs, traître!
      NARBAS. Arrêtez!
  ÉGISTHE, *tournant les yeux vers Narbas.*
          O mon père!
  MÉROPE.
Son père!
  ÉGISTHE, *à Narbas.*
    Hélas! que vois-je, où portez-vous vos pas?
Venez-vous être ici témoin de mon trépas?
  NARBAS.
Ah! madame, empêchez qu'on achève le crime.
Euryclès, écoutez: écartez la victime:
Que je vous parle.
  EURYCLÈS *emmène Égisthe et ferme le fond du théâtre.*
    O ciel!
  MÉROPE, *s'avançant.* Vous me faites trembler:
J'allais venger mon fils.
  NARBAS, *se jetant à genoux.*
      Vous alliez l'immoler. 741
Égisthe...
  MÉROPE, *laissant tomber le poignard.*
   Eh bien! Égisthe?
      NARBAS. O reine infortunée!
Celui dont votre main tranchait la destinée,
C'est Égisthe...
  MÉROPE. Il vivrait!
      NARBAS. C'est lui, c'est votre fils.
MÉROPE, *tombant dans les bras d'Isménie.*
Je me meurs!
  ISMÉNIE. Dieux puissants!
     NARBAS, *à Isménie.* Rappelez ses esprits.
Hélas! ce juste excès de joie et de tendresse,
Ce trouble si soudain, ce remords qui la presse,
Vont consumer ses jours usés par la douleur.

MÉROPE, *revenant à elle.*
Ah! Narbas, est-ce vous? est-ce un songe trompeur?
Quoi! c'est vous! c'est mon fils! Qu'il vienne, qu'il
paraisse.
NARBAS.
Redoutez, renfermez cette juste tendresse. 750
  (*A Isménie.*)
Vous, cachez à jamais ce secret important :
Le salut de la reine et d'Égisthe en dépend.
MÉROPE.
Ah! quel nouveau danger empoisonne ma joie!
Cher Égisthe! quel dieu défend que je te voie?
Ne m'est-il donc rendu que pour mieux m'affliger?
NARBAS.
Ne le connaissant pas, vous alliez l'égorger;
Et, si son arrivée est ici découverte,
En le reconnaissant vous assurez sa perte.
Malgré la voix du sang, feignez, dissimulez : 759
Le crime est sur le trône; on vous poursuit : tremblez!

SCÈNE V.

MÉROPE, EURYCLÈS, NARBAS, ISMÉNIE.

EURYCLÈS.
Ah! madame, le roi commande qu'on saisisse...
MÉROPE.
Qui?
EURYCLÈS.
  Ce jeune étranger qu'on destine au supplice.
MÉROPE, *avec transport.*
Eh bien! cet étranger, c'est mon fils, c'est mon sang.
Narbas, on va plonger le couteau dans son flanc!
Courons tous.
  NARBAS. Demeurez.
    MÉROPE. C'est mon fils qu'on entraîne!

Pourquoi? quelle entreprise exécrable et soudaine!
Pourquoi m'ôter Égisthe?

EURYCLÈS. Avant de vous venger,
Polyphonte, dit-il, prétend l'interroger.

MÉROPE.
L'interroger? qui? lui? sait-il quelle est sa mère?

EURYCLÈS.
Nul ne soupçonne encor ce terrible mystère.

MÉROPE.
Courons à Polyphonte; implorons son appui.

NARBAS.
N'implorez que les dieux, et ne craignez que lui.

EURYCLÈS.
Si les droits de ce fils au roi font quelque ombrage,
De son salut au moins votre hymen est le gage.
Prêt à s'unir à vous d'un éternel lien,
Votre fils aux autels va devenir le sien;
Et, dût sa politique en être encor jalouse,
Il faut qu'il serve Égisthe, alors qu'il vous épouse.

NARBAS.
Il vous épouse! lui! Quel coup de foudre, ô ciel!

MÉROPE.
C'est mourir trop longtemps dans ce trouble cruel!
Je vais...

NARBAS. Vous n'irez point, ô mère déplorable!
Vous n'accomplirez point cet hymen exécrable.

EURYCLÈS.
Narbas, elle est forcée à lui donner la main.
Il peut venger Cresphonte.

NARBAS. Il en est l'assassin.

MÉROPE.
Lui? ce traître?

NARBAS. Oui, lui-même; oui, ses mains san-
[guinaires
Ont égorgé d'Égisthe et le père et les frères :
Je l'ai vu sur mon roi, j'ai vu porter les coups;
Je l'ai vu tout couvert du sang de votre époux.

MÉROPE.
Ah ! dieux !

NARBAS. J'ai vu le monstre entouré de victimes ;
Je l'ai vu contre vous accumuler les crimes :   790
Il déguisa sa rage à force de forfaits ;
Lui-même aux ennemis il ouvrit ce palais,
Il y porta la flamme ; et parmi le carnage,
Parmi les traits, les feux, le trouble, le pillage,
Teint du sang de vos fils, mais des brigands vainqueur,
Assassin de son prince, il parut son vengeur.
D'ennemis, de mourants, vous étiez entourée ;
Et moi, perçant à peine une foule égarée,
J'emportai votre fils dans mes bras languissants.   800
Les dieux ont pris pitié de ses jours innocents :
Je l'ai conduit, seize ans, de retraite en retraite ;
J'ai pris, pour me cacher, le nom de Polyclète :
Et, lorsqu'en arrivant je l'arrache à vos coups,
Polyphonte est son maître et devient votre époux !

MÉROPE.
Ah ! tout mon sang se glace à ce récit horrible.

EURYCLÈS.
On vient : c'est Polyphonte.
     MÉROPE. O dieux ! est-il possible ?
(*A Narbas.*)
Va, dérobe surtout ta vue à sa fureur.

NARBAS.
Hélas ! si votre fils est cher à votre cœur,
Avec son assassin, dissimulez, madame.   810

EURYCLÈS.
Renfermons ce secret dans le fond de notre âme,
Un seul mot peut le perdre.
   MÉROPE, *à Euryclès.* Ah ! cours ; et que tes yeux
Veillent sur ce dépôt si cher, si précieux.

EURYCLÈS.
N'en doutez point.

MÉROPE. Hélas! j'espère en ta prudence;
C'est mon fils, c'est ton roi. Dieux! ce monstre s'avance!

SCÈNE VI.

MÉROPE, POLYPHONTE, ÉROX, ISMÉNIE, suite.

POLYPHONTE.
Le trône vous attend, et les autels sont prêts;
L'hymen qui va nous joindre unit nos intérêts.
Comme roi, comme époux, le devoir me commande
Que je venge le meurtre, et que je vous défende.
Deux complices déjà, par mon ordre saisis,   820
Vont payer de leur sang le sang de votre fils;
Mais, malgré tous mes soins, votre lente vengeance
A bien mal secondé ma prompte vigilance.
J'avais à votre bras remis cet assassin :
Vous-même, disiez-vous, deviez percer son sein.
MÉROPE.
Plût aux dieux que mon bras fût le vengeur du crime!
POLYPHONTE.
C'est le devoir des rois, c'est le soin qui m'anime.
MÉROPE.
Vous!
POLYPHONTE. Pourquoi donc, madame, avez-vous
Votre amour pour un fils serait-il altéré? [différé?
MÉROPE.
Puissent ses ennemis périr dans les supplices!   830
Mais si ce meurtrier, seigneur, a des complices,
Si je pouvais par lui reconnaître le bras,
Le bras dont mon époux a reçu le trépas...
Ceux dont la race impie a massacré le père
Poursuivront à jamais et le fils et la mère.
Si l'on pouvait...
POLYPHONTE. C'est là ce que je veux savoir;

2. h

Et déjà le coupable est mis en mon pouvoir.
   MÉROPE.
Il est entre vos mains?
    POLYPHONTE. Oui, madame, et j'espère
Percer, en lui parlant, ce ténébreux mystère.
   MÉROPE.
Ah! barbare! A moi seule il faut qu'il soit remis. 840
Rendez-moi... Vous savez que vous l'avez promis.
  (*A part.*)
O mon sang! ô mon sang! quel sort on vous prépare!
   (*A Polyphonte.*)
Seigneur, ayez pitié...
    POLYPHONTE. Quel transport vous égare!
Il mourra.
  MÉROPE. Lui?
  POLYPHONTE. Sa mort pourra vous consoler.
   MÉROPE.
Ah! je veux à l'instant le voir et lui parler.
   POLYPHONTE.
Ce mélange inouï d'horreur et de tendresse,
Ces transports dont votre âme à peine est la maîtresse,
Ces discours commencés, ce visage interdit,
Pourraient de quelque ombrage alarmer mon esprit.
Mais puis-je m'expliquer avec moins de contrainte?
D'un déplaisir nouveau votre âme semble atteinte. 851
Qu'a donc dit ce vieillard que l'on vient d'amener?
Pourquoi fuit-il mes yeux? que dois-je en soupçon-
Quel est-il?   [ner?
  MÉROPE. Eh! seigneur, à peine sur le trône,
La crainte, le soupçon, déjà vous environne!
   POLYPHONTE.
Partagez donc ce trône : et, sûr de mon bonheur,
Je verrai les soupçons exilés de mon cœur.
L'autel attend déjà Mérope et Polyphonte.
   MÉROPE, *en pleurant.*
Les dieux vous ont donné le trône de Cresphonte;

Il y manquait sa femme : et ce comble d'horreur, 860
Ce crime épouvantable...
    ISMÉNIE. Eh ! madame !
        MÉROPE. Ah ! seigneur,
Pardonnez... Vous voyez une mère éperdue.
Les dieux m'ont tout ravi ; les dieux m'ont confondue,
Pardonnez... De mon fils rendez-moi l'assassin.
 POLYPHONTE.
Tout son sang, s'il le faut, va couler sous ma main.
Venez, madame.
   MÉROPE. O dieux ! dans l'horreur qui me presse,
Secourez une mère et cachez sa faiblesse !

ACTE QUATRIÈME.

SCÈNE I.

POLYPHONTE, ÉROX.

POLYPHONTE.
A ses emportements, je croirais qu'à la fin
Elle a de son époux reconnu l'assassin ;
Je croirais que ses yeux ont éclairé l'abîme   870
Où dans l'impunité s'était caché mon crime.
Son cœur avec effroi se refuse à mes vœux,
Mais ce n'est pas son cœur, c'est sa main que je veux :
Telle est la loi du peuple ; il le faut satisfaire.
Cet hymen m'asservit et le fils et la mère ;
Et par ce nœud sacré, qui la met dans mes mains,
Je n'en fais qu'une esclave utile à mes desseins.
Qu'elle écoute à son gré son impuissante haine ;

Au char de ma fortune il est temps qu'on l'enchaîne.
Mais vous, au meurtrier vous venez de parler : 880
Que pensez-vous de lui?

ÉROX. Rien ne peut le troubler :
Simple dans ses discours, mais ferme, invariable,
La mort ne fléchit point cette âme impénétrable.
J'en suis frappé, seigneur, et je n'attendais pas
Un courage aussi grand dans un rang aussi bas.
J'avouerai qu'en secret moi-même je l'admire.

POLYPHONTE.
Quel est-il, en un mot?

ÉROX. Ce que j'ose vous dire,
C'est qu'il n'est point, sans doute, un de ces assassins
Disposés en secret pour servir vos desseins.

POLYPHONTE.
Pouvez-vous en parler avec tant d'assurance ? 890
Leur conducteur n'est plus. Ma juste défiance
A pris soin d'effacer dans son sang dangereux
De ce secret d'État les vestiges honteux :
Mais ce jeune inconnu me tourmente et m'attriste.
Me répondez-vous bien qu'il m'ait défait d'Égisthe?
Croirai-je que, toujours soigneux de m'obéir,
Le sort jusqu'à ce point m'ait voulu prévenir?

ÉROX.
Mérope, dans les pleurs mourant désespérée,
Est de votre bonheur une preuve assurée ;
Et tout ce que je vois le confirme en effet. 900
Plus fort que tous nos soins, le hasard a tout fait.

POLYPHONTE.
Le hasard va souvent plus loin que la prudence ;
Mais j'ai trop d'ennemis, et trop d'expérience,
Pour laisser le hasard arbitre de mon sort.
Quel que soit l'étranger, il faut hâter sa mort.
Sa mort sera le prix de cet hymen auguste;
Elle affermit mon trône ; il suffit, elle est juste.
Le peuple, sous mes lois pour jamais engagé,

Croira son prince mort, et le croira vengé.
Mais répondez : quel est ce vieillard téméraire 910
Qu'on dérobe à ma vue avec tant de mystère?
Mérope allait verser le sang de l'assassin :
Ce vieillard, dites-vous, a retenu sa main ;
Que voulait-il?
          ÉROX. Seigneur, chargé de sa misère,
De ce jeune étranger ce vieillard est le père :
Il venait implorer la grâce de son fils.
     POLYPHONTE.
Sa grâce? Devant moi je veux qu'il soit admis.
Ce vieillard me trahit, crois-moi, puisqu'il se cache.
Ce secret m'importune, il faut que je l'arrache.
Le meurtrier surtout excite mes soupçons. 920
Pourquoi, par quel caprice, et par quelles raisons,
La reine, qui tantôt pressait tant son supplice,
N'ose-t-elle achever ce juste sacrifice?
La pitié paraissait adoucir ses fureurs ;
Sa joie éclatait même à travers ses douleurs.
     ÉROX.
Qu'importe sa pitié, sa joie, et sa vengeance!
     POLYPHONTE.
Tout m'importe, et de tout je suis en défiance.
Elle vient : qu'on m'amène ici cet étranger.

SCÈNE II.

POLYPHONTE, ÉROX, ÉGISTHE, EURYCLÈS, MÉROPE,
          ISMÉNIE, gardes.

     MÉROPE.
Remplissez vos serments ; songez à me venger :
Qu'à mes mains, à moi seule, on laisse la victime. 930
     POLYPHONTE.
La voici devant vous. Votre intérêt m'anime.
Vengez-vous, baignez-vous au sang du criminel ;
Et sur son corps sanglant je vous mène à l'autel.

MÉROPE.
Ah! dieux!

ÉGISTHE, *à Polyphonte.*
Tu vends mon sang à l'hymen de la reine;
Ma vie est peu de chose, et je mourrai sans peine:
Mais je suis malheureux, innocent, étranger;
Si le ciel t'a fait roi, c'est pour me protéger.
J'ai tué justement un injuste adversaire.
Mérope veut ma mort; je l'excuse, elle est mère;
Je bénirai ses coups, prêts à tomber sur moi : 940
Et je n'accuse ici qu'un tyran tel que toi.

POLYPHONTE.
Malheureux! oses-tu, dans ta rage insolente...

MÉROPE.
Eh! seigneur, excusez sa jeunesse imprudente.
Élevé loin des cours, et nourri dans les bois,
Il ne sait pas encor ce qu'on doit à des rois.

POLYPHONTE.
Qu'entends-je? quel discours! quelle surprise ex-
Vous, le justifier! [trême!

MÉROPE. Qui? moi, seigneur?

POLYPHONTE. Vous-même.
De cet égarement sortirez-vous enfin?
De votre fils, madame, est-ce ici l'assassin?

MÉROPE.
Mon fils, de tant de rois le déplorable reste, 950
Mon fils, enveloppé dans un piége funeste,
Sous les coups d'un barbare...

ISMÉNIE. O ciel! que faites-vous?

POLYPHONTE.
Quoi! vos regards sur lui se tournent sans courroux?
Vous tremblez à sa vue, et vos yeux s'attendrissent?
Vous voulez me cacher les pleurs qui les remplissent?

MÉROPE.
Je ne les cache point, ils paraissent assez;
La cause en est trop juste, et vous la connaissez.

POLYPHONTE.
Pour en tarir la source il est temps qu'il expire.
Qu'on l'immole, soldats !
 MÉROPE, *s'avançant.* Cruel ! qu'osez-vous dire ?
 ÉGISTHE.
Quoi ! de pitié pour moi tous vos sens sont saisis ! 960
 POLYPHONTE.
Qu'il meure !
 MÉROPE. Il est...
  POLYPHONTE. Frappez.
 MÉROPE, *se jetant entre Égisthe et les soldats.*
      Barbare ! il est mon fils.
 ÉGISTHE.
Moi, votre fils ?   [j'atteste,
MÉROPE, *en l'embrassant.* Tu l'es : et ce ciel que
Ce ciel qui t'a formé dans un sein si funeste,
Et qui trop tard, hélas ! a dessillé mes yeux,
Te remet dans mes bras pour nous perdre tous deux.
 ÉGISTHE.
Quel miracle, grands dieux, que je ne puis compren-
 POLYPHONTE.   [dre !
Une telle imposture a de quoi me surprendre.
Vous, sa mère ? qui ? vous, qui demandiez sa mort ?
 ÉGISTHE.
Ah ! si je meurs son fils, je rends grâce à mon sort.
 MÉROPE.
Je suis sa mère. Hélas ! mon amour m'a trahie. 970
Oui, tu tiens dans tes mains le secret de ma vie,
Tu tiens le fils des dieux enchaîné devant toi,
L'héritier de Cresphonte, et ton maître, et ton roi.
Tu peux, si tu le veux, m'accuser d'imposture.
Ce n'est pas aux tyrans à sentir la nature ;
Ton cœur, nourri de sang, n'en peut être frappé.
Oui, c'est mon fils, te dis-je, au carnage échappé.
 POLYPHONTE.
Que prétendez-vous dire, et sur quelles alarmes...

ÉGISTHE.
Va, je me crois son fils; mes preuves sont ses larmes,
Mes sentiments, mon cœur par la gloire animé, 980
Mon bras, qui t'eût puni s'il n'était désarmé.
POLYPHONTE.
Ta rage auparavant sera seule punie.
C'est trop.
MÉROPE, *se jetant à ses genoux.*
Commencez donc par m'arracher la vie;
Ayez pitié des pleurs dont mes yeux sont noyés.
Que vous faut-il de plus? Mérope est à vos pieds;
Mérope les embrasse, et craint votre colère.
A cet effort affreux jugez si je suis mère,
Jugez de mes tourments : ma détestable erreur,
Ce matin, de mon fils allait percer le cœur.
Je pleure à vos genoux mon crime involontaire. 990
Cruel! vous qui vouliez lui tenir lieu de père,
Qui deviez protéger ses jours infortunés,
Le voilà devant vous, et vous l'assassinez!
Son père est mort, hélas! par un crime funeste;
Sauvez le fils, je puis oublier tout le reste;
Sauvez le sang des dieux et de vos souverains;
Il est seul, sans défense; il est entre vos mains.
Qu'il vive, et c'est assez. Heureuse en mes misères,
Lui seul il me rendra mon époux et ses frères.
Vous voyez avec moi ses aïeux à genoux, 1000
Votre roi dans les fers.
ÉGISTHE. O reine! levez-vous,
Et daignez me prouver que Cresphonte est mon père,
En cessant d'avilir et sa veuve et ma mère.
Je sais peu de mes droits quelle est la dignité;
Mais le ciel m'a fait naître avec trop de fierté,
Avec un cœur trop haut pour qu'un tyran l'abaisse.
De mon premier état j'ai bravé la bassesse,
Et mes yeux du présent ne sont point éblouis.
Je me sens né des rois, je me sens votre fils.

Hercule ainsi que moi commença sa carrière, 1010
Il sentit l'infortune en ouvrant la paupière;
Et les dieux l'ont conduit à l'immortalité,
Pour avoir, comme moi, vaincu l'adversité.
S'il m'a transmis son sang, j'en aurai le courage.
Mourir digne de vous, voilà mon héritage.
Cessez de le prier, cessez de démentir
Le sang des demi-dieux dont on me fait sortir.
    POLYPHONTE, *à Mérope.*
Eh bien! il faut ici nous expliquer sans feinte.
Je prends part aux douleurs dont vous êtes atteinte;
Son courage me plaît; je l'estime, et je crois 1020
Qu'il mérite en effet d'être du sang des rois.
Mais une vérité d'une telle importance
N'est pas de ces secrets qu'on croit sans évidence.
Je le prends sous ma garde, il m'est déjà remis
Et, s'il est né de vous, je l'adopte pour fils.
    ÉGISTHE.
Vous, m'adopter?
    MÉROPE. Hélas!
    POLYPHONTE. Réglez sa destinée.
Vous achetiez sa mort avec mon hyménée.
La vengeance à ce point a pu vous captiver:
L'amour fera-t-il moins quand il faut le sauver?
    MÉROPE.
Quoi, barbare!
    POLYPHONTE. Madame, il y va de sa vie. 1030
Votre âme en sa faveur paraît trop attendrie
Pour vouloir exposer à mes justes rigueurs,
Par d'imprudents refus, l'objet de tant de pleurs.
    MÉROPE.
Seigneur, que de son sort il soit du moins le maître.
Daignez...
    POLYPHONTE.
    C'est votre fils, madame, ou c'est un traître.
Je dois m'unir à vous pour lui servir d'appui,

Ou je dois me venger et de vous et de lui.
C'est à vous d'ordonner sa grâce ou son supplice.
Vous êtes, en un mot, sa mère ou sa complice.
Choisissez; mais sachez qu'au sortir de ces lieux 1040
Je ne vous en croirai qu'en présence des dieux.
Vous, soldats, qu'on le garde; et vous, que l'on me
　　　(*A Mérope.*) 　　　　　　　　　　　　　[suive.
Je vous attends; voyez si vous voulez qu'il vive;
Déterminez d'un mot mon esprit incertain;
Confirmez sa naissance en me donnant la main.
Votre seule réponse ou le sauve ou l'opprime.
Voilà mon fils, madame, ou voilà ma victime.
Adieu.

　　　MÉROPE.
　　　　　Ne m'ôtez pas la douceur de le voir;
Rendez-le à mon amour, à mon vain désespoir.

　　　POLYPHONTE.
Vous le verrez au temple.

　　　ÉGISTHE, *que les soldats emmènent.*
　　　　　　　　　O reine auguste et chère, 1050
O vous que j'ose à peine encor nommer ma mère,
Ne faites rien d'indigne et de vous et de moi!
Si je suis votre fils, je sais mourir en roi.

　　　　　　　SCÈNE III.

　　　MÉROPE.
Cruels, vous l'enlevez; en vain je vous implore:
Je ne l'ai donc revu que pour le perdre encore?
Pourquoi m'exauciez-vous, ô dieu trop imploré?
Pourquoi rendre à mes vœux ce fils tant désiré?
Vous l'avez arraché d'une terre étrangère,
Victime réservée au bourreau de son père:
Ah! privez-moi de lui; cachez ses pas errants 1060
Dans le fond des déserts, à l'abri des tyrans.

SCÈNE IV.

MÉROPE, NARBAS, EURYCLÈS.

MÉROPE.
Sais-tu l'excès d'horreur où je me vois livrée?
NARBAS.
Je sais que de mon roi la perte est assurée,
Que déjà dans les fers Égisthe est retenu,
Qu'on observe mes pas.
    MÉROPE. C'est moi qui l'ai perdu.
NARBAS.
Vous!
MÉROPE.
  J'ai tout révélé. Mais, Narbas, quelle mère,
Prête à perdre son fils, peut le voir, et se taire?
J'ai parlé, c'en est fait; et je dois désormais
Réparer ma faiblesse à force de forfaits.
NARBAS.
Quels forfaits, dites-vous?

SCÈNE V.

MÉROPE, NARBAS, EURYCLÈS, ISMÉNIE.

    ISMÉNIE. Voici l'heure, madame, 1070
Qu'il vous faut rassembler les forces de votre âme.
Un vain peuple, qui vole après la nouveauté,
Attend votre hyménée avec avidité.
Le tyran règle tout; il semble qu'il apprête
L'appareil du carnage, et non pas d'une fête.
Par l'or de ce tyran le grand prêtre inspiré
A fait parler le dieu dans son temple adoré.

Au nom de vos aïeux et du dieu qu'il atteste,
Il vient de déclarer cette union funeste.
Polyphonte, dit-il, a reçu vos serments; 1080
Messène en est témoin, les dieux en sont garants.
Le peuple a répondu par des cris d'allégresse;
Et, ne soupçonnant pas le chagrin qui vous presse,
Il célèbre à genoux cet hymen plein d'horreur :
Il bénit le tyran qui vous perce le cœur.
            MÉROPE.
Et mes malheurs encor font la publique joie!
            NARBAS.
Pour sauver votre fils quelle funeste voie!
            MÉROPE.
C'est un crime effroyable, et déjà tu frémis.
            NARBAS.
Mais c'en est un plus grand de perdre votre fils.
            MÉROPE.
Eh bien! le désespoir m'a rendu mon courage. 1090
Courons tous vers le temple où m'attend mon outrage;
Montrons mon fils au peuple, et plaçons-le à leurs
Entre l'autel et moi, sous la garde des dieux. [yeux,
Il est né de leur sang, ils prendront sa défense;
Ils ont assez longtemps trahi son innocence.
De son lâche assassin je peindrai les fureurs :
L'horreur et la vengeance empliront tous les cœurs.
Tyrans, craignez les cris et les pleurs d'une mère!
On vient; ah! je frissonne. Ah! tout me désespère.
On m'appelle, et mon fils est au bord du cercueil; 1100
Le tyran peut encor l'y plonger d'un coup d'œil.
        (*Aux sacrificateurs.*)
Ministres rigoureux du monstre qui m'opprime,
Vous venez à l'autel entraîner la victime.
O vengeance! ô tendresse! ô nature! ô devoir!
Qu'allez-vous ordonner d'un cœur au désespoir?

ACTE CINQUIÈME.

SCÈNE I.

ÉGISTHE, NARBAS, EURYCLÈS.

NARBAS.
Le tyran nous retient au palais de la reine,
Et notre destinée est encore incertaine. [fils !
Je tremble pour vous seul. Ah ! mon prince, ah ! mon
Souffrez qu'un nom si doux me soit encor permis.
Ah ! vivez. D'un tyran désarmez la colère, 1110
Conservez une tête, hélas ! si nécessaire,
Si longtemps menacée, et qui m'a tant coûté !
EURYCLÈS.
Songez que, pour vous seul abaissant sa fierté,
Mérope de ses pleurs daigne arroser encore
Les parricides mains d'un tyran qu'elle abhorre.
ÉGISTHE.
D'un long étonnement à peine revenu,
Je crois renaître ici dans un monde inconnu.
Un nouveau sang m'anime, un nouveau jour m'éclaire.
Qui ? moi, né de Mérope ! et Cresphonte est mon père !
Son assassin triomphe ; il commande, et je sers ! 1120
Je suis le sang d'Hercule, et je suis dans les fers !
NARBAS.
Plût aux dieux qu'avec moi le petit-fils d'Alcide
Fût encore inconnu dans les champs de l'Élide !
ÉGISTHE.
Eh quoi ! tous les malheurs aux humains réservés,
Faut-il, si jeune encor, les avoir éprouvés ?

Les ravages, l'exil, la mort, l'ignominie,
Dès ma première aurore ont assiégé ma vie.
De déserts en déserts, errant, persécuté,
J'ai langui dans l'opprobre et dans l'obscurité.
Le ciel sait cependant si, parmi tant d'injures, 1130
J'ai permis à ma voix d'éclater en murmures.
Malgré l'ambition qui dévorait mon cœur,
J'embrassai les vertus qu'exigeait mon malheur ;
Je respectai, j'aimai jusqu'à votre misère ;
Je n'aurais point aux dieux demandé d'autre père ;
Ils m'en donnent un autre et c'est pour m'outrager.
Je suis fils de Cresphonte, et ne puis le venger.
Je retrouve une mère, un tyran me l'arrache :
Un détestable hymen à ce monstre l'attache.
Je maudis dans vos bras le jour où je suis né ; 1140
Je maudis le secours que vous m'avez donné.
Ah ! mon père, ah ! pourquoi d'une mère égarée
Reteniez-vous tantôt la main désespérée ?
Mes malheurs finissaient ; mon sort était rempli.

NARBAS.
Ah ! vous êtes perdu ; le tyran vient ici.

SCÈNE II.

POLYPHONTE, ÉGISTHE, NARBAS, EURYCLÈS, gardes.

POLYPHONTE.
(*Narbas et Euryclès s'éloignent un peu.*)
Retirez-vous ; et toi, dont l'aveugle jeunesse
Inspire une pitié qu'on doit à la faiblesse,
Ton roi veut bien encor, pour la dernière fois,
Permettre à tes destins de changer à ton choix.
Le présent, l'avenir, et jusqu'à ta naissance, 1150
Tout ton être, en un mot, est dans ma dépendance.
Je puis au plus haut rang d'un seul mot t'élever,

Te laisser dans les fers, te perdre, ou te sauver.
Élevé loin des cours et sans expérience,
Laisse-moi gouverner ta farouche imprudence.
Crois-moi, n'affecte point, dans ton sort abattu,
Cet orgueil dangereux que tu prends pour vertu.
Si dans un rang obscur le destin t'a fait naître,
Conforme à ton état, sois humble avec ton maître.
Si le hasard heureux t'a fait naître d'un roi, 1160
Rends-toi digne de l'être en servant près de moi.
Une reine en ces lieux te donne un grand exemple;
Elle a suivi mes lois, et marche vers le temple.
Suis ses pas et les miens, viens au pied de l'autel
Me jurer à genoux un hommage éternel.
Puisque tu crains les dieux, atteste leur puissance,
Prends-les tous à témoin de ton obéissance.
La porte des grandeurs est ouverte pour toi :
Un refus te perdra. Choisis, et réponds-moi.

ÉGISTHE.
Tu me vois désarmé, comment puis-je répondre ? 1170
Tes discours, je l'avoue, ont de quoi me confondre.
Mais rends-moi seulement ce glaive que tu crains,
Ce fer que ta prudence écarte de mes mains :
Je répondrai pour lors, et tu pourras connaître
Qui de nous deux, perfide, est l'esclave ou le maître :
Si c'est à Polyphonte à régler nos destins,
Et si le fils des rois punit les assassins.

POLYPHONTE.
Faible et fier ennemi, ma bonté t'encourage :
Tu me crois assez grand pour oublier l'outrage,
Pour ne m'avilir pas jusqu'à punir en toi 1180
Un esclave inconnu qui s'attaque à son roi.
Eh bien ! cette bonté, qui s'indigne et se lasse,
Te donne un seul moment pour obtenir ta grâce.
Je t'attends aux autels, et tu peux y venir :
Viens recevoir la mort, ou jurer d'obéir.
Gardes, auprès de moi vous pourrez l'introduire;

Qu'aucun autre ne sorte et n'ose le conduire.
Vous, Narbas, Euryclès, je le laisse en vos mains.
Tremblez ! vous répondrez de ses caprices vains.
Je connais votre haine, et j'en sais l'impuissance ;
Mais je me fie au moins à votre expérience. 1194
Qu'il soit né de Mérope, ou qu'il soit votre fils,
D'un conseil imprudent sa mort sera le prix.

SCÈNE III.

ÉGISTHE, NARBAS, EURYCLÈS.

ÉGISTHE.
Ah ! je n'en recevrai que du sang qui m'anime.
Hercule, instruis mon bras à me venger du crime ;
Éclaire mon esprit du sein des immortels !
Polyphonte m'appelle au pied de tes autels,
Et j'y cours.
    NARBAS. Ah ! mon prince, êtes-vous las de vivre ?
    EURYCLÈS.
Dans ce péril du moins si nous pouvions vous suivre !
Mais laissez-nous le temps d'éveiller un parti 1200
Qui, tout faible qu'il est, n'est point anéanti.
Souffrez...
    ÉGISTHE. En d'autres temps mon courage tranquille
Au frein de vos leçons serait souple et docile ;
Je vous croirais tous deux : mais, dans un tel malheur,
Il ne faut consulter que le ciel et son cœur.
Qui ne peut se résoudre, aux conseils s'abandonne ;
Mais le sang des héros ne croit ici personne.
Le sort en est jeté... Ciel ! qu'est-ce que je vois !
Mérope !

SCÈNE IV.

MÉROPE, ÉGISTHE, NARBAS, EURYCLÈS, suite.

MÉROPE. Le tyran m'ose envoyer vers toi :
Ne crois pas que je vive après cet hyménée ; 1210
Mais cette honte horrible où je suis entraînée,
Je la subis pour toi, je me fais cet effort :
Fais-toi celui de vivre, et commande à ton sort.
Cher objet des terreurs dont mon âme est atteinte,
Toi pour qui je connais et la honte et la crainte,
Fils des rois et des dieux, mon fils, il faut servir.
Pour savoir se venger, il faut savoir souffrir.
Je sens que ma faiblesse et t'indigne et t'outrage ;
Je t'en aime encor plus, et je crains davantage.
Mon fils...

ÉGISTHE. Osez me suivre.

MÉROPE. Arrête. Que fais-tu ? 1220
Dieux ! je me plains à vous de son trop de vertu.

ÉGISTHE.
Voyez-vous en ces lieux le tombeau de mon père ?
Entendez-vous sa voix ? Êtes-vous reine et mère ?
Si vous l'êtes, venez.

MÉROPE. Il semble que le ciel
T'élève en ce moment au-dessus d'un mortel.
Je respecte mon sang ; je vois le sang d'Alcide !
Ah ! parle ; remplis-moi de ce dieu qui te guide.
Il te presse, il t'inspire. O mon fils, mon cher fils !
Achève, et rends la force à mes faibles esprits.

ÉGISTHE.
Auriez-vous des amis dans ce temple funeste ? 1230

MÉROPE.
J'en eus quand j'étais reine, et le peu qui m'en reste
Sous un joug étranger baisse un front abattu ;

3 *h*

Le poids de mes malheurs accable leur vertu :
Polyphonte est haï ; mais c'est lui qu'on couronne :
On m'aime, et l'on me fuit.
     ÉGISTHE. Quoi ! tout vous aban-
Ce monstre est à l'autel ?   [donne !
    MÉROPE. Il m'attend.
      ÉGISTHE. Ses soldats
A cet autel horrible accompagnent ses pas ?
 MÉROPE.
Non : la porte est livrée à leur troupe cruelle :
Il est environné de la foule infidèle
Des mêmes courtisans que j'ai vus autrefois   1240
S'empresser à ma suite et ramper sous mes lois.
Et moi, de tous les siens à l'autel entourée,
De ces lieux à toi seul je puis ouvrir l'entrée.
 ÉGISTHE.
Seul, je vous y suivrai ; j'y trouverai des dieux
Qui punissent le meurtre, et qui sont mes aïeux.
 MÉROPE.
Ils t'ont trahi quinze ans.   [doute.
    ÉGISTHE. Ils m'éprouvaient, sans
 MÉROPE.
Eh ! quel est ton dessein ?   [coûte.
    ÉGISTHE. Marchons, quoi qu'il en
Adieu, tristes amis ; vous connaîtrez du moins
Que le fils de Mérope a mérité vos soins.
 (*A Narbas, en l'embrassant.*)
Tu ne rougiras point, crois-moi, de ton ouvrage ; 1250
Au sang qui m'a formé tu rendras témoignage.

SCÈNE V.

NARBAS, EURYCLÈS.

NARBAS.
Que va-t-il faire? Hélas! tous mes soins sont trahis;
Les habiles tyrans ne sont jamais punis.
J'espérais que du temps la main tardive et sûre
Justifierait les dieux en vengeant leur injure;
Qu'Égisthe reprendrait son empire usurpé;
Mais le crime l'emporte, et je meurs détrompé.
Égisthe va se perdre à force de courage :
Il désobéira; la mort est son partage.
EURYCLÈS.
Entendez-vous ces cris dans les airs élancés? 1260
NARBAS.
C'est le signal du crime.
EURYCLÈS. Écoutons.
NARBAS. Frémissez.
EURYCLÈS.
Sans doute qu'au moment d'épouser Polyphonte
La reine en expirant a prévenu sa honte :
Tel était son dessein dans son mortel ennui.
NARBAS.
Ah! son fils n'est donc plus! Elle eût vécu pour lui.
EURYCLÈS.
Le bruit croît, il redouble; il vient comme un tonnerre
Qui s'approche en grondant et qui fond sur la terre.
NARBAS.
J'entends de tous côtés les cris des combattants,
Les sons de la trompette et les voix des mourants;
Du palais de Mérope on enfonce la porte. 1270
EURYCLÈS.
Ah! ne voyez-vous pas cette cruelle escorte

Qui court, qui se dissipe, et qui va loin de nous?
NARBAS.
Va-t-elle du tyran servir l'affreux courroux?
EURYCLÈS.
Autant que mes regards au loin peuvent s'étendre,
On se mêle, on combat.
                    NARBAS. Quel sang va-t-on répandre?
De Mérope et du roi le nom remplit les airs.
EURYCLÈS.
Grâces aux immortels, les chemins sont ouverts.
Allons voir à l'instant s'il faut mourir ou vivre.
                                    (*Il sort.*)
NARBAS.
Allons. D'un pas égal que ne puis-je vous suivre!
O dieux, rendez la force à ces bras énervés,   1280
Pour le sang de mes rois autrefois éprouvés!
Que je donne du moins les restes de ma vie.
Hâtons-nous.

SCÈNE VI.

NARBAS, ISMÉNIE, peuple.

NARBAS. Quel spectacle! Est-ce vous, Isménie?
Sanglante, inanimée, est-ce vous que je vois?
ISMÉNIE.
Ah! laissez-moi reprendre et la vie et la voix.
NARBAS.
Mon fils est-il vivant? Que devient notre reine?
ISMÉNIE.
De mon saisissement je reviens avec peine :
Par les flots de ce peuple entraînée en ces lieux...
NARBAS.
Que fait Égisthe?
                ISMÉNIE. Il est... le digne fils des dieux;

Égisthe! Il a frappé le coup le plus terrible.   1200
Non, d'Alcide jamais la valeur invincible
N'a d'un exploit si rare étonné les humains.
           NARBAS.
O mon fils! ô mon roi, qu'ont élevé mes mains!
           ISMÉNIE.
La victime était prête, et de fleurs couronnée ;
L'autel étincelait des flambeaux d'hyménée ;
Polyphonte, l'œil fixe, et d'un front inhumain,
Présentait à Mérope une odieuse main ;
Le prêtre prononçait les paroles sacrées ;
Et la reine, au milieu des femmes éplorées,
S'avançant tristement, tremblante entre mes bras,
Au lieu de l'hyménée invoquait le trépas :   1301
Le peuple observait tout dans un profond silence.
Dans l'enceinte sacrée en ce moment s'avance
Un jeune homme, un héros, semblable aux immortels :
Il court ; c'était Egisthe ; il s'élance aux autels ;
Il monte, il y saisit d'une main assurée
Pour les fêtes des dieux la hache préparée.
Les éclairs sont moins prompts ; je l'ai vu de mes
Je l'ai vu qui frappait ce monstre audacieux. [yeux,
« Meurs, tyran, disait-il ; dieux, prenez vos victimes. »
Érox, qui de son maître a servi tous les crimes,   1311
Érox, qui dans son sang voit ce monstre nager,
Lève une main hardie, et pense le venger.
Égisthe se retourne, enflammé de furie ;
A côté de son maître il le jette sans vie.
Le tyran se relève : il blesse le héros ;
De leur sang confondu j'ai vu couler les flots.
Déjà la garde accourt avec des cris de rage.
Sa mère... Ah! que l'amour inspire de courage!
Quel transport animait ses efforts et ses pas!   1320
Sa mère... Elle s'élance au milieu des soldats.
« C'est mon fils! arrêtez! cessez, troupe inhumaine!
« C'est mon fils, déchirez sa mère et votre reine,

« Ce sein qui l'a nourri, ces flancs qui l'ont porté ! »
A ces cris douloureux le peuple est agité ;
Une foule d'amis, que son danger excite,
Entre elle et ces soldats vole et se précipite.
Vous eussiez vu soudain les autels renversés ;
Dans des ruisseaux de sang leurs débris dispersés ;
Les enfants écrasés dans les bras de leurs mères ; 1330
Les frères méconnus immolés par leurs frères ;
Soldats, prêtres, amis l'un sur l'autre expirants :
On marche, on est porté sur les corps des mourants,
On veut fuir, on revient ; et la foule pressée
D'un bout du temple à l'autre est vingt fois repoussée.
De ces flots confondus le flux impétueux
Roule, et dérobe Égisthe et la reine à mes yeux.
Parmi les combattants je vole ensanglantée :
J'interroge à grands cris la foule épouvantée.
Tout ce qu'on me répond redouble mon horreur. 1340
On s'écrie : « Il est mort, il tombe, il est vainqueur ! »
Je cours, je me consume, et le peuple m'entraîne,
Me jette en ce palais, éplorée, incertaine,
Au milieu des mourants, des morts, et des débris.
Venez, suivez mes pas, joignez-vous à mes cris :
Venez. J'ignore encor si la reine est sauvée,
Si de son digne fils la vie est conservée,
Si le tyran n'est plus. Le trouble, la terreur,
Tout ce désordre horrible est encor dans mon cœur.

NARBAS.

Arbitre des humains, divine Providence, 1350
Achève ton ouvrage, et soutiens l'innocence :
A nos malheurs passés mesure tes bienfaits ;
O ciel ! conserve Égisthe, et que je meure en paix !
Ah ! parmi ces soldats ne vois-je point la reine ?

SCÈNE VII.

MÉROPE, ISMÉNIE, NARBAS, peuple, soldats.

(On voit dans le fond du théâtre le corps de Polyphonte, couvert d'une robe sanglante.)

MÉROPE.
Guerriers, prêtres, amis, citoyens de Messène,
Au nom des dieux vengeurs, peuples, écoutez-moi.
Je vous le jure encore, Égisthe est votre roi :
Il a puni le crime, il a vengé son père.
Celui que vous voyez traîné sur la poussière, 1360
C'est un monstre ennemi des dieux et des humains :
Dans le sein de Cresphonte il enfonça ses mains.
Cresphonte, mon époux, mon appui, votre maître,
Mes deux fils sont tombés sous les coups de ce traître.
Il opprimait Messène, il usurpait mon rang ;
Il m'offrait une main fumante de mon sang.
(En courant vers Égisthe, qui arrive la hache à la main.)
Celui que vous voyez, vainqueur de Polyphonte,
C'est le fils de vos rois, c'est le sang de Cresphonte ;
C'est le mien, c'est le seul qui reste à ma douleur.
Quels témoins voulez-vous plus certains que mon cœur ?
Regardez ce vieillard ; c'est lui dont la prudence 1370
Aux mains de Polyphonte arracha son enfance.
Les dieux ont fait le reste.
    NARBAS. Oui, j'atteste ces dieux
Que c'est là votre roi qui combattait pour eux.
  ÉGISTHE.
Amis, pouvez-vous bien méconnaître une mère ?
Un fils qu'elle défend ? un fils qui venge un père ?
Un roi vengeur du crime ?
    MÉROPE. Et si vous en doutez,

Reconnaissez mon fils aux coups qu'il a portés,
A votre délivrance, à son âme intrépide.
Eh! quel autre jamais qu'un descendant d'Alcide,
Nourri dans la misère, à peine en son printemps,
Eût pu venger Messène et punir les tyrans? 1381
Il soutiendra son peuple, il vengera la terre.
Écoutez, le ciel parle; entendez son tonnerre.
Sa voix qui se déclare et se joint à mes cris,
Sa voix rend témoignage, et dit qu'il est mon fils.

SCÈNE VIII.

MÉROPE, ÉGISTHE, ISMÉNIE, NARBAS, EURYCLÈS, peuple.

EURYCLÈS.

Ah! montrez-vous, madame, à la ville calmée :
Du retour de son roi la nouvelle semée,
Volant de bouche en bouche, a changé les esprits.
Nos amis ont parlé, les cœurs sont attendris :
Le peuple impatient verse des pleurs de joie : 1390
Il adore le roi que le ciel lui renvoie;
Il bénit votre fils, il bénit votre amour;
Il consacre à jamais ce redoutable jour.
Chacun veut contempler son auguste visage;
On veut revoir Narbas : on veut vous rendre hommage
Le nom de Polyphonte est partout abhorré;
Celui de votre fils, le vôtre est adoré.
O roi! venez jouir du prix de la victoire :
Ce prix est notre amour; il vaut mieux que la gloire

ÉGISTHE.

Elle n'est point à moi, cette gloire est aux dieux : 14
Ainsi que le bonheur, la vertu nous vient d'eux.
Allons monter au trône, en y plaçant ma mère!
Et vous, mon cher Narbas, soyez toujours mon père

NOUVELLE COLLECTION DES CLASSIQUES FRANÇ[AIS]
Éditions publiées sans annotations.

BOILEAU. Œuvres poétiques, édition classique précé[dée]
d'une notice littéraire par F. Estienne; in-18.

BOSSUET. Discours sur l'Histoire universelle, édi[tion]
classique précédée d'une notice littéraire par [Es]-
tienne; in-18.

BOSSUET. Oraisons funèbres, édition classique précé[dée]
d'une notice littéraire par F. Estienne; in-18.

CORNEILLE. Théâtre choisi, édition classique précé[dée]
d'une notice littéraire par F. Estienne; in-18.

FÉNELON. Aventures de Télémaque, édition classi[que]
précédée d'une notice littéraire par F. Estienne; in[-18].

FÉNELON. Dialogues des Morts, édition classique p[ré]-
cédée d'une notice littéraire par F. Estienne; in[-18].

FÉNELON. Dialogues sur l'Éloquence, édition classi[que]
précédée d'une notice littéraire par F. Estienne; in[-18].

FÉNELON. Lettre à l'Académie, édition classique p[ré]-
cédée d'une notice littéraire par F. Estienne; in[-18].

LA BRUYÈRE. Les Caractères, édition classique précé[dée]
d'une notice littéraire par F. Estienne; in-18.

LA FONTAINE. Fables, édition classique précédée d'[une]
notice littéraire par F. Estienne; in-18.

MASSILLON. Petit Carême, édition classique précé[dée]
d'une notice littéraire par F. Estienne; in-18.

MOLIÈRE. Théâtre choisi, édition classique précé[dée]
d'une notice littéraire par F. Estienne; in-18.

MONTESQUIEU. Considérations sur la grandeur et la [dé]-
cadence des Romains, édition classique précé[dée]
d'une notice littéraire par F. Estienne; in-18.

RACINE. Théâtre choisi, édition classique précé[dée]
d'une notice littéraire par F. Estienne; in-18.

ROUSSEAU (J.-B.). Œuvres lyriques, édition classi[que]
précédée d'une notice littéraire par F. Estienne; in[-18].

VOLTAIRE. Histoire de Charles XII, édition classi[que]
précédée d'une notice littéraire par F. Estienne; in[-18].

VOLTAIRE. Siècle de Louis XIV, édition classique p[ré]-
cédée d'une notice littéraire par F. Estienne; in[-18].

www.ingramcontent.com/pod-product-compliance
Lightning Source LLC
Chambersburg PA
CBHW060326170426
43202CB00014B/2681